Fabian Kessl | Andreas Polutta | Isabell van Ackeren |
Rolf Dobischat | Werner Thole (Hrsg.)
Prekarisierung der Pädagogik – Pädagogische Prekarisierung?

Fabian Kessl | Andreas Polutta |
Isabell van Ackeren | Rolf Dobischat |
Werner Thole (Hrsg.)

Prekarisierung der Pädagogik – Pädagogische Prekarisierung?

Erziehungswissenschaftliche Vergewisserungen

Redaktion: Philipp Hesse (Essen)

Bibliografische Information der Deutschen Nationalbibliothek

Die Deutsche Nationalbibliothek verzeichnet diese Publikation in der Deutschen Nationalbibliografie; detaillierte bibliografische Daten sind im Internet über http://dnb.d-nb.de abrufbar.

Das Werk einschließlich aller seiner Teile ist urheberrechtlich geschützt. Jede Verwertung außerhalb der engen Grenzen des Urheberrechtsgesetzes ist ohne Zustimmung des Verlags unzulässig und strafbar. Das gilt insbesondere für Vervielfältigungen, Übersetzungen, Mikroverfilmungen und die Einspeicherung und Verarbeitung in elektronischen Systemen.

© 2014 Beltz Juventa · Weinheim und Basel
www.beltz.de · www.juventa.de
Druck und Bindung: Beltz Bad Langensalza GmbH, Bad Langensalza
Printed in Germany

ISBN 978-3-7799-2891-1

Inhalt

Fabian Kessl, Andreas Polutta, Werner Thole,
Isabell van Ackeren und Rolf Dobischat
Prekarisierung der Pädagogik – Pädagogische Prekarisierung?
Erziehungswissenschaftliche Vergewisserungen ... 7

Kapitel I
Prekäre Professionalität – professionstheoretische Vergewisserungen

Sabine Reh
Prekarisierung der Profession. Historische Autorisierungsmuster
zwischen Profession und Expertise ... 27

Kirsten Fuchs-Rechlin
Professionelles Handeln – ein Balanceakt ... 43

Roland Becker-Lenz
Professionelle Kompetenzen und Professionsideal.
Empirische Bestimmungen ... 57

Agnieszka Czejkowska
Flexibel, professionell und einsam? Erkenntnis- und
subjektkritische Hinweise zur Prekarisierungsdebatte
in pädagogischen Berufen ... 68

Kapitel II
Pädagogisches Handeln in Prekarität

Ivo Züchner
Frühkindliche Bildung und Jugendhilfe: Expansion mit
Prekarisierungstendenzen? ... 81

Johannes König
Kompetenz und Profession von Lehrerinnen und Lehrern ... 91

Peter Faulstich
Lehrende als „Arbeitskraftunternehmer".
Ein Beitrag zur Diskussion 107

Horst Niesyto
Medienpädagogische Professionalisierung,
Berufsbild und Berufschancen 114

Bernhard Schmidt-Hertha und Rudolf Tippelt
Erwachsenen- und Weiterbildung: Sicherheit durch
Qualitätsentwicklung? 129

Kapitel III
Prekarisierung pädagogischer Beschäftigungsverhältnisse

Helga Spindler
Schlecht bezahlt und befristet. Arbeitsrechtliche Deregulierung im
staatlich finanzierten pädagogischen und sozialen Arbeitsmarkt 141

Norbert Wohlfahrt
Zur Qualität pädagogischer Beschäftigungsverhältnisse in der
europäisierten Sozialwirtschaft 155

Joachim Rock
Prekäre Wohlfahrt: die dünne Patina des nationalen Sozialstaates 167

Germo Zimmermann und Ernst-Ulrich Huster
Prekarität in der europäischen Armuts- und Sozialpolitik.
Stärken und Schwächen des Inklusions-Ansatzes der EU
über den Arbeitsmarkt 177

Anna Rosendahl
Konsequenzen der Prekarisierung im pädagogischen Handeln.
Die Weiterbildung im Zwiespalt zwischen positiver Bedeutungs-
zuschreibung und realer Beschäftigungssituation 192

Andreas Keller
Gute Wissenschaft – gute Arbeit: zwei Seiten einer Medaille.
Prekarisierung hochschulischer Arbeitsfelder 207

Die Autorinnen und Autoren 221

Fabian Kessl, Andreas Polutta, Werner Thole,
Isabell van Ackeren und Rolf Dobischat

Prekarisierung der Pädagogik – Pädagogische Prekarisierung?

Erziehungswissenschaftliche Vergewisserungen

1. Pädagogik, Professionalität und Prekarität: Relationierungen

Die pädagogische Berufstätigkeit in den zentralen Feldern der schulischen Bildung, der Sozialen Arbeit, der Pädagogik der Kindheit sowie der Erwachsenen- und beruflichen Weiterbildung ist mit fundamentalen Veränderungen konfrontiert. So stellen sich in den pädagogischen Berufen gegenwärtig weitreichende Fragen, etwa danach, ob das berufliche Qualifikationsniveau angesichts sich verändernder Ausbildungsstrukturen und Beschäftigungsverhältnisse eher abgesenkt wird oder im Rahmen neuer und veränderter Akademisierungsprozesse eher erhöht werden kann, ob zukünftig ein höherer Grad an Spezialisierung oder an Generalisierung angestrebt werden muss und wie mit steigenden Anforderungen an die beruflichen Fähigkeiten bei gleichzeitiger Flexibilisierung, Kommerzialisierung, Internationalisierung und Mediatisierung der Beschäftigungsverhältnisse umzugehen ist. Der Titel des vorliegenden Bandes „Prekarisierung der Pädagogik – Pädagogische Prekarisierung?" greift damit verbundene Fragen und Widersprüche auf. Zugleich ist er erklärungsbedürftig, denn er ruft Konnotationen auf, die im Titel noch unbestimmt bleiben. So wird eine Relation zwischen Prozessen der Prekarisierung und der Pädagogik unterstellt, ohne dass deutlich markiert wird, um welche Prekarisierungsprozesse es sich hierbei handelt. Offen bleibt weiterhin, ob die implizit aufgerufenen Verunsicherungen sich auf

- die pädagogischen Felder und die hier beobachtbaren Grenzverschiebungen, beispielsweise zwischen Schule und Jugendhilfe oder zwischen Weiterbildung und Sozialpädagogik, das pädagogische Tun auf der Ebene der konkreten Interaktionen,

- die Beschäftigungsverhältnisse in den pädagogischen Handlungsfeldern oder auf
- das pädagogische Denken und damit auch auf die wissenschaftlichen Reflexionen

beziehen. Zugleich wird über den Untertitel „Erziehungswissenschaftliche Vergewisserungen" nahe gelegt, dass die genannten Entwicklungen aus disziplinärer Sicht relevant und daher erziehungswissenschaftlich zu diskutieren sind. Offen und unbestimmt bleibt, wie, warum und in welcher Weise die in den Blick genommenen Prozesse erziehungswissenschaftlich von Interesse sind.

In dieser Einleitung werden einige Systematisierungsvorschläge gemacht und daran anschließende Perspektiven zum Themenfeld Prekarisierung und Pädagogik formuliert.

Bislang war die Prekarisierungsforschung vornehmlich das Geschäft von Soziologen (vgl. u.a. Dörre 2009). In der Erziehungswissenschaft war und ist eine Forschung, zumindest unter dieser Titulatur, nicht auszumachen. Aber auch eine breiter geführte Debatte, die Fragen der „pädagogischen Prekarität" oder der „Prekarität der Pädagogik" aufgreift, ist bisher prominent nicht zu erkennen, obwohl durchaus Beiträge vorliegen, die die angesprochenen Fragen, beispielsweise im Kontext der Thematisierung sozialstaatlicher Veränderungen (vgl. u.a. Olk 2007, 2009), der Veränderungen der Bildungslandschaft (vgl. u.a. Kilius/Kluge/Reisch 2002; Aufenanger u.a. 2010) oder der Professionalisierung des (Weiter-)Bildungspersonals (vgl. u.a. Dobischat/Fischell/Rosendahl 2010) aufgreifen und diskutieren. Mit dem vorliegenden Band wird auch nicht der Anspruch auf eine erziehungswissenschaftliche Prekarisierungsforschung formuliert – das würde schon die interdisziplinäre Anlage des Bandes nicht zulassen, die vor allem die soziologische Perspektive explizit mit einschließt. Mit diesem Band wird aber dafür plädiert, zu diskutieren, (1.) ob und inwiefern die pädagogischen Felder und die pädagogischen Berufe gegenwärtig Prozessen der Prekarisierung unterliegen, (2.) ob und in welcher Weise spezifische pädagogische Momente von Prekarisierung feststellbar sind und (3.) ob „die Pädagogik" oder „PädagogInnen" als AkteurInnen einer Prekarisierung auszumachen sind.

Ausgangsannahme ist dabei, dass Pädagogik weder nur Subjekt noch nur Objekt von Prekarisierungsprozessen ist. Dennoch stehen Pädagogik und Prekarität in der Tat in einer Beziehung – einer Beziehung, die möglicherweise weiter reicht als das Phänomen, das soziologisch in den vergangenen Jahren mit der Prekarisierung von Beschäftigungs- und Lebensverhältnissen markiert wird.

2. Zum Begriff der Prekarisierung und des Prekär-Seins

Mit dem Begriff der Prekarisierung wird soziologisch ein Prozess der strukturellen Verunsicherung, vor allem in Bezug auf Erwerbsverhältnisse beschrieben. Robert Castel (1995, dt. 2000) hat bereits Mitte der 1990er Jahre in seiner Genealogie der französischen Erwerbsgesellschaft *Les métamorphoses de la question sociale* die Ausbildung einer „Zone der Prekarität" diagnostiziert, die sich zunehmend ausweitet. In dieser Zone, so Castel, finden sich in zunehmender Art und Weise flexibilisierte Arbeitsverhältnisse, aber auch Vollerwerbstätigkeiten im Niedriglohnbereich. Die damit markierte Veränderung in der Klassen- und Sozialstruktur bestehender Gesellschaften in Frankreich oder der Bundesrepublik Deutschland hat zwar bis heute nicht zu einer Auflösung der Mittelschichten geführt, wie immer wieder befürchtet wurde, aber zu einem Anwachsen der Ränder der Gesellschaft (Burkhardt et al. 2012). Mit dieser wachsenden Prekarisierung des Sozialen lässt sich aber auch in der Mittelschicht immer deutlicher die Präsenz von „Verwundbarkeiten und Verletzungen, Rücksichtslosigkeit und Schutzbedarf, Gelegenheiten und Gefährdungen, Durchsetzungsvermögen und Hilflosigkeit" zwischen „Deklassierungssorgen und Aufstiegsfrustrationen" beobachten (Vogel 2009, S. 15). Prekarität, so fasst es Pierre Bourdieu bereits Ende des letzten Jahrhunderts zusammen, hat bei dem, „der sie erleidet, tiefgreifende Auswirkungen". (...) Indem sie die Zukunft überhaupt im Ungewissen lässt, verwehrt sie den Betroffenen gleichzeitig jede rationale Vorwegnahme der Zukunft und vor allem jenes Mindestmaß an Hoffnung und Glauben an die Zukunft, das für eine vor allem kollektive Auflehnung gegen eine noch so unerträgliche Gegenwart notwendig ist." (Bourdieu 1998, S. 100)

Die europäische Finanzkrise, die sich bekanntermaßen keineswegs auf Europa beschränkt, dynamisiert die angedeuteten Prozesse in einer vor zehn Jahren noch nicht erahnten Geschwindigkeit. Quoten von Jugendlichen ohne Anstellungsverhältnisse in den europäischen Mittelmeerländern von mittlerweile 25% bis über 60% der unter 25-jährigen Jugendlichen können hierfür exemplarisch stehen (Eurostat 2013). Entgegen den Thesen einer Verzeitlichung – also der Zunahme von zeitlich befristeten Armutssituationen – und Entgrenzung – der Entkopplung von bestimmten sozialen Milieus – von Armut geht Olaf Groh-Samberg (2005) für die Bundesrepublik Deutschland davon aus, dass sich der Anteil prekärer Lebenssituationen weiter verfestigt. In seiner Analyse des Zusammenhangs von Einkommen, Lebenslage und Zeitdauer identifiziert er insgesamt fünf verschiedene Zonen der Armut: Wohlstand, temporäre oder einseitige Prekarisierung[1],

---

[1] Personen weisen in einer der beiden Armutsdimensionen – Einkommen, Lebenslage

inkonsistente Armutslagen, Prekarität und dauerhafte, multiple Armut. Es zeigt sich außerdem, dass ein zwischen 6% und 7% liegender Anteil aller Personen in dauerhafter, multipler Armut lebt und sich somit in der Position der strukturellen Ausgrenzung befindet. Der Zone der „Prekarität" sind darüber hinaus zwischen 21% und 25% zuzurechnen – weder ein hohes noch ein mittleres Einkommen kann demnach durchgängig prekäre Lebenssituationen oder Armut verhindern, umgekehrt haben instabile Lebenslagen in mehreren Dimensionen keineswegs generell eine Armutssituation zur Folge.

Diese strukturelle Verunsicherung – sowohl als reale Erfahrung von den BezieherInnen von Transfereinkommen als auch als gefühlte Bedrohung auf Seiten von AkademikerInnen, zum Beispiel wenn diesen in unbefristeten Beschäftigungsverhältnissen die Erwerbslosigkeit droht – ist Ausdruck einer „neuen kapitalistischen Formation, (…) eines funktionierenden Finanzmarkt-Kapitalismus"[2] (Dörre 2009, o.S.). Prekarisierung beschreibt also soziologisch einen Prozess der strukturellen Verunsicherung, der auf die seit den 1970er Jahren fundamental veränderten Regulations- und Gestaltungsmuster des Sozialen verweist. Isabell Lorey (2011) spricht deshalb von einer „gouvernementalen Prekarisierung". Sie unterscheidet von dieser veränderten Regulationslogik, diesem Regieren über Prekarität, ein zweites Moment des Prekären: das „Prekärsein". Im Anschluss an Judith Butler fasst sie darunter eine „ontologische Dimension von Leben und Körpern", die auf die konstitutiv-soziale Dimension des Menschseins verweist. Alteritätstheoretisch deutet das Prekärsein nämlich auf die Verwiesenheit der Menschen aufeinander, aufgrund ihres verletzlichen Daseins.[3]

Für die erziehungswissenschaftliche Fachdebatte sind die Kategorien der Prekarisierung wie des Prekärseins in unterschiedlicher Weise relevant. Zuerst kann sie auf einen bestimmenden Aspekt im pädagogisch-professionellen Handlungsvollzug aufmerksam machen:

- starke Schwankungen oder dauerhafte prekäre Lagen auf, nehmen jedoch in der jeweils anderen Position weitgehend gesicherte Lagen ein (vgl. Groh-Samberg 2005). Prekarität liegt im Unterschied zu Prekarisierung dann vor, wenn „prekäre Lebenslagen in mindestens einer Dimension auf Dauer gestellt sind und kaum noch gesicherte Lagen auftreten" (Groh-Samberg 2005, S. 655).

2   Finanzmarktkapitalismus bezeichnet die Hegemonie eines Produktions-, und damit verbundenen Regulationsregimes, das nicht auf der Fertigungsindustrie, sondern auf der Konstruktion und dem Handeln von Finanzprodukten basiert.

3   Isabell Lorey (2011, o.S.) unterscheidet noch eine dritte Dimension des Prekären, die „Prekarität": Die Dimension des Prekären, „die *Prekarität* ist als Ordnungskategorie zu verstehen, die Effekte unterschiedlicher politischer, sozialer wie rechtlicher Kompensationen eines allgemeinen Prekärseins bezeichnet."

- Die soziologische Diagnose einer Prekarisierung der alltäglichen Lebensführungsmuster verweist insbesondere auf die veränderte Realität im Bereich der Lohnarbeit – sowohl auf Seiten von NutzerInnen und AdressatInnen pädagogischer Angebote (z.b. alleinerziehende Mütter als Niedriglohnbezieherinnen in sozialpädagogischen Bildungsangeboten) als auch
- auf Seiten der pädagogischen Fachkräfte selbst in den unterschiedlichen Arbeits- und Handlungsfeldern.
- Die Einsicht in die konstitutive Verwundbarkeit des Menschen, dessen *Prekärsein*, bietet weiterhin eine ethische Handlungspositionierung für pädagogisch Tätige an, die sich zugleich der systematischen Bestimmung einer Konzeption des Guten enthält.
- Diese Einsicht kann schließlich den Begründungsanker für eine partizipatorisch-demokratische Gestaltung pädagogischer Handlungskontexte und der darin eingelagerten pädagogischen Beziehung darstellen.

Die soziologische Rede von der Prekarisierung kann somit als sensibilisierendes Konzept für gegenwärtig ganz unterschiedliche Entwicklungsdynamiken dienen, die allerdings in der erziehungswissenschaftlichen Diskussion bisher weitgehend unterbelichtet geblieben sind.

3. Prekaritäts- und Prekarisierungstendenzen in pädagogischen Berufsfeldern

Die Tendenz zur Prekarität und Prekarisierung pädagogischer Berufe sind insbesondere im Bereich der Sozialpädagogik und der Pädagogik der frühen Kindheit kein neues Phänomen, insofern in diesen, klassisch weiblichen Berufen das Modell der Zuverdienerinnen – seit dem Ende des 19. Jahrhunderts und verstärkt dann im 20. Jahrhundert im Arrangement mit dem männlichen Ernährermodell (male breadwinner, vgl. Wersing 2006) etabliert ist. Zwar sind Sozialpädagogik und Pädagogik der frühen Kindheit auch am Beginn des 21. Jahrhundert weiterhin in diesem Sinne „weibliche Berufe" (Heite 2008). Zugleich ist aber die Konstellation des männlichen Ernährermodells nicht nur geschlechterpolitisch zunehmend aufgekündigt, sondern auch funktional nicht mehr tragfähig, da viele männliche Arbeitnehmer nicht mehr über die Einkommen verfügen, die ihnen noch die Finanzierung eines Familienhaushalts ermöglichen würden (vgl. WSI-Beiträge 3/2013). Außerdem breitet sich gerade im Sozial- und Bildungsbereich eine Prekarisierung von Beschäftigungsverhältnissen auch in Felder aus, die vormals über eine sichere Beschäftigungs- und Einkommensstruktur verfügt haben. Der Ausbau freiberuflicher Vollerwerbstätigkeit in der Erwachsenen- und beruflichen Bildung oder die Etablierung von Modellen der angestellten LehrerInnen stehen für diese Entwicklung exemplarisch.

Zeitlich befristete Anstellungsverträge – auch an Schulen – erschweren längerfristige Lebensplanungen und aufgrund der Novellierungen der Sozialgesetzgebung sind beispielsweise allein in der bundesweiten Weiterbildungsbranche 40.000 Beschäftigungsverhältnisse bedroht (Odenwald 2007). Die aktuell angekündigten Einsparungen bei beruflichen Eingliederungsleistungen werden demnach zu massiven Personalreduktionen führen und die schon äußerst unsicheren Arbeitsbedingungen von Fort- und WeiterbildnerInnen weiter verschlechtern. So verweisen vorläufige Ergebnisse eines aktuellen Forschungsprojektes zur Beschäftigungssituation in der Weiterbildung auf prekäre Einkommensverhältnisse, die vornehmlich Freiberufler in der öffentlich-geförderten beruflichen Weiterbildung betreffen (vgl. Dobischat/Hufer 2013). Nicht wenige der hochqualifizierten MitarbeiterInnen arbeiten schon heute für Bruttolöhne von 1.500 Euro und weniger. Nicht besser sieht die Situation für die pädagogischen Beschäftigten in der berufsqualifizierenden Kinder- und Jugendhilfe, der sozialpädagogischen Familienhilfe sowie in den Integrationshilfen und den Sprachförderungsmaßnahmen aus. Die MitarbeiterInnen der Sozialen Arbeit adressieren ihre Dienstleistungen inzwischen nicht mehr nur an Kinder, Jugendliche und Erwachsene, die sich in Armutslagen befinden, sondern Soziale Arbeit präsentiert sich als Erwerbsarbeit zunehmend selbst in prekarisierter Form. Die Auslagerung respektive das Outsourcing von Einrichtungen und Betriebseinheiten bei öffentlichen, insbesondere aber bei privaten, freien Trägern, die Diversifizierung und Ausdünnung von Arbeitsfeldern, die Spezialisierung und Rationalisierung der methodischen Settings, die organisatorische Ausgliederung von Angeboten, Maßnahmen und Projekten sowie die Zusammenlegung von Einrichtungen, Projekten und Angebotssegmenten verstärken diese schleichende Verunsicherung von Beschäftigungsverhältnissen (vgl. u. a. Eichinger 2009).

Paradoxerweise ist parallel zu dieser Entwicklung und unter den gegebenen Umständen ein Mangel an qualifizierten pädagogischen Fachkräften zu registrieren. Konservative Schätzungen gehen aktuell davon aus, dass aufgrund der mit dem Kinderförderungs-Gesetz (KiföG) verbundenen Ziele und des altersbedingten Ausscheidens von ca. 25.000 PädagogInnen in den kommenden Jahren mehr als 110.000 neue Fachkräfte für eine Tätigkeit in Kindertageseinrichtungen zusätzlich qualifiziert werden müssen. Über die bisherigen Qualifizierungsangebote – jährlich schließen momentan 16.000 SchülerInnen eine sozialpädagogische Fachschule und 8.200 SchülerInnen eine für eine Tätigkeit im Sozialbereich qualifizierende Berufsfachschule erfolgreich ab – ist dieser Bedarf nicht zu decken (vgl. Rauschenbach/Schilling 2009; Sell/Kersting 2010).

Noch dramatischer zeigt sich die Situation im Bereich der Pflege, also in einem Feld, das durchaus Überschneidungen mit genuin pädagogischen Handlungsfeldern zeigt. Setzt man die heutige Entwicklungslogik voraus, dann wird sich ein Mangel an qualifiziertem Personal insbesondere in der stationären und ambulanten Altenhilfe sowie in der medizinischen Pflege weiter verstärken (Hackmann/Moog 2010, 131f.). Im medizinischen Pflegebereich und in der Altenpflege werden in den nächsten Jahren, gemäß zurückhaltender Prognosen, bis zu 200.000 fachlich qualifizierte Personen zur Bedarfsdeckung zusätzlich benötigt. Im medizinischen, stationären Gesundheitsbereich könnten gegenwärtig sofort bis zu 50.000 Pflegekräfte eingestellt werden. 2020 werden, sollte keine Qualifizierungs- und Einstellungsoffensive gestartet werden, über 140.000 medizinisch ausgebildete Pflegekräfte fehlen und die schon bestehende Personalunterdeckung nochmals gravierend potenzieren. Vertraut man diesen Prognosen, dann wird sich bis zum Jahr 2050 die Zahl der Vollzeitbeschäftigten im Pflegesektor auf bis zu 1,6 Millionen Personen verdreifachen müssen, um dem gestiegenen Pflegebedarf auch nur annähernd gerecht zu werden. Über die bestehenden Qualifizierungsangebote ist dieser Bedarf nicht zu rekrutieren (vgl. Hackmann/Moog 2008; Deutscher-Pflegerat 2009).

Die Prekarisierung der pädagogischen Beschäftigungsverhältnisse realisiert sich aber noch auf weiteren Ebenen, darauf weisen die zitierten Befunde nachdrücklich hin. Denn der gegenwärtige Bedarf an pädagogischen Fachkräften führt auch dazu, dass mit Seiteneinsteiger- und Assistenzprogrammen (u.a. im Lehramt oder im Feld der Ganztagsschulen) eine prekäre Fachlichkeit befördert wird. Die Zahl derjenigen, die pädagogische Tätigkeiten ausüben, ohne auf die dazu notwendige akademische Ausbildung zurückgreifen zu können, wird damit wieder deutlich ansteigen.

Zwar ist über die Zusammenhänge bisher zu wenig bekannt, dennoch spricht einiges dafür, dass die gravierende Verschlechterung der psychohygienischen Situation von pädagogischen Fachkräften in der zurückliegenden Dekade, also in dem Zeitraum, in dem auch eine verstärkte Prekarisierung der pädagogischen Berufe zu beobachten ist, keine zufällige Parallelität darstellt. Von LehrerInnen ist seit Jahren bekannt, dass sich die beruflichen Belastungen auch auf ihr psychisches Befinden auswirken (Schaarschmidt 2009; Rothland 2013). Inzwischen weisen die jährlichen Gesundheitsreporte der Krankenkassen für MitarbeiterInnen in den Handlungsfeldern der Sozialen Arbeit eine dramatische Zunahme an psychischen Erkrankungen aus. SozialpädagogInnen sind mit 233,3 Arbeitsunfähigkeitstagen je 1.000 Versicherte und mit knapp 24 Ausfalltagen pro Fall mit die am häufigsten mit „Burn-out-Erscheinungen" registrierte Berufsgruppe in der Statistik der Allgemeinen Ortskrankenkasse. Im Gesundheitsreport der Betriebskrankenkassen (BKK) 2009 wird unter anderem festgehalten, dass für SozialarbeiterInnen mit 302,3 Ausfalltagen je 100 Beschäftigte neben TelefonistInnen und HelferInnen in der Krankenpflege die meisten Krankheitstage durch psychische Erkrankungen registriert sind (vgl. BKK 2010, S. 111). Damit liegt der Krankenstand aufgrund psychischer Erkrankungen für MitarbeiterInnen in sozialpädagogischen Handlungsfeldern fast doppelt so hoch wie im Durchschnitt der unterschiedlichen Berufsgruppen insgesamt. Die psychischen Erkrankungen bei den MitarbeiterInnen in der Sozialen Arbeit können auch als ein Indiz für die zeitgleich auszumachende erhöhte Arbeitsintensität angesehen werden, zumal Studien (Bundespsychotherapeutenkammer 2010) darauf verweisen, dass Zeitdruck, Störungen des Arbeitsablaufs, wenig Möglichkeiten, Aufgaben an andere zu delegieren, organisatorische Ungerechtigkeiten, Abnahme der kooperativen Arbeitsbeziehungen und ein Verlust an Möglichkeiten, Arbeitsprozesse selbstständig zu steuern, Prädikatoren für ein höheres Risiko darstellen, an einer Depression zu erkranken. Verwiesen wird zudem darauf, dass die Veränderungen in den Dienstleistungsberufen, Erhöhung von Zeitdruck und Zunahme der Komplexität, zumal wenn parallel Abnahme von Arbeitsplatzsicherheit zu verzeichnen ist, die registrierte Potenzierung psychischer Erkrankungen erklären kann (vgl. Thole 2011).

In seiner Studie „Das Unbehagen in der Gesellschaft" reflektiert der französische Soziologe und Sozialphilosoph Alain Ehrenberg (2012) den umfassenden Wandel des Verhältnisses von Individuum und Gesellschaft sowie der mentalen Verfassung der Subjekte und deren Beziehung zu den Institutionen. Ausgehend von seinen Analysen plädiert er für eine stärkere Verknüpfung der regierenden, erziehenden und psychotherapeutischen Arrangements. Nachdrücklich votiert er für eine andere, neue Verknüpfung der institutionellen Angebote der Gesundheits- und Sozialsysteme in den hochentwickelten Industrienationen. Psychische Formen des Leidens sind, so führt er aus, von sozialen Exklusions- und Missachtungserfahrungen kaum noch zu trennen, und dementsprechend sind die gesellschaftlichen Hilfsangebote aufgefordert, sich neu zu aufzustellen, sollen sie auch weiterhin beanspruchen, auf die – jetzt multikomplexen – Leidenserfahrungen der Individuen adäquat reagieren zu wollen. Damit thematisiert er nicht nur implizit Grenzen der Pädagogik, sondern setzt aus erziehungswissenschaftlicher Perspektive die Frage auf die Tagesordnung, mit welcher Kompetenz pädagogisches Handeln und erziehungswissenschaftliches Denken reklamieren kann, für konkrete gesellschaftliche Herausforderungen die alleinige Zuständigkeit beanspruchen zu können. Offensichtlich ist, dass die Ansprüche an die Pädagogik und die Herausforderungen an die Erziehungswissenschaft zunehmen. Parallel und zugleich verschieben sich aber auch die Grenzen bezüglich der Themen und Gegenstände, die Pädagogik und Erziehungswissenschaft ausmachen. Die Markierungen zwischen pädagogisch und nichtpädagogisch werden undeutlicher (vgl. Lüders/Kade/Hornstein 2002). Die Entstrukturierung pädagogischen Wissens und die Entterritorialisierung des Pädagogischen im Zuge gesellschaftlicher Modernisierungen sind nicht zu übersehen und die neu zu erkennenden Grenzverschiebungen und -aufweichungen sind im vergangenen Jahrzehnt empirischer Gegenstand pädagogischer Professionsforschung gewesen (vgl. Grunert/Krüger 2004) . Mit anderen Worten: Das Pädagogische selbst wird prekärer.

4. Prekarität und Pädagogische Professionalität

Der Status pädagogischer Professionalität ist unsicher, umkämpft und umstritten. Professionstheoretisch zeigt sich dies daran, dass die Frage nach einer angemessenen Konzeptualisierung von Professionalität fortwährend diskutiert wird (u. a. Helsper/Tippelt 2011). Auch die Fragen, was die wesentlichen Bestimmungsmerkmale und Orientierungspunkte pädagogischer Professionalität sind und welche Bedingungen für ein angemessenes professionelles Agieren in pädagogischen Feldern erforderlich sind, prägen die erziehungswissenschaftlichen Debatten. Schließlich ist der Status der Pädagogik – und mit ihr immer auch ihrer Disziplin: der Erziehungswissenschaft – selbst prekär, insofern gerade in den außerschulischen Feldern, allen Voraus der Sozialpädagogik, aber auch der Erwachsenenbildung/Weiterbildung und der Medienpädagogik, über die vergangenen Jahrzehnte eine permanente Auseinandersetzung um die Geltung des jeweiligen Professionalitätsstatus geführt wurde. Stellvertretend kann dies an den Bestimmungsversuchen der Sozialpädagogik als „Semi-" oder „halbierter" Profession (vgl. Etzioni 1969; Stichweh 1996; Bommes/Scherr 2001) ebenso illustriert werden wie an den – teils konkurrierenden – Formulierungen einer Sozialen Arbeit als „Menschenrechts-" oder „Gerechtigkeitsprofession" (vgl. Staub-Bernasconi 1995; Thiersch 2003; Schrödter 2007), als „reflexiver" (vgl. Dewe/Otto 2012) oder als „evidenzbasierter" Profession (vgl. Hüttemann/Sommerfeld 2006, Otto/Polutta/Ziegler 2009).

Zugleich ist mit einem professionstheoretisch geschulten Blick Prekarität als ein konstitutives Moment pädagogischer Professionalität auszumachen. Mit der Figur der Professionalität ist der Nexus zwischen wissenschaftlichem Wissen und pädagogischer Berufspraxis beschrieben, also funktionstheoretisch der Verweis auf einen besonderen beruflichen Handlungstypus gemacht, der in seiner Gestalt als pädagogischer Professionalität auf die Interaktion in Bildungs-, Erziehungs- und Hilfe- bzw. Sorgeprozessen gerichtet ist. Vor allem strukturalistische und rekonstruktive Professionalisierungstheorien weisen nun darauf hin, dass eines der Strukturprinzipien von Professionalität, der Umgang mit Ungewissheiten, Unsicherheiten und Paradoxien darstellt. Professionstheoretisch lässt sich pädagogisches Tun also auch dahingehend als konstitutiv prekär beschreiben, dass das pädagogische Tun nie technologisierbar (Luhmann/Schorr 1982, Dewe/Ferchhoff/Radtke 1992), sicher vorhersehbar (Schütze 1996) oder standardisierbar (Oevermann 2002) sein kann. Pädagogisches Handeln hat daher neben dem Erreichen der intendierten Ziele immer auch seinen Misserfolg mit zu kalkulieren.

Pädagogische Handlungsvollzüge stellen also immer Strukturen des Prekären dar, insofern pädagogisches Tun sich immer mit Ungewissheit konfrontiert sieht: Ungewissheit in Bezug auf die situationsübergreifende Geltung von gemachten Erfahrungen und Routinen, Ungewissheit in Bezug auf die Geltung und den Status fachlicher Übereinkünfte in den unterschiedlichen Erbringungskontexten und nicht zuletzt Ungewissheit in Bezug auf die Zielorientierung der jeweiligen pädagogischen Intervention. Gerade die letztgenannte Dimension wird daher als entscheidend markiert, wenn darauf verwiesen wird, dass pädagogische Fachkräfte nur unter der Berücksichtigung dieser konstitutiven Ungewissheit angemessen professionell agieren können. Würden sie diese Ungewissheit ausschalten wollen – sei dies nun in einer Variante der Evidenzbasierung durch die Vorgabe von Handlungszielen oder auf der Basis einer dogmatischen Erziehungsideologie –, wäre pädagogisches Tun nicht mehr adäquat möglich. Schließlich würde die Bildungsdimension, im Sinne einer Offenheit in Bezug auf die Zukunftsorientierung abgeschnitten. Pädagogisches Tun kann aus dieser Perspektive, als gleichzeitiges Erziehungs- *und* Bildungstun, nie in Gewissheit und damit in Handlungssicherheit überführt werden. Andererseits gab es in der vergangenen Dekade in der Schulpolitik und schulbezogenen Bildungsforschung eine Entwicklung hin zu so genannten Bildungsstandards im Sinne empirisch prüfbarer Leistungsstandards als gesellschaftlich festgelegte und vom Schulsystem bzw. von Schülerinnen und Schülern geforderte Ausprägungen bestimmter Kompetenzen am Ende von Lernprozessen. Die für die Zukunftsorientierung notwendige Offenheit abseits von curricularer Validität wird dabei über den Kompetenzansatz hergestellt. In diesem funktionalen Sinne werden Kompetenzen als basale Kulturwerkzeuge zur verständigen und verantwortungsvollen Teilnahme am gesellschaftlichen Leben verstanden, die sich in variierenden alltäglichen und komplexen – letztlich für Lehrende gleichwohl nicht abzusehenden und somit wiederum ungewissen – Anwendungssituationen bewähren müssen (vgl. Deutsches PISA-Konsortium, 2001).

Der primäre Anlass für den vorliegenden Band war nicht der Verweis auf diese grundlegenden Dimensionen einer konstitutiven Prekarität der Pädagogik, sondern die Beobachtung und Diagnose, dass sich die Relation von Pädagogik und Prekarität in der jüngeren Vergangenheit in fundamentaler Weise verschiebt. In Bezug auf die pädagogischen Beschäftigungsverhältnisse, den Status der Pädagogik als Feld professionalisierter Berufe beziehungsweise professionalisierungsbedürftiger Tätigkeiten (vgl. u.a. Oevermann 2002), aber auch hinsichtlich der disziplinären Bestimmungsversuche ist eine veränderte und zugespitzte Verunsicherung festzustellen. Die aktuelle Ausgangslage lässt sich dementsprechend in einem widersprüchlichen Bild fassen: Die weiterhin andauernde Professionalisierung und Ausdifferenzierung pädagogischer Berufe (vgl. Thole/Polutta 2011) stellt eine „Erfolgsgeschichte" dar, die in den vergangenen Jahren jedoch zugleich von Prekarisierungsdynamiken geprägt ist. Dies wird in den Beiträgen dieses Bandes an exemplarischen Entwicklungen in und in Bezug auf die Felder der Schulpädagogik, der Erwachsenenbildung/Weiterbildung, der Medienpädagogik und der Sozialpädagogik, inklusive der Pädagogik der frühen Kindheit, diskutiert.

5. Annäherung an ein übersehenes Thema – Fragen „Pädagogischer Prekarisierung" in den Beiträgen des Bandes

Mit den bis hierher vorgenommenen Annäherungen an die über den Titel des Bandes aufgerufenen Themen scheint es für die weitere fachpolitische Analyse lohnenswert, Bezüge von Pädagogik und Prekarität sowie Prozessen der Prekarisierung im professionellen pädagogischen Handeln anzunehmen. In diesem Sinne widmen sich die versammelten Beiträge grundlegenden disziplin- und professionsbezogenen Fragen sowie Fragen in Bezug auf einzelne pädagogische Handlungsfelder. Dabei stehen die zentralen pädagogischen Berufsfelder der Schule, der Erwachsenen- und Weiterbildung, der Medienpädagogik, der Sozialen Arbeit bzw. Sozialpädagogik sowie der Pädagogik der frühen Kindheit im Zentrum des Interesses. Diese Sicht auf verschiedene pädagogische Kontexte kann einen mehrperspektivischen Blick auf die disziplinären, beruflichen und fachpolitischen Fragen ermöglichen, um nicht zuletzt angesichts der Debatten um Prekarität und Pädagogik zu angemessenen fachlichen und berufspolitischen Standpunkten und Perspektiven zu gelangen.

Im ersten Teil des Bandes werden unter der Überschrift „Prekäre Professionalität" sowohl grundlegend professionstheoretische Spannungsfelder als auch empirisch Formen der Prekarisierung pädagogischer Beschäftigungsverhältnisse in den pädagogischen Arbeitsfeldern untersucht. In der Absicht, Phänomene von Prekarität und Entwicklungen der Prekarisierung erziehungswissenschaftlich aufzuarbeiten, widmet sich *Sabine Reh* der Frage, ob die Notwendigkeit des Handelns unter Ungewissheitsbedingungen nicht zugleich Prekarität als Konstituens pädagogischen Handelns erscheinen lässt – und welche Konsequenzen dies impliziert. *Kirsten Fuchs-Rechlin* rekonstruiert empirisch pädagogische Handlungsorientierungen im sozialpädagogischen Feld der Jugendhilfe im Anschluss an Schützes Paradoxien professionellen Handelns, die sie als Spannungsfelder im professionellen Umgang weiter ausdeutet. Auf ebenso spannungsreiche professionelle Kontexte bezieht sich *Roland Becker-Lenz*, wenn er die Diskrepanz von Professionstheorien und Professionsidealen thematisiert. Dazu unterzieht er das Verhältnis von Professionsideal und Professionspraxis einer theoretischen Einordnung und empirischen Analyse. Indem sich *Agnieszka Czejkowska* auf Forschungsbefunde aus Lehr-Lern-Kontexten im schulischen und vorschulischen Bildungssystem bezieht, erörtert sie sowohl grundsätzlich die Frage der Angemessenheit des Prekarisierungsbegriffs als auch Alternativen einer Thematisierung pädagogischer Praxis als erfolgreicher Praxis, die dazu jedoch notwendige Ressourcen, Spielräume, Entscheidungs- und Aushandlungsfähigkeiten benötigt.

Der zweite Teil des Bandes beleuchtet pädagogisches Handeln in Prekarität und richtet damit den Blick auf Prozesse von Erziehung, Bildung und Lehre. Die im pädagogischen Handeln eingelagerten konstitutiven Ungewissheiten werden dabei ebenso thematisiert, wie Aspekte des Prekärseins und der Prekarisierung im oben beschriebenen Sinne. Dabei macht *Ivo Züchner* in seinem Beitrag darauf aufmerksam, dass das Feld pädagogischer Praxis einer Binnendifferenzierung zu unterziehen ist. So werden empirisch unter anderem Ambivalenzen von personeller und leistungsmäßiger Expansion bei gleichzeitiger Segmentierung der Handlungsfelder und Verschiebung von Kapazitäten verdeutlicht. *Johannes König* erörtert auf empirischer Basis pädagogisches Handeln von LehrerInnen und differenziert kompetenztheoretische und professionstheoretische Forschungskonzepte, die das LehrerInnenwissen konstituieren und die in der Forschung zur Lehrerbildung relevant sind. Der Autor wirft zudem die Frage auf, inwieweit professionsextern festgelegte Standards in der Lehrerbildung einen technokratischen Bias in die Betrachtung von Unterrichts- und Erziehungspraxis bringen. Indem *Peter Faulstich* das Voß/Pongratz'sche Bild des Arbeitskraftunternehmers auf die berufliche Praxis von PädagogInnen in der Erwachsenen- und Weiterbildung transferiert, zeigt er gleichsam ein Vexierbild: Eine Seite lässt das pädagogische Handeln als eines erscheinen, das den Fokus auf Selbstorganisation an Andere – die TeilnehmerInnen von Bildungsmaßnahmen – vermittelt. Eine andere Seite des Bildes zeigt, dass diese Imperative von Selbstorganisation und Selbstständigkeit sich im Erwerbsstatus und -verhältnis von eben jenen PädagogInnen nieder geschlagen haben. Für den Bereich der Medienpädagogik nimmt der Beitrag *von Horst Niesyto* aktuelle pädagogische Herausforderungen einer gesellschaftlichen Mediatisierung zum Ausgangspunkt. Für verschiedene Bildungssettings wird nachgezeichnet, welche Professionalisierungsbedarfe bestehen. Zugleich ist zu erkennen, dass der Status von „Medienpädagogik als Beruf" selbst insofern prekär ist, als dass diese pädagogische Querschnittsaufgabe eine vergleichsweise geringe Eigenständigkeit besitzt und damit sowohl für die (Personal-)Entwicklung als auch für die Forschung schwer zugänglich ist. *Bernhard Schmidt-Hertha* und *Rudolf Tippelt* verfolgen die Frage pädagogischen Handelns unter Regimen der Qualitätsentwicklung im Feld der Weiterbildung und analysieren das Spannungsfeld von pädagogischer Qualität und Qualitätsmanagement. Dabei wird deutlich, dass die für eine pädagogische Praxis notwendigen Rahmenbedingungen einer adäquaten Qualitätsentwicklung durch Verfahren des Qualitätsmanagements selbst konterkariert werden können, aber auch durch Erfolgs- und Leistungsdruck wie auch durch diskontinuierliche und heterogene Beschäftigungsverhältnisse der pädagogischen Fachkräfte.

Der dritte Teil versammelt Beiträge, die insbesondere professions- und beschäftigungspolitisch argumentieren und aktuelle sozialpolitische, hochschul- und berufsbezogene Dynamiken in pädagogischen Berufen und deren wohlfahrtspolitischen Rahmenbedingungen darstellen, analysieren und bewerten. Mit *Helga Spindlers* Beitrag werden zentrale Prozesse der Deregulation in pädagogischen Berufen von Befristungsregelungen, der Lösung von Tarifen über Ausschreibungsverfahren, verdeckte Selbständigkeit und Folgen der Wettbewerbsorientierung kritisch eingeordnet und nicht zuletzt juristisch und fachpolitisch bewertet. Vergleichbare Prozesse werden von *Norbert Wohlfahrt* in den Kontext europäischer Sozialpolitik und eines von ihm beschriebenen europäischen Sozialwirtschaftsmodells eingeordnet. Auf Konsequenzen einer manageriellen Steuerung durch Wirkungsorientierung und Kontraktmanagement für Trägerstrukturen und Beschäftigte sowie auch für den Professionalisierungsdiskurs macht der Autor aufmerksam. Das Verhältnis von nationaler Sozialstaatlichkeit im Kontext europäischer Strategien im Sozial-, Gesundheits- und Bildungswesen thematisiert *Joachim Rock* und beschreibt damit eingeschränkte Handlungsspielräume und Beispiele budgetierter Leistungserbringung vor dem Hintergrund einer übergreifenden Austeritätspolitik. Ebenfalls in europäischer Dimension verfolgen *Germo Zimmermann* und *Ernst-Ulrich Huster* die Ausgestaltung von Armuts- und Sozialpolitik in Europa. Neben einer Darstellung der Entwicklung entsprechender Aktionsprogramme aktivierender Armuts- und Arbeitsmarktpolitik unterziehen die Autoren den Inklusionsansatz einer kritischen Betrachtung, was die pädagogischen Konsequenzen des Aktivierungsparadigmas betrifft. Gleichwohl liegen den Autoren zufolge auch Chancen in der prinzipiellen Aufwertung pädagogischer Leistungen und der Orientierung an sozialer Inklusion als Prüfnorm. Auf die empirische Ebene subjektiv wahrgenommener Beschäftigungs- und Arbeitsbedingungen fokussiert *Anna Rosendahl* in ihrem Beitrag und wirft die Frage auf, ob unter den auch bereits im zweiten Kapitel beschriebenen Bedingungen eine professionelle pädagogische Steuerung durch eine Steuerung über die Nachfrage nach Weiterbildungsleistungen abgelöst wird. Zudem legen die Befunde die Einschätzung nahe, dass die Arbeitsbedingungen und die Zunahme von Honorartätigkeiten und prekären Beschäftigungsverhältnissen Professionalitäts- und Qualitätsrisiken bergen. Wie solchen Risiken im Sinne eines zu entwickelnden, empirisch fundierten Normenrahmens und der Setzung pädagogischer Standards zu begegnen sei, erörtert die Autorin im Anschluss. Ebenfalls nicht zu unterschreitende Standards für gute Arbeit entwickelt *Andreas Keller* für den tertiären Bildungsbereich von Erziehungswissenschaftlerinnen in Forschung, Lehre. Entsprechende im gewerkschaftlichen Kontext entwickelte Positionen werden in den Forschungsstand zu Prekarisierungstendenzen im Hochschulbereich eingeordnet und zu Konsequenzen einer zukünftigen Wissenschaftspolitik hin verdichtet.

Die HerausgeberInnen erheben nicht den Anspruch, dass mit den Beiträgen dieses Bandes eine für alle pädagogischen Arbeitsfelder gleichermaßen systematische Behandlung der aufgerissenen Prekarisierungsthematik möglich wäre. Gleichwohl verbinden die HerausgeberInnen mit der vorliegenden Zusammenstellung die Absicht, den LeserInnen eine Annäherung an Fragen der pädagogischen Prekarisierung zu ermöglichen. Es wäre im Sinne der HerausgeberInnen, wenn die Debatten darüber in Forschung und Lehre an Hochschulen, in Fachverbänden, bei Arbeitgebern und in der sozialpolitischen und gewerkschaftlichen Arbeit über die Beiträge dieses Bandes angeregt, intensiviert und qualifiziert würden.

Die Beiträge im vorliegenden Band gehen auf eine Fachkonferenz der Deutschen Gesellschaft für Erziehungswissenschaft (DGfE) im November 2011 an der Universität Duisburg-Essen zurück. Mit der Konferenz sollte auch die wissenschaftliche Sensibilität für Fragen der Grenzverschiebung und Verunsicherung in den pädagogischen Handlungsfeldern und den dortigen Beschäftigungsverhältnissen für die akademisch qualifizierten PädagogInnen sensibilisiert werden. Die Fachkonferenz wurde dankenswerterweise von der Hans-Böckler-Stiftung (HBS), der Max-Traeger-Stiftung und der Fakultät für Bildungswissenschaften an der Universität Duisburg-Essen unterstützt. Für diese Unterstützung möchten die HerausgeberInnen – auch im Namen der DGfE – ihren ausdrücklichen Dank aussprechen. Bei Katrin Loges und Gerda Mursa-Kaltenmaier möchten wir uns für das souveräne und freundliche Engagement in der Tagungsorganisation bedanken. Philipp Hesse danken die HerausgeberInnen für die gekonnte Redaktion des vorliegenden Bandes. Dank sei auch an die TeilnehmerInnen der Konferenz adressiert, die durch ihre Beiträge viele der jetzt hier publizierten Aufsätze inspirierten, und insbesondere an die AutorInnen, die die Herausforderung annahmen, ein bislang wenig beachtetes Thema aufzugreifen.

Literatur

Aufenanger, S. u. a. (2010): Bildung in der Demokratie. Opladen: Verlag B. Budrich.
Bartelheimer, P. (2011): Unsichere Erwerbsbeteiligung und Prekarität. In: WSI-Mitteilungen, Jg. 64 (2011), Heft 8 (Schwerpunktheft Prekarisierung der Arbeit – Prekarisierung im Lebenszusammenhang), 386-393.
BKK (Hrsg.) (2010): Gesundheit in einer älter werdenden Gesellschaft – BKK Gesundheitsreport 2010.
Bommes, M./Scherr, A. (2000): Soziologie der Sozialen Arbeit. Eine Einführung in Formen und Funktionen organisierter Hilfe. Weinheim: Juventa.
Bourdieu, P. (1998): Prekarität ist überall. In: Gegenfeuer. Wortmeldungen im Dienste des Widerstands gegen die neoliberale Invasion. Konstanz: UVK.
Bundespsychotherapeutenkammer (2010): Komplexe Abhängigkeiten machen psychisch krank – BPtK-Studie zu psychischen Belastungen in der modernen Arbeitswelt – Pressekonferenz der Bundespsychotherapeutenkammer am 23. März 2010. Zugriff am 03.10.2011 unter http://www.ptk-nrw.de/fileadmin/user_upload/pdf/Aktuelle_Informationen/2010/03_2010/Psychische_Erkrankungen_Im_Fokus_der_Berichte_der_Krankenkassen.pdf
Burkhardt, C./Grabka, M.M./Groh-Samberg, O./Lott, Y./Mau, S. (2012): Mittelschicht unter Druck? Gütersloh: Bertelsmann Stiftung.
Castel, R. (2000): Metamorphosen der sozialen Frage. Konstanz: UVK.
Castel, R./Dörre, K. (Hrsg.) (1992): Prekarität, Abstieg, Ausgrenzung. Die soziale Frage am Beginn des 21. Jahrhunderts. Frankfurt a. M./New York: Campus.
Dahme, H.-J./Otto, H.-U./Trube, A./Wohlfahrt, N. (2003): Aktivierung als gesellschaftliche Metapher oder die Ambivalenz eines neuen Sozialmodells. In: Dahme, H.-J./Otto, H.-U./Trube, A./Wohlfahrt, N. (Hrsg.) (2003): Soziale Arbeit für den aktivierenden Staat. Opladen, S. 9-13.
Deutscher-Pflegerat (2009): Zugriff am 28.09.2011 unter http://www.deutscher-pflegerat.de/dpr.nsf/0/A327871C6A820F0FC1257796003A1B4C
Dewe, B./Ferchhoff, W./Radtke, F.-O. (Hrsg.): Erziehen als Profession: zur Logik professionellen Handelns in pädagogischen Feldern. Opladen: Leske + Budrich.
Dörre, Klaus (2009): Die neue Landnahme. Dynamiken und Grenzen des Finanzmarkt-Kapitalismus. Paper für die gemeinsame Tagung „Kapitalismustheorien" von ÖGPW und DVPW, Sektion Politik und Ökonomie, Wien, 24./25. April 2009, Zugriff am 13.08.2012 unter www.oegpw.at/tagung09/papers/PA3_doerre.pdf
Dobischat, R./Fischell, M./Rosendahl, A. (2010): Professionalität bei prekärer Beschäftigung? Weiterbildung als Beruf im Spannungsfeld von professionellem Anspruch und Destabilisierungen im Erwerbsverlauf. In: Bolder, A./Epping, R./Klein, R./Reutter, G./Seiverth, A. (Hrsg.) (2010): Neue Lebenslaufregimes – neue Konzepte der Bildung Erwachsener? Wiesbaden, S. 163-181.
Dobischat, R./Hufer, K.-P. (Hrsg.) (2013): Weiterbildung im Wandel. Profession und Profil auf Profitkurs. Bad Schwalbach.
Ehrenberg, A. (2012): Das Unbehagen der Gesellschaft. Frankfurt a.M.: Suhrkamp.

Eichinger, U. (2009): Zwischen Anpassung und Ausstieg. Perspektiven von Beschäftigten im Kontext der Neuordnung sozialer Arbeit. Wiesbaden: VS Verlag.

Etzioni, A. (1969): The semi-professions and their organization; teachers, nurses, social workers. New York: Free Press.

Eurostat (2013): Jugendarbeitslosenquote in den Mitgliedsstaaten der Europäischen Union im Mai 2013 (saisonbereinigt). Zugriff am 21.07.2013 unter http://de.statista.com/statistik/daten/studie/74795/umfrage/jugendarbeitslosigkeit-in-europa/

Groh-Samberg, O. (2004): Armut und Klassenstruktur. Zur Kritik der Entgrenzungsthese aus einer multidimensionalen Perspektive. In: Kölner Zeitschrift für Soziologie und Sozialpsychologie, 56. Jg. (2004), Heft 4, 653-682.

Groh-Samberg, O. (2005): Die Aktualität der sozialen Frage – Trendanalysen sozialer Ausgrenzung 1984-2004. In: WSI-Mitteilungen,58. Jg. (2005), Heft 11, 616-623.

Grunert, C./Krüger, H.-H (2004).: Entgrenzung pädagogischer Berufsarbeit - Mythos oder Realität? Ergebnisse einer bundesweiten Diplom- und Magister-Pädagogen-Befragung. In: Zeitschrift für Pädagogik 50; 3, S. 309-325

Hackmann, T./Moog, S. (2008): Pflege als neuer Beschäftigungsmotor? Entwicklung des Personalbedarfs in ambulanter und stationärer Pflege. In: Hofmann, F./Reschauer, G./ Stößel, U. (Hrsg.) (2008): Arbeitsmedizin im Gesundheitsdienst. Freiburg, S. 131-143.

Hackmann, T./Moog, S. (2010): Pflege im Spannungsfeld von Angebot und Nachfrage, In: ZSR 56, Heft 1, 113-137. Stuttgart: Lucius & Lucius.

Heite, C. (2008): Soziale Arbeit im Kampf um Anerkennung. Weinheim und München: Juventa.

Helsper, W./Tippelt, R. (Hrsg.) (2011): Pädagogische Professionalität. Weinheim u.a.: Beltz.

Hüttemann, M./Sommerfeld, P. (2007). (Hrsg.): Evidenzbasierte Soziale Arbeit. Nutzung von Forschung in der Praxis. Baltmannsweiler: Schneider.

Killius, N./Kluge, J./Reisch, L. (2003): Die Zukunft der Bildung. Frankfurt a. M.: Suhrkamp.

Kronauer, M. (2002): Exklusion. Die Gefährdung des Sozialen im hoch-entwickelten Kapitalismus. Frankfurt a.M. und New York.

Lorey, I. (2011): Gouvernementale Prekarisierung. In: Isabell Lorey/Roberto Nigro/Gerald Raunig (Hrsg.): Inventionen 1. Gemeinsam. Prekär. Potentia. Kon/Disjunktion. Ereignis. Transversalität. Queere Assemblagen, Zürich: diaphanes, S. 72-86. Zugriff am 05.09.2011 unter http://eipcp.net/transversal/0811/lorey/de

Lüders, C./Kade, J./Hornstein, W. (2002): Entgrenzung des Pädagogischen. In: Krüger, H.-H./Helsper, W. (Hrsg.): Einführung in Grundfragen und Grundbegriffe der Erziehungswissenschaft. Opladen: Leske + Budrich, S. 207-216.

Luhmann, N./Schorr, K.-E. (1982): Das Technologiedefizit der Erziehung und die Pädagogik. In: Luhmann, Niklas; Karl Eberhard Schorr (Hrsg.): Zwischen Technologie und Selbstreferenz. Frankfurt a.M.: Suhrkamp, S. 11-40.

Oevermann, U. (2002): Professionalisierungsbedürftigkeit und Professionalisiertheit pädagogischen Handelns. In: Kraul, M. u.a. (Hrsg.): Biographie und Profession. Bad Heilbrunn, S. 19-63.

Olk, T. (2009): Transformationen im deutschen Sozialstaatsmodell. Der „Sozialinvestitionsstaat" und seine Auswirkungen auf die Soziale Arbeit. In: Kessl, F./Otto, H.-U. (Hrsg.) (2009): Soziale Arbeit ohne Wohlfahrtsstaat. Weinheim und München, S. 23-34.

Odenwald, St. (2007): Keine Neuorientierung. In: GEW prekär. Zeitschrift für die Beschäftigten in der Weiterbildung, Nr. 20, 2007, 5.

Otto, H.-U./Polutta, A./Ziegler, H. (2009). A Second Generation of Evidence-Based Practice: Reflexive Professionalism and Causal Impact in Social Work. In (ders.) (Hrsg), Evidence-based Practice – Modernising the Knowledge Base of Social Work? (S. 245-252). Opladen & Farmington Hills: Barbara Budrich.

Rauschenbach, T./Schilling, M. (2009): Demografie und frühe Kindheit. Prognosen zum Platz- und Personalbedarf in der Kindertagesbetreuung. In: Zeitschrift für Pädagogik, Jg. 55 (2009), Heft 1, 17-36.

Rothland, M. (Hrsg.) (2013): Belastung und Beanspruchung im Lehrerberuf. Modelle, Befunde, Interventionen. Wiesbaden: Springer VS.

Schaarschmidt, U. (2009): Beanspruchung und Gesundheit im Lehrberuf. In: Zlatkin-Troitschanskaia, O./Beck, K./Sembill, D./Nickolaus, R./Mulder, R. (Hrsg.) (2009): Lehrprofessionalität. Weinheim u. a.: Beltz, S. 605-616.

Schütze, F. (1996): Organisationszwänge und hoheitsstaatliche Rahmenbedingungen im Sozialwesen. Ihre Auswirkungen auf die Paradoxien des professionellen Handelns. In: Combe, A./Helsper, W. (Hrsg.): Pädagogische Professionalität. Frankfurt a. M., S. 183-275.

Schrödter, M. (2007): Soziale Arbeit als Gerechtigkeitsprofession. Zur Gewährleistung von Verwirklichungschancen. In: neue praxis 1, 3-28.

Sell S./Kersting, A. (2010): Gibt es einen (drohenden) Fachkräftemangel im System der Kindertagesbetreuung in Rheinland-Pfalz? Eine empirische Untersuchung zum Personalbedarf in Kindertageseinrichtungen und Kindertagespflege. Eine Studie im Auftrag des Ministeriums für Bildung, Wissenschaft, Jugend und Kultur des Landes Rheinland-Pfalz. Remagen.

Staub-Bernasconi, S. (2005): Gerechtigkeit und sozialer Wandel, in: Thole, Werner/Cloos, Peter/Ortmann, Friedrich/Strutwolf, Volkhardt (Hrsg.): Soziale Arbeit im öffentlichen Raum. Soziale Gerechtigkeit in der Gestaltung des Sozialen; Hans-Uwe Otto zum 65. Geburtstag. Wiesbaden: Verlag für Sozialwissenschaften, S. 75-87.

Stichweh, R. (1996): Professionen in einer funktional differenzierten Gesellschaft. In Combe, A., Helsper, W. (Hrsg.): Pädagogische Professionalität. Untersuchungen zum Typus pädagogischen Handelns. Frankfurt a. M.: Suhrkamp, S. 49-69.

Thiersch, H. (2003): Gerechtigkeit und Soziale Arbeit. in: Hosemann,Wilfried/ Trippmacher, Brigitte (Hrsg.): Soziale Arbeit und soziale Gerechtigkeit, S. 82-95.

Thole, W. (2010): Die pädagogischen MitarbeiterInnen in Kindertageseinrichtungen. In: Zeitschrift für Pädagogik, Jg. 56 (2010), Heft 2, 206-223.

Thole, W./Ahmed, S./Höblich, D. (2007): Soziale Arbeit in der gespaltenen Konkurrenzgesellschaft. Reflexionen zur empirischen Tragfähigkeit der „Rede von der zweiten Moderne" und der Entstrukturierung der gesellschaftlichen Sozialstruktur. In: neue praxis, 37.Jg. (2007), Heft2: 115-135.

Thole, W./Polutta, A. (2011): Professionalität und Kompetenz von MitarbeiterInnen in sozialpädagogischen Handlungsfeldern. Professionstheoretische Entwicklungen und Problemstellungen der Sozialen Arbeit. In: Helsper, Werner/Tippelt, Rudolf (Hrsg.): Pädagogische Professionalität. Beiheft der ZfPäd 1/2011. Beltz, 104-121.

Vogel, B. (2009): Minusvisionen in der Mittelklasse. Soziale Verwundbarkeit und prekärer Wohlstand als Leitbegriffe neuer sozialer Ungleichheiten. In: Widersprüche. 29. Jg., Heft 111, 9-1.

Wersing, M. (2006): Legal and social dimensions of the male-breadwinner model in Germany. In: Working Paper Nr. 3 in der Reihe Working Papers des Projekts „Ernährermodell". Freie Universität Berlin, November 2006. Zugriff am 21.07.2013 unter http://web.fu-berlin.de/ernaehrermodell/3_male-breadwinner-model.pdf

Kapitel I
Prekäre Professionalität – professionstheoretische Vergewisserungen

Sabine Reh

Prekarisierung der Profession
Historische Autorisierungsmuster zwischen Profession und Expertise

In ihrer aktuellen Bilanzierung der Diskussion um die pädagogische Profession fassen Helsper und Tippelt (2011, S. 269) zusammen, dass insgesamt eher für einen Abschied vom Professionsbegriff im Feld pädagogischer Berufe plädiert, gleichzeitig aber durchgängig am Begriff der „Professionalität" – verstanden zumeist schlicht als eine prinzipielle Steigerungsfähigkeit – festgehalten werde. Profession scheine ein „historisches Auslaufmodell" zu sein (vgl. z. B. Stichweh 1996, 2005, Kurtz 2002, 2004), das zwar zu einem bestimmten Zeitpunkt der Entstehung moderner Gesellschaften, also der Durchsetzung funktionaler Differenzierung als Prinzip gesellschaftlicher Formierung (vgl. Luhmann 1998, 2002), ein passendes Lösungsmuster für bestimmte, gesellschaftliche Problemstellungen war – eine besondere Form der Verberuflichung eben (vgl. z. B. Abbott 1988) – heute aber deutlich an Bedeutung verloren habe. Die Sonderstellung der Professionen sei, nicht zuletzt erkennbar an einem erheblichen Vertrauensverlust einerseits und an der Institutionalisierung vielfältiger Evaluations-, Überprüfungs- und Beratungsverfahren durch verschiedene Experten andererseits, der universalisierten Organisationsbildung und der Organisierbarkeit von Wissen in unterschiedlichsten Netzwerken, so genannten „epistemischen Communities" (Stichweh 1996), destruiert (vgl. Helsper/Tippelt 2011, S. 269). Nicht überraschend wird daher vorgeschlagen, zwischen „Professionalisierung" und „Expertisierung" zu unterscheiden (vgl. Mieg 2008). Während für Mieg jeder Professionelle – im Übrigen immer ein Experte – für den gesamten Zyklus professioneller Tätigkeit, für Diagnosen, Schlussfolgerungen und Maßnahmen verantwortlich ist[1], ist die Verantwortlichkeit des Experten

---

1 Mit der Skizzierung eines solchen Zyklus' bezieht Mieg sich auf Abbott (1988, vgl. Mieg 2008, 3272). Dass ich hier wie auch im folgenden Text von Tätigkeit oder gar Tun statt von Handeln spreche, hat einen Grund: Üblicherweise impliziert der Begriff des Handelns bzw. unterstellt er ein souveränes, handlungsfähiges Subjekt, das

partiell, er kann ein vertieftes diagnostisches Wissen, ausschließlich ein Verfahrenswissen besitzen oder auch nur einfach Informationen – auch und gerade beratend – zur Verfügung stellen. Mit Bezug auf diese Positionen könnte also geradezu von einer „Prekarisierung" der Profession durch „Expertisierung" gesprochen werden. Was aber bedeutet das für diejenigen, die in Berufen arbeiten, die bisher als Professionen gelten, die sich selbst als Professionelle verstehen –, wozu gegenwärtig, trotz aller Debatten über die historisch entstandene Zugehörigkeit des Lehrberufs zu dieser Gruppe von Berufen (vgl. Combe/Helsper 1996, Apel/Horn/Lundgreen/Sandfuchs 1999, jüngst für Deutschland Lundgreen 2011)[2], der Lehrberuf im Besonderen und die pädagogischen Berufe im Allgemeinen zumeist gezählt werden können.

Vor dem Hintergrund von Auseinandersetzungen um professionelle Zuständigkeiten – z.B. im Bildungswesen darüber, was jeweils Aufgaben von Lehrer_innen, von Erzieher_innen und Sozialpädagog_innen sind (vgl. Fels/Krieg 1995, Beher/Ruschenbach 2006, Beher et al. 2007; vgl. Speck et al. 2011, S. 188/189) – oder die Definitionsmacht im Hinblick auf gesellschaftliche Problemlagen – wer definiert mit welcher „Expertise" etwa, welche Probleme im Bildungswesen zentral sind und wie sie gelöst werden können? – scheint die analytische Trennung, die man vornehmen kann, wenn man einerseits die sozialhistorische und soziologische Professionalisierungsforschung, die Fragen nach Status und Einfluss von Berufsgruppen bearbeitet und diejenige Forschung, die nach der Entstehung und Art professionellen Wissens – dann eben immer auch auf individueller Ebene – fragt, nicht sinnvoll. Ausgehend davon, dass die Bewährung des Professionellen oder, wenn man die Form der Person nicht unterstellen möchte, eines professionalisierten Wissens – auf operativer Ebene, in direkter Interaktion, in der „Interaktion unter Anwesenden") sich vollzieht (Luhmann 2002, vgl. auch Kieserling 1999), wird unmittelbar einleuchtend, dass das professionelle Wissen – in einem weiten Sinne verstanden, also unter Einschluss implizi-

---

sich über seine Intentionen jederzeit im Klaren ist und entsprechend, nämlich im Sinne rationaler Entscheidungen, handelt. Da ich diese Konnotationen nicht hervor rufen möchte, habe ich mich entschieden, an dieser Stelle von einem Tun zu sprechen, dass weder Intentionen noch Rationalität ausschließt, aber gleichzeitig Routinen oder Teilhabe an Praktiken einschließt.

2 Unterschiedliche theoretische Ansätze gehen bekanntermaßen davon aus, dass nicht alle Berufe in modernen Gesellschaften, sondern nur bestimmte aufgrund ihrer spezifischen Aufgabenstellungen in der Form einer Profession realisiert werden (vgl. den Überblick bei Kurtz 2002), oder aus strukturtheoretischer Perspektive gesprochen: als „professionalisierungsfähig" bestimmt werden müsse (Oevermann 2002, vgl. Oevermann 1996).

ten Wissens, des Könnens – von den Beteiligten in Praktiken unter Bezug auf unterschiedliche Rahmungen, gesellschaftliche Diskurse und diskursive Legitimationsmuster zur Geltung gebracht und anerkannt werden muss. Im Folgenden wird daher davon ausgegangen, dass Fragen des Status eines Berufes in einer Gesellschaft sich als solche der Durchsetzung und Anerkennung von Wissen und damit von Zuständigkeit auf der operativen Ebene der professionellen Tätigkeit darstellen.

Ich will im Folgenden in vier Schritten argumentieren, um darzustellen, inwiefern eine heute beobachtbare „Expertisierung" als Prekarisierung von Profession und eines professionellen Selbstverständnisses wirkt, weil es das mit dem Lehrberuf als einer Profession verbundene Autorisierungsmuster in Frage stellt. Ich werde zunächst erläutern, in welcher Weise ein Konzept der „Autorisierung" Konzepte von „Professionsbewusstsein" oder vom „professionellen Selbst" ersetzen kann, um ein Selbstverständnis als Professioneller, Selbst-Verhältnisse von Lehrern und Lehrerinnen als ein figuratives Geschehen zu beschreiben, in dem gesellschaftliche Diskurse in je konkreten Praktiken aufeinander treffen (1). Anschließend werde ich, ausgehend von einer kürzlich veröffentlichten Studie über Gelehrte und Lehrende im Mittelalter, Autorisierungspraktiken und verschiedene Autorisierungsmuster darstellen (2) und skizzieren, wie diese im Etablierungsprozess der modernen Schule seit dem 19. Jahrhundert in gewandelter Form wieder erkannt werden können. Ich beziehe mich dabei auf eine Sammlung von Lehrerselbstbiographien aus dem frühen 19. Jahrhundert, nämlich die von Diesterweg angeregten Lebensbeschreibungen von 15 Lehrern, in denen diese sich in verschiedener Weise als autorisiert darstellten, über ihr Leben unter einem pädagogischen Gesichtspunkte zu berichten (3). Im letzten Schritt werde ich zusammenfassen, was das wiederum für eine gegenwärtige Bestimmung pädagogischer Berufstätigkeit zwischen pädagogischer Profession und wissenschaftlicher Expertise bedeuten könnte (4).

1 „Professionsbewusstsein", „Professionelles Selbst" und „Autorisierung"

Fragt man nach der Entstehung professionellen Wissens und – wie es oft geschieht – nach dem individuellen „Ort" des professionellen Wissens und Könnens, so stößt man auf Konzeptionen wie das „Professionsbewusstsein" (vgl. Paseka/Schratz/Schrittesser 2011) oder das „professionelle Selbst" (früh Bauer/Kopka/Brindt 1996, später etwa Bauer 2005). Während ein Professionsbewusstsein zu haben so viel bedeutet, wie sein Wissen und Können für einen bestimmtes Gebiet zu kennen und sich hierin als Experte zu sehen, also ein Bewusstsein über die Tätigkeit, die Ziele und Wertvorstellungen von dem zu haben, was den eigenen Beruf ausmacht, wird unter dem „professionellen Selbst" ein dem Bewusstsein nur teilweise zugänglicher, stabiler Kern einer „Person" verstanden, ein Teil ihres „Selbst", das die „persönliche" Sicht der Dinge und ihre Entwicklung bestimmt, sofern davon berufliche Fragen, das berufliche Können (vgl. Bauer 2005) und Tun betroffen sind. Beide – durchaus unterschiedlich gelagerte – Konzepte weisen Probleme auf. So kann man sich fragen, in welchem Verhältnis zum Professionsbewusstsein berufliche Routinen, das Beherrschen von Praktiken mit einem ihnen eingelagerten impliziten Wissen stehen. Routinen, Praktiken und ein implizites Wissen scheinen nämlich – darauf deutet Einiges in der empirischen Forschung in den letzten Jahren hin (vgl. die Auseinandersetzung Baumert/Kunter 2006; Helsper 2007) – eine nicht unerhebliche Rolle für den Professionellen und sein Tun zu spielen. Das professionelle Selbst nun wiederum entsteht, so Bauer, in Interaktionen und in der Tätigkeit, in Praktiken mit anderen, nicht nur mit Kollegen oder Vorgesetzten oder Eltern, sondern auch und gerade in alltäglicher Interaktion, im operativen Geschäft des Unterrichtens. Wenn dem nun aber so ist, scheint fraglich, ob ein solcher „Kern" so stabil und voraussetzend, eben als steuernde Instanz, zu konzeptionieren ist[3], wie Bauer es gleichzeitig tut.

Breuer (2013) hat – in einer gerade fertig gestellten Dissertation über die Kooperation von Lehrer_innen und Erzieher_innen an Ganztagsgrundschulen – dargestellt, wie eine andere Konzeption hilfreich sein kann. In der Analyse ihrer empirischen Daten – aufgezeichnete Teamgespräche, in denen es zu großen Teilen um eine Planung und auch Auswertung pädagogischer Praxis ging (vgl. auch Reh 2008; Kolbe/Reh 2008) – zeigte sich das berufliche Selbstverständnis, das Verständnis des eigenen beruflichen Könnens und der Bezug darauf im Laufe des Kooperationsgeschehens in den Debatten um Zuständigkeiten, um Zuschreibung von und Annahmen von Zuschreibungen oder Selbstzuschreibungen von Zuständigkeiten. Die Muster, die dabei für die Forscherin erkennbar waren, stehen in einem fortgesetzten pädagogischen Diskurs, auf dessen Figuren sie auch bezogen sind, und hängen gleichzeitig als Agieren in Interaktionen und Praktiken mit den organisationalen Strukturen und Kulturen der einzelnen Schulen und der je Beteiligten in kleineren Teams zusammen.

Entsprechende Praktiken werden nun als „Autorisierungspraktiken" bezeichnet, in denen Autoritätsverhältnisse hervorgebracht werden. Autori-

---

3   Auch verschiedene psychologischen Persönlichkeitstheorien, etwa solche, die systemisch orientiert sind (vgl. Kuhl 2001), gehen heute nicht unbedingt mehr von einem steuernden Zentrum aus, sondern sehen systemische, rekursive Steuerungsprozesse am Werk.

sierung kann unterschiedliche Bedeutungen haben. Zunächst handelt es sich um das Einräumen von Rechten an andere durch jemanden, der sie besitzt, durch einen Rechteinhaber. Autorisierung ist aber auch der Prozess bzw. der Akt, in dem ein Autor z.B. die letzte Fassung eines Werkes als endgültige anerkennt. Es wird also jemand zu einem Autor gemacht, zum Verursacher bzw. zum Verfasser einer Äußerung oder Tat, die dann wiederum als solche, als solchermaßen verfasst anerkannt werden kann. Schon der lateinische Begriff der *auctoritas* weist als nicht formal-juristischer – er bezeichnet das (öffentliche) Ansehen einer Person, das aber für Entscheidungen eine Rolle spielen konnte – auf die Tatsache hin, dass es sich dabei um eine Beziehungsqualität handelt, nicht um eine Eigenschaft, die jemandem zukommt. Das Autoritätsverhältnis ist zweiseitig; die Autorität des einen bedarf der Anerkennung durch den anderen. Autorität ist so verstanden die anerkannte Fähigkeit auf andere einzuwirken und wirkt nur, insofern sie anerkannt ist (vgl. Petersen 2011).

Thompson u.a. erläutern vor dem Hintergrund des anerkennungstheoretischen Denkens von Butler (etwa 2003, 2006, 2009), dass Autorität nicht als Eigenschaft von Personen, sondern vielmehr als „Teil der Machtförmigkeit sozialer Praxis" (vgl. auch Sofsky/Paris 1994), „als ein komplexes Führungs- bzw. Anerkennungs- und Adressierungsgeschehen" zu verstehen ist (Jergus/Schumann/Thompson 2012, S. 208), in dem gefragt werden kann, wie die eine Person auf die andere reagiert, die der ersten begegnet und sie anspricht als Lehrerin oder als Erzieherin, die Erwartungen an sie richtet und die sie zu einem bestimmten, beruflichen Tun autorisiert, und vor welchem Hintergrund von damit immer wieder auch bestätigten und teilweise verschobenen Normen solchen Tuns dieses geschieht. Mit Schäfer/ Thompson kann man also Autorität „als soziales Über- und Unterordnungsverhältnis zwischen Personen und Gruppen" verstehen, das darauf beruht, „dass die eine Seite einen Führungsanspruch anmelden kann, der von der anderen Seite als ein solcher akzeptiert wird. Autorität – auch die eines pädagogischen Professionellen, und die eines Experten – lässt sich demnach als ein anerkanntes Führungsverhältnis begreifen" (Schäfer/ Thompson 2009, S. 7), in dem auf Figuren und andere Elemente aus unterschiedlichen Diskursen zurück gegriffen wird.

2. Historische Autorisierungsmuster des Gelehrten

Prinzipiell sind unterschiedliche Autorisierungsmuster und Legitimierungen von Wissen und Wissenden in entsprechenden Gesellschaften denkbar (vgl. Meier 2004) – schon in der Antike etwa individuell zurechenbare Kompetenz, Schreibfähigkeit z.B., anders aber auch göttliche Inspiration und/oder Beauftragung und nicht zuletzt die der Augenzeugenschaft – so sind im frühen Mittelalter demgegenüber nun einige Auffälligkeiten beobachtbar. In einer jüngst veröffentlichten, „praxeologisch" angelegten Untersuchung (Steckel 2009, S. 664) zeigt Steckel, wie in Wissenskulturen zwischen dem Frühmittelalter (8./9. Jahrhundert) und dem Hochmittelalter (11./12. Jahrhundert) Gelehrte autorisiert wurden – Voraussetzung dafür, dass sie schließlich auch als Lehrende legitimiert gelten konnten. Sie tut dieses anhand der Widmung von Texten, die bisher zumeist nur als Aneignung von und Umgang mit klassischen Topiken und Metaphoriken analysiert wurden, indem sie diese als kommunikative Praktiken historisch rekonstruiert. Damit fasst sie die Bildung einer Autor-Identität als einen soziogenen Vorgang auf und beschreibt, wie individuelle Autoren in legitimierenden Selbstthematisierungen ihre öffentliche Sprecher- bzw. Schreiberfunktion begründen. Unterschieden werden können Steckel zufolge grob zwei unterschiedliche Strategien, eine im Frühmittelalter eher seltene Art „existentieller Autorisierung", bei der ein Einzelner durch Berufungserlebnisse, eine visionäre Gottesschau oder eine spirituelle Konversion befugt erscheint oder eben die üblichere, eine religiöse, bei der sich spätere Autoren zur göttlichen Wahrheit und gleichzeitig zu Dritten, von denen sie die Schreibaufforderung erhielten, in ein Verhältnis setzen. Ein tugendhafter Lebenswandel qualifizierte zur Erkenntnis des wahren Wissens durch göttliches Einwirken. Nicht aus eigenem Willen und im Glauben an die eigenen Fähigkeiten konnte jemand schreiben, sondern weil er dazu in einem die Tradition verbürgenden genealogischen Kontext, in der Tradition der Kirchenmänner stehend, aufgefordert wird. Diese Aufforderung wird durch ritualisierte Prozeduren, wie etwa ihre zögernde Annahme, die Bitte um Examination und Verbesserung der eigenen Schriften untermauert.

Bis in das 12. Jahrhundert hinein differenzieren sich die zwei Muster, Legitimierung durch individuell-intellektuelle Fähigkeiten und die „existentielle Autorisierung", diejenige, die als eine direkte Befähigung durch Gott verstanden wurde, aus. Während die erstere, die theologisch-wissenschaftliche Legitimation, aus der religiösen Autorisierung des Frühmittelalters entstand und sich von der Person des Trägers auch lösen ließ, weil es zunehmend genauer definierte Regeln des Umganges mit dem Wissen gab, solche die gut zu handhaben waren, weil also auch auf „Handwerk" gesetzt werden konnte, favorisierte das erste Modell zunehmend stärker die Individualität des Erleuchteten, von der Person nicht einfach ablösbare Fähigkeiten (vgl. Steckel 2011, S. 1195). In Nuce treten hier zwei Legitimationsfiguren hervor, vor deren Hintergrund unterschiedliche Autorisierungspraktiken – die der auf Wissenschaft bezogenen Expertise und die der „Bildung" der Person deutlich werden können.

Achthundert bis 1000 Jahre später – also nach einem für die Historikerin ungeheuer langen Zeitraum – wird in Deutschland, in Preußen, aber auch in anderen europäischen Ländern die moderne Schule, ein modernes, d.h. universalistisches Schulsystem etabliert, in dem zwar immer noch die Kirchen eine wesentliche Rolle spielten, das aber deutlich andere Funktionen zu erfüllen hatte, als die lehrenden Gelehrten des Mittelalters es taten. Das Schulwesen entwickelte sich zu einem öffentlich verantworteten, das in einem ausdifferenzierten räumlichen und institutionellen Kontext schließlich alle Kinder inkludierte; das in einem systematisierten Lehrgang von – allerdings lange Zeit sehr unterschiedlich – ausgebildeten Lehrpersonen (vgl. jüngst Lundgreen 2011) die zur Teilhabe an der Gesellschaft notwendigen Fähigkeiten, ein schließlich „allgemeines" Wissen (vgl. Tenorth 1994), vermittelte und über die in der Schule durchgesetzte Leistungsorientierung auch entscheidend nicht nur zur Reproduktion eines unterschiedlichen Zuganges zu gesellschaftlichen Ressourcen, sondern auch zu dessen Legitimation beitrug (vgl. Parsons 1968, Adick 1992, Luhmann 2002). Wie nun, so ließe sich fragen, werden die ausgebildeten Lehrpersonen, denen – so zuletzt Lundgreen (2011) – anders als in anderen Professionen der eindeutige Bezug auf ein spezifisches Wissensgebiet fehlte, autorisiert? In Analogie zu den Autorisierungspraktiken mittelalterlicher Gelehrter kann man fragen, in welchen kommunikativen Rahmungen Autorisierungspraktiken erschienen und worauf, auf welche gesellschaftlichen Normen, sich die Beteiligten dabei beriefen, in welches Verhältnis zu sich als Lehrende diese sich dabei stellten?

3. „Existentielle Autorisierung" als erzogenes Subjekt und erfahrener Lehrer

Es lohnt sich dafür, einen Blick auf den von Diesterweg herausgegebenen „Wegweiser zur Bildung deutscher Lehrer", „dem wohl einflussreichsten Handbuch für die Bildung und den Alltag der Lehrer" im 19. Jahrhundert (Tenorth 2003, S. 228) zu werfen. Diesterweg hatte sich entscheidend um die Lehrerausbildung für das niedere Schulwesen in der ersten Hälfte des 19. Jahrhunderts verdient gemacht, wurde zur „Leitfigur des modernen Lehrerberufs für ganz Deutschland" (Tenorth 2003, S. 227)[4], und es waren in der Abteilung „Empfohlene Literatur" zwei Bände entstanden, die „Das pädagogische Deutschland" hießen und in denen insgesamt 15 „Selbstbio-

---

4 Zu Diesterweg (1790–1866) vgl. Geißler 2002 (zur Forschung über ihn auch Geißler/Rupp 1996).

graphieen" (sic) von Lehrern (es handelte sich wirklich nur um Lehrer) erschienen (Diesterweg 1835, 1836)⁵. Die Lehrer, die hierin über ihr Leben berichten, sind – viele eine Generation mit Diesterweg selbst – zwischen 1766 und 1799 geboren, nicht alle ausschließlich im niederen Schulwesen tätig; ihre Väter waren mehrheitlich Prediger, Pastoren oder selbst Schulmeister. Über die Motivation, diese Selbstbiographien zu sammeln bzw. ihre Abfassung zu veranlassen und sie zu veröffentlichen, berichtet Diesterweg in seiner Einleitung. Er erläutert, was eine „pädagogische Biographie" sei; diese habe nämlich darzustellen, „wie und durch welche Einwirkungen, durch welche Erziehungs- und Bildungsfaktoren der Einzelne das geworden ist, was er geworden ist, welche Einflüsse die Richtung bestimmt haben, die er eingeschlagen, welche Kräfte vorzugsweise bei seiner Erziehung thätig gewesen" (Diesterweg 1835, S. 7) seien. Die Biographien sind zur Belehrung gedacht. Diese sei auf die unmittelbaren Beobachtungen des Lebens einzelner Menschen angewiesen und nur so – in dieser Beobachtung – sei viel „Umstrittenes" auf dem Felde der Erziehung (Diesterweg 1835, S. 22) zu klären⁶: „Wir fragen daher wiederholt: wie gelangen wir selbst zu festen, begründeten Ansichten? Gewiss nicht auf dem Wege des gläubigen Nachbetens oder des blinden Fürwahrhaltens, sondern sicher nur auf dem Wege der Untersuchung und Prüfung. Was ist in dieser Beziehung zu tun? Blicken wir in die Geschichte des eigenen Lebens hinein, und betrachten wir mit Aufmerksamkeit das fremde Leben" (Diesterweg 1835, S. 22). Die lesenden Lehrer sollen sich selbst und die Kinder, die Kindesnatur, das Knabenalter kennen lernen und darüber nun aber vor allem in einem bestimmten Modus der Authentizität schreiben: „Bis dahin, wo sie auch die Lehrer und Erzieher persönlich einander näher bringen, wollen wir unsere Persönlichkeiten einander aufschließen, und einander schreiben, was uns bewegt! Andere Völker schreiben ihre Memoiren, und sie haben keine Scheu vor dem, vielen Deutschen noch so grausigen Wörtlein „Ich"; wir

---

5   Diese Bände, folgt man der Ankündigung in der von Diesterweg verfassten Einleitung, waren umfangreicher geplant, als sie dann nachher veröffentlicht wurden und vor allem fehlte am Ende auch die zunächst angekündigte zusammenfassende Einschätzung durch Diesterweg. Diskutiert werden könnte, ob dieses als das Scheitern einer bestimmten Autorisierungspraktik angesehen werden muss.
6   Tenorth stellt heraus, dass Diesterweg in kritischer Distanz zur Erziehungswissenschaft seiner Zeit auf die Selbstreflexion der Praxis gesetzt habe, in der Professionalität entstehe, und die durch eine empirische Psychologie abgesichert werden müsse. In der Einleitung zu den „Selbstbiographieen" scheint das Verhältnis von (pädagogischer) Beobachtung des Lehrers und einer empirischen Psychologie nicht so deutlich formuliert. Mit der Herausgabe der „Selbstbiographieen" hat er das verfolgt, was Tenorth hier „pädagogische Bildung" nennt (vgl. Tenorth 2003, 230/231).

können manches von ihnen lernen. Darum lasst uns hören, was jetzt lebende Erzieher und Lehrer, deren Namen wir bereits kannten, von sich zu sagen haben, was ihre Memoiren berichten! Bescheidenheit zieret jeden Menschen, und ich will keinen verleiten, im Tone der Hymne und des Epos von sich zu declamieren; aber den Muth wünsche ich Jedem, dass er öffentlich zu bekennen wage, was ihm die Seele bewegt. Denn man erzieht und bildet mehr durch das, was man ist und will, als durch das, was man gelernt hat, und nicht Thaten allein charakterisieren, sondern auch Gesinnungen und Ansichten" (Diesterweg 1835, S. 29).

Diesterweg hatte die Autoren dieser Lebensberichte gebeten – man könnte auch sagen: Er hat sie zu Autoren gemacht, er hat sie „autorisiert" – etwas über ihr pädagogisches Leben zu schreiben. Er konnte sie offensichtlich auffordern, dieses unter pädagogischen Gesichtspunkten zu tun; 15 Lehrer leisteten der Bitte Diesterwegs – mit mehr oder weniger großen Vorbehalten und Kommentierungen – Folge. Die Annahme der Aufforderung scheint aber prekär zu bleiben: Ein größerer Teil der Schreibenden, die zu dem Auftrag Diesterwegs explizit Stellung nehmen oder sich dazu implizit durch die Art der Narration positionieren, führen an und zitieren, was ihnen Autorität verleiht: Väter, die selbst schon in diesem Bereiche, also auch pädagogisch tätig waren – man könnte hier ein altes Muster der Autorisierung wieder erkennen, die Generationenfolge; angeführt werden als Beleg auch eigenständig verfasste Schriften zur Schule, Schriften, in denen die Schreibenden ihre Beobachtungen und Kenntnisse niederlegten und die teilweise am Ende ihrer Selbstbiographien angeführt werden, und schließlich das Urteil Dritter – so lässt ein Autor in seinem Text jemand anderen, einen Dritten, einen weiteren Lehrerbildner, über sich wie in einem Gutachten berichten.

Sind die Lehrer einerseits durch Diesterweg autorisiert, über ihr Leben zu schreiben, so kann dieses geschehen – und so erklären die Schreibenden die Wahl Diesterwegs, die auf sie gefallen ist, sich und möglichen Lesern, anderen Lehrern, auch – vor dem Hintergrund eines in bestimmter Weise erlebten und geführten Lebens. Der Hintergrund ist der, dass jeder, der pädagogisch tätig ist, dieses reflektierend, Erfahrungen macht, die weiter zu geben, sich lohnt, weil es nicht einzigartige, wohl aber je eigene, subjektivierende, Erfahrungen sind. Der Begriff der Erfahrung wird direkt verwandt. Die Schreibenden – Berichte darüber enthalten alle Texte – sind selbst erzogen worden, von liebenden und fürsorglichen Eltern, vor allem von einer liebenden Mutter und einem vielleicht etwas strengeren Vater. Alle thematisieren weniger oder meist mehr aus und über ihre Kindheit, darüber, wie sie selbst erzogen wurden. Dass sie erzogen wurden, scheint eine zentrale Legitimation. Dabei scheint es für manchen der Lehrer schließlich die „hingebende, sich selbst ganz vergessende Liebe" – dafür steht bekannterweise

Pestalozzi (Seichter 2007) – zu sein (Diesterweg 1835, S. 108), die als Strenge gegen sich selbst Autorität (Diesterweg 1835, S. 109) gebe und in der alle Kinder dem Lehrer lieb, darin auch individuell und je besonderes werden (Diesterweg 1835, S. 121). Man hat also Erfahrungen – Erfahrungen als geliebtes Kind – sammeln können und ist darin nun aber selbst schließlich nicht nur Erzogener, sondern auch Gebildeter, geformtes und gesteigertes Subjekt[7]. Auf Erzogenheit hinzuweisen, die Geschichte der eigenen Erziehung zu erzählen, scheint eine der zentralen Autorisierungspraktiken zu sein. Das erforderte allerdings eine besondere Art des Schreibens, authentisches Schreiben, also eines, das den Eindruck von Authentizität erzeugt, etwa des Ich schreiben Könnens.

Hinsichtlich der Form der Texte der schreibenden Lehrer ist auffällig, dass sie in unterschiedlicher Perspektive bzw. mit unterschiedlicher Stimme verfasst sind, teilweise in der 3. Person Singular, teilweise in der ersten Person Singular; es gibt einen Text, in dem dieses wechselt. Die Autorisierung durch den Bezug auf das eigene Erlebnis bzw. die eigene Erfahrung scheint – das zeigt die Form der Texte – also immer noch fragwürdig, jedenfalls nicht einfach. So äußert sich einer der Schreibenden darüber, wie schwierig es sei, eine Selbstbiographie zu schreiben, dass es das erst recht sei, wenn diese aus pädagogischer Perspektive geschrieben werden solle, wenn man nämlich „den Gang der inneren Entwicklung des Individuums" zu schildern habe, „wenn die einwirkenden Momente der Entwicklung als Ursachen der gewordenen Bildung hervorgehoben und als leitende Principien für die Wissenschaft und Kunst der Erziehung sollen aufgestellt werden" (Diesterweg 1835, S. 129). Deutlicher noch wird, worum es geht, in dem, was ein weiterer Lehrer schreibt: Ein paar Jahre früher hätte er auf die Bitte gern ja gesagt, nun aber, bei genauerer Kenntnis der Welt, der pädagogischen Leistungen, auch bei näherer Kenntnis seiner selbst, muss er „gestehen, dass Ihr Antrag mich überraschte und ich anfangs starkes Bedenken trug, demselben zu entsprechen. Bei näherem Nachdenken aber fand ich, dass ich diesen Ihren Antrag als so gar schmeichelhaft nicht anzusehen brauchte, da ja jeder Hausvater, Lehrer und Erzieher, der seinen Beruf mit Liebe treibt seine eigentümlichen Erfahrungen machen müsse, die jedem jüngeren Manne von der einen oder andern Seite von Nutzen sein könne. –

---

[7] Wenn hier und im Folgenden von Subjekt die Rede ist, so ist damit immer ein historisch spezifisches, nämlich aufklärerisch-modernes Selbstdeutungsmuster – und damit aber auch ein in Praktiken gelebtes Selbstverhältnis – des Menschen gemeint, für dessen Produktion tatsächlich das Dispositiv der Bildung von entscheidender Bedeutung ist (vgl. Ricken 2006). Zum entsprechenden Selbstdeutungsmuster gehört der Gedanke, sich auf sich selbst zu beziehen und sich selbst zugrunde zu liegen, in mehrfacher Weise, als Selbstbewusstsein, als Selbstbestimmung und als Selbstzweck.

Und so will auch ich gerne mein Scherflein beitragen und Einiges aus meinem Leben mitteilen, das vielleicht für Andere einen pädagogischen Wert hat; es braucht nichts Außerordentliches zu sein" (Diesterweg 1835, S. 105). Deutlich wird hier: Es geht um die subjektivierende Erfahrung, die prinzipiell jeder, der erzieht, gemacht haben kann und über die reden zu können eine Autorisierung darstellt.

Was wir also erkennen können ist, dass das eine der Motive, das uns aus den schon dargestellten Autorisierungsfiguren bekannt ist, hier nun in den Mittelpunkt gestellt ist: Die existentielle Autorisierung, die, in der es um eine „subjektive" Wahrheit, um Wahrhaftigkeit im Bericht über die – in doppelter Weise – eigenen Erziehungserfahrungen geht. Und schließlich folgt das, was schließlich am Ende des 20. Jahrhunderts zum Geheimnis der Profession erklärt wird: „Und wie die Jugend ewig neu ist, so sind es auch die Erfahrungen des Lehrers und Erziehers, also auch sein Beruf. Daher ist es dem beobachtenden Lehrer auch unmöglich, in seinem Amt und Fach stille zu stehen, wie wollte er daher lange Weile haben und seinen Beruf handwerksmäßig treiben können?" (Diesterweg 1835, S. 121).

Zu diesem Muster gehört nun aber auch, dass die Pädagogen, die Lehrer, in einer Art privatem Verhältnisses autorisiert werden, pädagogische Autorität – könnte man weitergehend unterstellen – eben eine Art „privaten Verhältnis" sei, wie es ausdrücklich einer der Schreibenden formuliert: „Indem ich der freundschaftlichen Aufforderung meines Freundes Diesterweg, zur öffentlichen Mitteilung meines Lebenslaufes, hiermit zu entsprechen suche, hoffe ich jungen Lehrern von Herz und Sinn Gedanken vorzulegen, die sie weiter in sich verarbeiten mögen" (Diesterweg 1836, S. 215). Der Aufforderung wird hier Folge geleistet, weil Diesterweg ein Freund ist und man seinem Freunde etwas schuldig ist, nicht etwa weil er eine bestimmte Stellung, ein bestimmtes Amt, nämlich das des Direktors des Seminars für Stadtschulen in Berlin, innehatte. Verhältnisse, in denen Autorisierungen stattfinden, sind privater Art – sei es, weil sie stärker moralischen Werten unterworfen sind, sei es, weil diese Art der „existentiellen Autorisierung" überhaupt nur in solchermaßen „privatem" Verhältnis erfolgen können, weil nur der private Freund diese Art der Bildung erkennen kann. Hier ist also nicht der wissende Experte autorisiert, sondern der Erzogene, der, der eine bestimmte Bildung erhalten hat, der Erfahrungen in der Erziehung gemacht hat und vor allem weiter zu lernen bereit ist, weitere Erfahrungen in der Beobachtung von Kindern machen kann; dieser ist autorisiert als Pädagoge und auch als Pädagoge anderen Pädagogen bzw. angehenden Pädagogen gegenüber aufzutreten.

4. Prekarisierung des professionellen Autorisierungsmusters durch Experten

Expertise und Profession entsprechen zwei historisch entstandenen unterschiedlichen Selbstverständnissen im Umgang mit und im Verhältnis zum Wissen und damit auch zu sich selbst als einem Träger von Wissen und unterschiedlichen Autorisierungsmustern. Wir konnten sehen, dass das im Zusammenhang mit dem Lehrerberuf und seiner – so sei nun hier vorsichtig gesagt – Professionalisierung in Deutschland mit einer Aufnahme und Stärkung des Musters einer „existentiellen Autorisierung" verbunden zu sein scheint. Damit sind genau jene Aspekte der Berufstätigkeit angesprochen, die in den soziologischen und im Besonderen in den strukturtheoretischen Ansätzen hervorgehoben werden, um Charakteristika des Professionellen, der Form der Profession zu bestimmen: eine besondere Arbeit an bzw. mit Personen und die herausgehobene Stellung von Interaktionen im operativen Geschäft, die Struktur dieser besonderen Tätigkeit als stellvertretende Deutung, notwendiges Fallverstehen und Handeln unter Bedingungen von Unsicherheit, des Umganges also mit „nicht-trivialen Maschinen" (v. Foerster 1993). Das Muster einer „existentiellen Autorisierung" – und entsprechender, historisch veränderlicher Praktiken und Routinen, z.B. des Bekenntnisses (vgl. Reh 2003) – ist eines, in dem auf individuelle Erfahrung des und Beobachtung durch den erzogenen Erwachsenen, des gebildeten Subjektes gesetzt wird. Möglicherweise erschwert diese Koppelung – für diese Art der Berufstätigkeit kann man am Besten in einem privaten Verhältnis autorisiert werden – den Gedanken an eine andere Form der Autorisierung, nämlich an die individuell erworbene Expertise als Erwerb methodisierbaren wissenschaftlichen Wissens oder gar von handwerklichem Wissen.

Greiner u.a. haben zuletzt gezeigt, dass nach dem Zweiten Weltkrieg, vor allem im Kontext des Kalten Krieges, also der Systemauseinandersetzungen, insgesamt die Bedeutung von Wissenschaft, die Bedeutung wissenschaftlicher Expertise in der Beratung der Politik steigt (vgl. Greiner 2011, vgl. insgesamt die Beiträge in Greiner/Müller/Weber 2011). Entsprechende Erscheinungen sind auch im Bereich der Bildungspolitik zu beobachten und beeinflussen nicht unerheblich die Entwicklung des Bildungswesens. Das im Einzelnen für die westdeutsche und die ostdeutsche Bildungspolitik nachzuzeichnen – etwa in den Diskussionen um die Lehrerweiterbildung und in der Nutzung der Expertise der Psychologie, von deren Kenntnissen über Testtheorien und Testverfahren als über die Beratung von Einzelfällen hinausgehendes Wissen zur Systembeobachtung seit den frühen 50er

Jahren – steht noch aus[8]. Erkennbar ist allerdings, dass es in der Nutzung der Expertise – allemal in der bildungspolitischen Beratung, aber auch in Handlungszusammenhängen im pädagogisch-operativen Feld zu Fragmentierungen des Tätigkeitszyklus kommt, wie er das professionelle Tun kennzeichnet. Empirisch zu untersuchen wäre, welche Rückwirkungen das auf die Professionellen hat, auf das beschriebene Autorisierungsmuster des Professionellen als das des erzogenen und erfahrenen Subjekts und einer authentisch-personalen Verantwortung. Möglicherweise wird dieses, der Bezug darauf – und damit aber auch bestimmte interaktive Praktiken – fragwürdiger. Damit dann würde „Expertisierung" – nicht nur, aber vor allem durch ein besonderes psychologisches Wissen – einer Immunisierung gegenüber autorisierenden Kommunikationspraktiken im operativen Geschäft des Lehrers gleichkommen – und das wäre möglicherweise fatal für die alltäglichen Anerkennungspraktiken, denen Lehrer und Lehrerinnen bzw. überhaupt PädagogInnen notwendigerweise immer ausgesetzt sind.

Literatur

Abbot, A. (1988): The System of Professions. An Essay on the Division of Labor. Chicago: The University of Chicago Press.
Adick, C. (1992): Die Universalisierung der modernen Schule. Paderborn: Schöningh.
Apel, H.J./Horn, K.-P./Lundgreen, P./Sandfuchs, U. (Hrsg.) (1999): Professionalisierung pädagogischer Berufe im historischen Prozeß. Bad Heilbrunn: Klinkhardt
Bauer, K.-O. (2005): Pädagogische Basiskompetenzen. Theorie und Training. Weinheim/München: Juventa.
Bauer, K.-O./Kopka, A./Brindt, S. (1996): Pädagogische Professionalität und Lehrerarbeit. Eine qualitativ empirische Srudie über professionelles Handeln und Bewußtsein. Weinheim/München: Juventa.
Baumert, J./Kunter, M. (2006): Stichwort: Professionelle Kompetenz von Lehrkräften. In: Zeitschrift für Erziehungswissenschaft 9, 469-520.
Beher, K./Rauschenbach, T. (2006): Die offene Ganztagsgrundschule in Nordrhein-Westfalen. Ein gelungenes Zusammenspiel von Schule und Jugendhilfe? In: ZfE, 9.Jg., H. 1, 51-66.
Beher, K./Haenisch, H./Hermens, C./Nordt, G./Prein, G./Schulz, U. (Hrsg.) (2007): Die offene Ganztagsschule in der Entwicklung. Empirische Befunde zum Primarbereich in Nordrhein-Westfalen. Weinheim/München: Juventa.

---

8 In dem Band von Greiner et al. (2011) weist Wirsching (2011) auf die „realistische Wende" Roths hin (vgl. Lehberger 2011); tatsächlich betrifft dieses den Wandel der Erziehungswissenschaft. Wie aber Schul- und Bildungsverwaltung wissenschaftliche, nämlich psychologische Expertise schon seit den 50er Jahren zu nutzen begannen – und zwar sowohl in der DDR wie auch in Westberlin etwa durch Ingenkamp – ist in Einzelstudien noch nachzuzeichnen (vgl. Roeder 2003, Fend 2010, v. Saldern 2010).

Breuer, A.: Kooperation als Differenzierung von Zuständigkeit. Lehrer-Erzieher-Teams an ganztägigen Grundschulen. Dissertation. Eingereicht in der Philosophischen Fakultät IV der Humboldt-Universität zu Berlin (unveröffent.).

Butler, J. (2001): Psyche der Macht. Das Subjekt der Unterwerfung. Frankfurt am Main: Suhrkamp.

Butler, J. (2006): Kritik der ethischen Gewalt. Erweiterte Ausgabe. Frankfurt am Main: Suhrkamp.

Butler, J. (2009): Die Macht der Geschlechternormen und die Grenzen des Menschlichen. Frankfurt am Main: Suhrkamp.

Combe, A./Helsper, W. (Hrsg.) (1996): Pädagogische Professionalität. Untersuchungen zum Typus pädagogischen Handelns. Frankfurt am Main: Suhrkamp

Diesterweg, F.A.W. (Hrsg.) (1835): Das pädagogische Deutschland der Gegenwart. Oder: Sammlung von Selbstbiographieen jetzt lebender, deutscher Erzieher und Lehrer. Für Erziehende. Erster Bd., Berlin: Verlagsbuchhandlung Carl Friedrich Plahn.

Diesterweg, F.A.W. (Hrsg.) (1836): Das pädagogische Deutschland der Gegenwart. Oder: Sammlung von Selbstbiographieen jetzt lebender, deutscher Erzieher und Lehrer. Für Erziehende. Erster Bd., Berlin: Verlagsbuchhandlung Carl Friedrich Plahn.

Drieschner E./Gaus, D. (2011): Pädagogische Liebe. Anspruch oder Widerspruch von professioneller Erziehung? In: Drieschner, E./Gaus, D. (Hrsg.): Liebe in Zeiten pädagogischer Professionalisierung (S. 7- 26). Wiesbaden: Springer.

Fels, S./Krieg, E. (1995): Kooperation von Lehrkräften und sozialpädagogischen Fachkräften in der ganztägigen Grundschule. In: Holtappels, H.G. (Hrsg.): Entwicklung von Schulkultur. Ansätze und Wege schulischer Erneuerung (S. 73-88). Neuwied et al.: Luchterhand.

Fend, H. (2010): Bildungsforschung von 1965 bis 2008 – ein Zeitzeugenbericht zu Fortschritten, Rückschlägen und Höhepunkten. In: Ritzi, C. (Hrsg.): Beobachten – Messen – Experimentieren. Beiträge zur Geschichte der empirischen Pädagogik, Erziehungswissenschaft (S. 275-303). Bad Heilbrunn: Klinkhardt.

Foerster, H. v. (1993): Mit den Augen des andern. In: Heinz von Foerster, H. v.: Wissen und Gewissen (S. 350-363). Frankfurt am Main: Suhrkamp.

Geißler, G. (2002): Friedrich Adolph Wilhelm Diesterweg. Hohengehren: Schneider.

Geißler, G./Rupp, H. F. (Hrsg.) (1996): Diesterweg zwischen Forschung und Mythos. Texte und Dokumente zur Forschungsgeschichte. Neuwied/Kriftel/Berlin: Luchterhand.

Greiner, B. (2011): Macht und Geist im Kalten Krieg. Bilanz und Ausblick. In: Greiner, B./Müller, Tim B./Weber, C. (Hrsg.): Macht und Geist im Kalten Krieg (= Studien zum Kalten Krieg, Bd. 5, S. 7-27). Hamburg: Hamburger Edition.

Greiner, B./Müller, Tim B./Weber, C. (Hrsg.) (2011): Macht und Geist im Kalten Krieg (= Studien zum Kalten Krieg, Bd. 5). Hamburg: Hamburger Edition.

Helsper, W. (2007): Eine Antwort auf Jürgen Baumerts und Mareike Kunters Kritik am strukturtheoretischen Professionsansatz, in: ZfE 10, 567-580.

Helsper, W./Tippelt, R. (2011): Ende der Profession und Professionalisierung ohne Ende? Zwischenbilanz einer unabgeschlossenen Diskussion. In: Helsper, W./Tippelt, R. (Hrsg.): Pädagogische Professionalität. Weinheim/Basel: Beltz (= 57. Beiheft der ZfPäd), 268-288.

Jergus, K./Schumann, I./Thompson, C. (2012): Autorität und Autorisierung. Analysen zur Performativität des Pädagogischen. In: Ricken, N./Balzer, N. (Hrsg.): Judith Butler: Pädagogische Lektüren (S. 207-224). Wiesbaden: Springer VS.

Kersting, C. (2009): Pädagogik im Nachkriegsdeutschland. Wissenschaftspolitik und Disziplinentwicklung. Bad Heilbrunn: Klinkhardt.

Kieserling, A. (1999): Kommunikation unter Anwesenden. Studien über Interaktionssysteme. Frankfurt am Main: Suhrkamp.

Kolbe, F.-U./Reh, S. (2008): Kooperation unter Pädagogen. In: Coelen, T./Otto, H.U. (Hrsg.): Grundbegriffe Ganztagsbildung. Das Handbuch (S. 799-808). Wiesbaden: VS Verlag für Sozialwissenschaften.

Kuhl, J. (2001): Motivation und Persönlichkeit. Interaktionen psychischer Systeme. Göttingen/Bern/Toronto/Seattle: Hogrefe.

Kurtz, T. (2002): Berufssoziologie. Bielefeld: transcript.

Kurtz, T. (2004): Das professionelle Handeln und die neuen Wissensberufe. In: Pfadenhauer, M. (Hrsg.): Professionelles Handeln (S. 243-253). Wiesbaden: VS Verlag für Sozialwissenschaften.

Lehberger, C. (2009): Die „realistische Wendung" im Werk von Heinrich Roth. Studien zu einem erziehungswissenschaftlichen Forschungsprogramm. Münster: Waxmann.

Luhmann, N. (1998); Die Gesellschaft der Gesellschaft. Erster Teilband. Frankfurt am Main: Suhrkamp.

Luhmann, N. (2002): Das Erziehungssystem der Gesellschaft, Frankfurt am Main: Suhrkamp.

Lundgreen, P. (2011): Pädagogische Professionen. Ausbildung und Professionalität in historischer Perspektive. In: Helsper, W./Tippelt, R. (Hrsg.): Pädagogische Professionalität. Weinheim/Basel: Beltz (= 57. Beiheft der ZfPäd), 9-39.

Meier, C. (2004): Autorschaft im 12. Jahrhundert. Persönliche Identität und Rollenkonstrukt. In: Moos, P. v. (Hrsg.): Unverwechselbarkeit. Persönliche Identität und Identifikation in der vormodernen Gesellschaft. Köln/Weimar/Wien: Böhlau, S. 207-266 (= Norm und Struktur 23).

Mieg, H. A. (2008): Expertisierung vs. Professionalisierung: relative und andere Experten aus Sicht der psychologischen Expertiseforschung. In: Rehberg, K.-S. (Hrsg.): Die Natur der Gesellschaft: Verhandlungen des 33. Kongresses der Deutschen Gesellschaft für Soziologie in Kassel 2006 (S. 3265-3275). Frankfurt am Main: Campus.

Oevermann U. (1996): Theoretische Skizze einer revidierten Theorie professionalisierten Handelns. In: Combe, A./Helsper, W. (Hrsg.): Pädagogische Professionalität. Untersuchungen zum Typus pädagogischen Handelns (S.70-183). Frankfurt am Main: Suhrkamp.

Oevermann, U. (2002): Professionalisierungsbedürftigkeit und Professionalisiertheit pädagogischen Handelns. In: Kraul, M./Marotzki, W./Schweppe, C. (Hrsg.): Biographie und Profession (S. 19-64). Bad Heilbrunn: Klinkhardt.

Parsons, T. (1968): Die Schulklasse als soziales System: Einige ihrer Funktionen in der amerikanischen Gesellschaft. In: Parsons, T. (Hrsg.), Sozialstruktur und Persönlichkeit (S. 161-193). Frankfurt am Main: EVA.

Paseka, A./Schratz, M./Schrittesser, I. (Hrsg.) (2011): Pädagogische Professionalität: quer denken – umdenken – neu denken. Impulse für next practice im Lehrerberuf. Wien: facultas.wuv.

Petersen, T. (2011): Autorität in Deutschland. Eine Studie des Instituts für Demoskopie Allensbach. Herbert-Quandt-Stiftung Bad Homburg.

Reh, S. (2003): Berufsbiographische Texte ostdeutscher Lehrer und Lehrerinnen als „Bekenntnisse": Interpretationen und methodologische Überlegungen zur erziehungswissenschaftlichen Biographieforschung. Bad Heilbrunn/Obb.: Julius Klinkhardt Verlag.

Reh, S. (2008): ‚Reflexivität der Organisation' und Bekenntnis. Perspektiven der Lehrerkooperation. In: Helsper, W./Busse, S./Hummrich, M./Kramer, R.T. (Hrsg.): Pädagogische Professionalität in Organisationen. Neue Verhältnisbestimmungen am Beispiel der Schule (S. 163-187). Wiesbaden: VS Verlag für Sozialwissenschaften.

Ricken, N. (2006): Die Ordnung der Bildung. Beiträge zu einer Genealogie der Bildung. Wiesbaden: VS Verlag.

Roeder, P. M. (2003): Bildungsforschung und Schulreform: Jerome S. Bruner, Heinrich Roth, Saul B. Robinsohn, Torsten Husén, James S. Coleman. In: Tenorth. H.-E. (Hrsg.): Klassiker der Pädagogik. Von John Dewey bis Paulo Freire (Bd. 2, S. 227-248). München: C.H. Beck.

Saldern, M. v. (2010): Geschichte der empirischen Pädagogik/Erziehungswissenschaft in der Bundesrepublik – Offene Fragen. In: Ritzi, C. (Hrsg.): Beobachten – Messen – Experimentieren. Beiträge zur Geschichte der empirischen Pädagogik, Erziehungswissenschaft (S. 305-328). Bad Heilbrunn: Klinkhardt.

Schäfer, A./Thompson, C. (2009): Autorität – eine Einführung. In: Schäfer, A./Thompson, C. (Hrsg.): Autorität (S. 7-36). Paderborn/München/Wien/Zürich: Ferdinand Schöningh.

Seichter, S. (2007): Pädagogische Liebe. Erfindung, Blütezeit, Verschwinden eines pädagogischen Deutungsmusters. Paderborn: Schöningh.

Sofsky, W./Paris, R. (1994): Figurationen sozialer Macht. Autorität, Stellvertretung, Koalition. Frankfurt am Main: Suhrkamp.

Speck, K./Olk, T./Stimpel, T. (2011): Auf dem Weg zu multiprofessionellen Organisationen? Die Kooperation von Sozialpädagogen und Lehrkräften im schulischen Ganztag. Empirische Befunde aus der Ganztagsforschung und dem Forschungsprojekt ‚Professionelle Kooperation von unterschiedlichen Berufskulturen an Ganztagsschulen' (Prokoop). In: Helsper, W./Tippelt, R. (Hrsg.): Pädagogische Professionalität (57. Beiheft der ZfPäd, S. 184-201). Weinheim/Basel: Beltz.

Steckel, S. (2011): Kulturen des Lehrens im Früh- und Hochmittelalter. Autorität, Wissenskonzepte und Netzwerke von Gelehrten. Köln, Weimar, Wien: Böhlau Verlag.

Stichweh, R. (1996): Professionen in einer funktional differenzierten Gesellschaft. In: Combe, A./Helsper, W. (Hrsg.): Pädagogische Professionalität (S. 49-69). Frankfurt am Main: Suhrkamp.

Stichweh, R. (2005): Wissen und Professionen in einer Organisationsgesellschaft, In: Klatetzki, T./Tacke, V. (Hrsg.): Organisation und Profession (S. 31-45). Wiesbaden: VS Verlag für Sozialwissenschaften.

Tenorth, H.-E. (1994): Alle alles zu lehren. Möglichkeiten und Perspektiven allgemeiner Bildung. Darmstadt: Wissenschaftliche Buchgesellschaft.

Tenorth, H.-E. (2003): Schulmänner, Volkslehrer und Unterrichtsbeamte: Friedrich Adolph Wilhelm Diesterweg, Friedrich Wilhelm Dörpfeld, Friedrich Dittes. In: Tenorth, H.-E. (Hrsg.): Klassiker der Pädagogik (Erster Bd., S. 224-245). Von Erasmus bis Helene Lange. München: C.H. Beck.

Wirsching, A. (2011): Bildung als Wettbewerbsstrategie. In: Greiner, B./Müller, Tim B./Weber, C. (Hrsg.): Macht und Geist im Kalten Krieg (= Studien zum Kalten Krieg, Bd. 5, S. 223-238). Hamburg: Hamburger Edition.

Kirsten Fuchs-Rechlin

Professionelles Handeln – ein Balanceakt

1. Einleitung

Ein wichtiger Gegenstand der innerdisziplinären Selbstvergewisserung in der Erziehungswissenschaft ist seit jeher die Frage, was denn angemessenes bzw. gutes pädagogisches Handeln sei und wie die Ausbildung einer solchen „pädagogischen Grundhaltung" gefördert werden könne. Angesichts der zunehmenden Entgrenzung pädagogischen Handelns einerseits und der fortschreitenden Ausdifferenzierung erziehungswissenschaftlicher Teildisziplinen und pädagogischer Arbeitsfelder andererseits, scheint die Beantwortung dieser Fragen immer schwieriger zu werden. So wundert es nicht, dass trotz des nun schon mehr als zweitausend Jahre währenden Nachdenkens über Erziehung und Bildung nach wie vor die Frage aktuell ist, was denn gutes, oder weniger normativ formuliert, angemessenes pädagogisches Handeln ist, die rechten Vorgehensweisen und Ziele seien und wie sich die Vorstellung davon ausbilden könne. Geht man von der – nicht allgemein akzeptierten – Annahme aus, es gäbe so etwas wie eine „pädagogische Grundhaltung", die die Basis pädagogischen Handelns bildet, so stellt sich in letzter Konsequenz auch die Frage nach deren Beschaffenheit und Ausbildung. Konkret heißt dies: Welchen Grundsätzen und Leitbildern fühlen sich Pädagog/inn/en verpflichtet, woran orientieren sie ihr Handeln? Wie entstehen diese Leitbilder? Werden diese bereits in das Studium mitgebracht, sind sie ein „Produkt" von Ausbildung oder entwickeln sie sich erst im späteren Berufsleben, also im praktischen Tun? Mit anderen Worten: Welche Rolle spielen in diesem Prozess die soziale Herkunft der Pädagog/inn/en, ihre beruflichen Vorerfahrungen vor Studienbeginn, das Studium selbst sowie die konkrete Berufsarbeit?

Im Folgenden soll diesen Fragen in drei Schritten nachgegangen werden: *Erstens* ist zu klären, was eine Profession ist, worin das Besondere professionellen Handelns besteht. *Zweitens* wird zu klären sein, welche professionellen Handlungsorientierungen sich bei Pädagog/inn/en empirisch identifizieren lassen, um schließlich *drittens* zu untersuchen, wie diese Handlungsorientierungen ausgebildet werden. Dabei wird Bezug genommen auf das DFG-Projekt Berufsverbleib, bei dem in den Jahren 2000 und 2001 rund 10.000 Pädagog/inn/en erziehungswissenschaftlicher Hauptfachstudiengänge zu ihrem Berufsverlauf und ihrem beruflichen Selbstverständnis schriftlich befragt wurden (vgl. Krüger/Rauschenbach u. a.; 2003 Krüger/Rauschenbach 2004).

2. Wann ist eine Profession eine Profession?

Im Hinblick auf die Frage, welche Berufe zu den Professionen zu zählen seien, standen lange Zeit Konzeptionen im Vordergrund, die Professionen anhand bestimmter Merkmale beschreiben und dadurch von „normalen" Berufen abgrenzen. Zu diesen Merkmalen zählen systematisches, in der Regel in einer akademischen Ausbildung erworbenes, wissenschaftliches Wissen, die Ausrichtung der Handlungsorientierung am Gemeinwohl (Berufsethos) sowie die Autonomie der Kontrolle über die Standards der Berufsausübung und der Berufsausbildung (vgl. u. a. Combe/Helsper 1997). Diese merkmalsorientierte Sichtweise wurde vor allem durch Arbeiten von Parsons und seine funktionalistische Betrachtungsweise ergänzt und darüber hinaus durch machttheoretische Zugänge erweitert.

Tab. 1: Akademikerquote in den Arbeitsfeldern der Kinder- und Jugendhilfe

Arbeitsbereiche	N=	Professionalisierung 1) abs.	%	Akademisierung 2) abs.	%
Kindertageseinrichtungen	443.460	18.100	4.1	21.576	4.9
Andere Arbeitsfelder	195.112	75.611	38.8	97.501	50.0
darunter:					
Einrichtungen der Hilfen zur Erziehung	71.419	23.111	32.4	26.945	37.7
Einrichtungen der Kinder- und Jugendarbeit	35.938	13.656	38.0	17.243	48.0
Jugendsozialarbeit	5.680	2.242	39.5	2.982	52.5
Jugendbehörden	36.708	19.359	52.7	26.681	72.7
Beratungsstellen (ohne Jugendberatung)	14.744	7.702	52.2	11.261	76.4
Einrichtungen für junge Menschen mit Behinderung	12.375	1.309	10.6	1.815	14.7
Sonstige	18.248	8.232	45.1	10.574	57.9
Kinder- und Jugendhilfe insgesamt	638.572	93.711	14.7	119.077	18.6

1) Hochschulabsolvent/inn/en in fachlich einschlägigen Studienrichtungen (z. B. Soziale Arbeit)
2) Alle Hochschulabsolvent/inn/en unabhängig von ihrer Fachrichtung

Quelle: Statistisches Bundesamt: Statistiken der Kinder- und Jugendhilfe, Kinder und tätige Personen in Tageseinrichtungen und in öffentlich geförderter Tagespflege, 2006 und 2011; eigene Berechnungen.

Greift man das Kriterium der akademischen Ausbildung als Maßstab für den Professionalisierungsgrad etwa in der Kinder- und Jugendhilfe heraus, dann ist es um diesen nicht gut bestellt: Lediglich 19% der tätigen Personen in der Kinder- und Jugendhilfe haben eine Hochschulausbildung abgeschlossen (vgl. Tabelle 1); noch weniger, nämlich 15%, in einer fachlich einschlägigen Studienrichtung. Diese niedrige Akademisierungs- bzw. Professionalisierungsquote ist nicht zuletzt dem Personal in den Kindertageseinrichtungen geschuldet. Hier haben lediglich 4% ein fachlich einschlägiges Hochschulstudium absolviert, in den anderen Arbeitsfeldern der Kinder- und Jugendhilfe sind es immerhin bis zu über 50%. Angesichts dieser Quoten wäre also für die Mehrzahl der pädagogischen Berufe die Diskussion um Profession, Professionalisierung, professionelles Handeln hinfällig.

Neuere theoretische Ansätze gehen einen anderen Weg: Professionen werden hier als Berufe verstanden, die einer spezifischen Handlungslogik folgen. Professionen in dieser Theorietradition sind Berufe, die in ihrer Arbeit mit besonderen Handlungsproblemen, sogenannten „Paradoxien", konfrontiert sind (vgl. Schütze 1992, 1997). Paradoxien basieren auf divergierenden, sich wechselseitig ausschließenden Handlungsanforderungen, die die Professionellen, obwohl sie prinzipiell nicht auflösbar sind, miteinander vereinbaren müssen (vgl. Schütze 2000; Oevermann 1997; Helsper 1997). Das grundlegende Handlungsproblem Professioneller besteht darin, diese miteinander konkurrierenden Handlungsanforderungen – obwohl nicht miteinander vereinbar – in der alltäglichen Praxis auszubalancieren. Mit anderen Worten: Professionelle befinden sich im Hinblick auf ihr Handeln, ihre Intervention in einer ständigen Dilemmata-Situation. Damit stehen in interaktionistischen Ansätzen das „Fragile", das „Störanfällige" beruflicher Handlungsvollzüge im Vordergrund. Gefragt wird danach, wie professionelle Berufsarbeiter mit beruflichen Problemen, sogenannten Paradoxien, umgehen.

Bei Schütze (1992), der diesen Grundgedanken vor dem Hintergrund der interaktionistischen Theorie für das Handlungsfeld der Sozialen Arbeit ausbuchstabiert hat, finden sich eine Vielzahl von Beispielen zu paradoxen Handlungsorientierungen. Hierzu zählt etwa das *pädagogische Grunddilemma*: Einerseits hat jede Intervention das Ziel, die Autonomie der Klientinnen und Klienten zu stärken oder wiederherzustellen, andererseits ist jede Intervention zugleich ein Eingriff in die Autonomie der Klient/inn/en. Zugespitzt formuliert: „Zuwarten" (also auf die Problemlösekompetenz der Klient/inn/en setzen) oder „direkt eingreifen" (etwa um Schlimmeres zu vermeiden) ist eine Frage, die im Prinzip ständig neu zu beantworten ist. Zum Fallstrick für professionelles Handeln werden solche paradoxen Handlungsanforderungen dann, wenn Pädagoginnen und Pädagogen im praktischen Tun einer Seite den Vorrang geben.

Mit dieser Bestimmung von Professionen zählt aber auch eine ganze Reihe von Berufen zu den Professionen, die auf einer nicht-akademischen Ausbildung basieren, was sich auch in den Akademisierungsbemühungen dieser Berufsgruppen zeigt. An erster Stelle wären sicherlich die Erzieherinnen und Erzieher zu nennen, aber auch die Krankenschwester und -pfleger, die Logopädinnen und Logopäden u.v.m. würden in dieses Handlungsschema der Professionen fallen.

Dieser Grundgedanke der interaktionistischen Professionstheorie – also das Ausbalancieren divergierender Handlungsorientierungen – findet sich auch in anderen theoretischen Schulen, beispielsweise in systemtheoretischen und strukturfunktionalistischen Ansätzen (vgl. die Professionsmodelle im Überblick Thole/Polutta 2011). So werden in der Systemtheorie Professionelle als Vermittler zwischen dualen bzw. binären Schematismen (krank – gesund, Unrecht – Recht, ungebildet – gebildet) konzipiert und in strukturfunktionalistischen Ansätzen stehen Professionelle vor der Herausforderung im Modus einer diffusen Sozialbeziehung eine rollenförmige Beziehung (etwa zwischen Lehrer und Schüler) herzustellen (vgl. Luhmann 1982; Oevermann 1997).

3. Zwischen Pragmatismus und Fürsorge: Handlungsorientierungen von Pädagoginnen und Pädagogen

Wenn nun aber dieser „Balanceakt" bzw. das Ausbalancieren professioneller Handlungsanforderungen das Wesen pädagogischer Berufsarbeit ist, liegt die Frage nahe, wie Pädagog/inn/en mit den Paradoxien professionellen Handelns umgehen, wie sie diese bearbeiten. Nun können im Rahmen einer schriftlichen Befragung nicht das konkrete Handeln, nicht die Handlungsvollzüge selbst untersucht werden, sondern lediglich die auf das pädagogische Handeln bezogenen Deutungs- und Denkmuster der Befragungsteilnehmer/innen. Oder anders formuliert: Es kann erfragt werden, wie aus Sicht von Pädagoginnen und Pädagogen gehandelt werden sollte. Dahinter steht auch die Frage, ob es unter Pädagoginnen und Pädagogen so etwas wie ein gemeinsam geteiltes Verständnis von professionellem Handeln gibt.

In der Literatur findet sich eine Vielzahl empirisch ermittelter Paradoxien (vgl. etwa Schütze 2000; Helsper 1997; Nittel 1990; Gildemeister 1983). Es war im Rahmen der Studie, auf die hier nochmals zurück geblickt wird, notwendig, eine Auswahl zu treffen. Ausgewählt wurden Paradoxien bzw. Dilemmata, die sich entweder auf die pädagogische Interaktion oder auf das Planungshandeln im Vorfeld einer pädagogischen Intervention beziehen. Ausschlaggebend für diese Auswahl war die Annahme, dass Pädagoginnen und Pädagogen bei der Bearbeitung interaktionsbezogener Paradoxien – im Gegensatz zu Paradoxien, die aufgrund institutioneller oder rechtlicher

Rahmenbedingungen entstehen – in der Regel keinen „Zwängen" unterworfen sind, sondern diese entsprechend ihrer eigenen professionellen Vorstellungen bearbeiten können.

Die Paradoxien wurden operationalisiert, indem sie, bezogen auf ein konkretes Szenario, in Fragen zu problematischen bzw. dilemmatischen Handlungssituationen übersetzt wurden (vgl. Tabelle 2). Die Befragten hatten die Möglichkeit, aus drei Antwortvorgaben diejenige auszuwählen, die am ehesten der eigenen Vorstellung von angemessenem pädagogischem Handeln entspricht. Die Antwortvorgaben wurden so zusammengestellt, dass sie zwei einander entgegengesetzte Handlungsoptionen enthielten und eine Antwortvorgabe, die gewissermaßen die mittlere Position zwischen den beiden Extrempolen, d.h. die mehr oder weniger „umsichtige Bearbeitung" der Paradoxien „im Sinne von Gratwanderungen", darstellt (Schütze 2000, S. 77f.). Die Antwortvorgaben bilden folglich in drei Abstufungen das Ausmaß ab, mit dem die Pädagoginnen und Pädagogen die pädagogische Intervention lenken bzw. in den pädagogischen Prozess regulierend eingreifen können und dies bezogen auf verschiedene typische Handlungsprobleme. So stellt die Antwortvorgabe 1 die eher direktive, die Antwortvorgabe 2 die mittlere und die Antwortvorgabe 3 die eher nicht-direktive Handlungsorientierung dar.

Um weiterführende Analysen zur Genese des professionellen Selbstverständnisses durchzuführen, wurden diese Einzelfragen über mehrere Analyseschritte zu Typen „professioneller Handlungsorientierungen" komprimiert: In einem ersten Schritt wurden sie einer Faktorenanalyse unterzogen, um zu einigen wenigen und dennoch aussagekräftigen Indikatoren zu gelangen (vgl. Fuchs-Rechlin 2010). Dabei kristallisierten sich drei Leitbilder professionellen Handelns heraus, die sich auf den „Umgang mit dem eigenen Fachwissen", die „Klientenautonomie" sowie das „Ausmaß der Orientierung am Einzelfall" bezogen. Der Faktor *„Fallbezug"* umfasst Items, in denen es darum geht, in welchem Maße bei der Fallbearbeitung der Spezifik des Einzelfalls Rechnung getragen werden soll und inwiefern der Fall „ganzheitlich" bearbeitet werden muss. Dies berührt auch die Frage, ob standardisierte Bearbeitungsformen, d.h. Routinepraktiken, zum Einsatz kommen dürfen. Der Faktor *„Expertise"* thematisiert den Umgang mit dem Fachwissen der Pädagoginnen und Pädagogen. Es geht darum, wer die Problemlösekompetenz besitzt, und zwar im doppelten Wortsinn: Wer ist zuständig und wer ist fähig? Dahinter steht auch die Frage, wie offensiv Professionelle ihr eigenes Fachwissen einsetzen sollen. Der Faktor *„Autonomie"* fasst Items zusammen, in denen es um die „Steuerung und Leitung" des pädagogischen Prozesses geht: Wer ist für die Steuerung des Prozesses und die Zielformulierung verantwortlich? Es wird also das pädagogische Grunddilemma thematisiert: Stärkung der Autonomie der Klientinnen und Klienten bei gleichzeitiger „Untergrabung" derselben.

Tab. 2: Beispiele zur Operationalisierung von Paradoxien in einer quantitativen Befragung

In der Pädagogik gibt es ja ganz unterschiedliche Meinungen darüber, was angemessenes pädagogisches Handeln ist. Im Folgenden finden Sie zwei Szenarien und einige Fragen zu verschiedenen Situationen. Bitte geben Sie an, welche der Antworten am ehesten Ihren Vorstellungen von angemessenem pädagogischem Handeln entspricht.

Szenario 1:
Frau Esser arbeitet bei einem Wohlfahrtsverband im Bereich ‚Hilfen zur Erziehung'. Sie betreut einen 10-jährigen Jungen, der in schwierigen Familienverhältnissen aufwächst und in der Schule durch problematisches Sozialverhalten, wie Prügeleien und Diebstahl kleinerer Geldbeträge, aufgefallen ist.

Paradoxie	Handlungsoption	Frage	Antwortvorgabe
Typenkategorie vs. Situierung	Einordnung des Falls in abstrakte, übergeordnete Kategorien oder Subjekt- und Situationsbezug	Wie sollte die Pädagogin bei der Konzipierung der Hilfs- bzw. Lernangebote (z. B. Beratungsgespräche) vorgehen?	• bereits angewendete Hilfs- bzw. Lernangebote erneut nutzen • auf bereits angewendete Hilfs- bzw. Lernangebote zurückgreifen und entsprechend verändern • für den Jungen spezielle Hilfs- und Lernangebote entwickeln
Biographische Ganzheitlichkeit vs. Expertenspezialisierung	Bezugnahme auf das biographische ‚Gewordensein' eines Falls oder Bezugnahme auf die konkrete, aktuelle Situation	Was sollte die Pädagogin bei der Entwicklung des Hilfs- bzw. Lernangebots berücksichtigen?	• das gesamte bisherige Leben des Jungen • ausgewählte Lebensabschnitte/-bereiche, die mit dem Problem zu tun haben • vorrangig das konkrete Problem für das sie zuständig ist
Geduldiges Zuwarten vs. Intervention	Abwarten wie sich ein Fall/ein Problem entwickelt oder sofort eingreifen	Wie schnell sollte die Pädagogin bei Problemen des Jungen eingreifen?	• sofort eingreifen, um Schlimmeres zu vermeiden • abwarten wie sich die Sache entwickelt und nur im Notfall eingreifen • nicht eingreifen, sondern auf die Fähigkeiten des Klienten vertrauen

Quelle: Fuchs-Rechlin 2010, S. 106 ff.

Diese Faktoren, Fallbezug, Expertise und Autonomie, können nun, ebenso wie die ihnen zugrunde liegenden Items, unterschiedliche Ausprägungen annehmen, und zwar auf einer Skala von „niedrige Orientierung" bis „hohe Orientierung". Schaut man sich dies für die befragten Pädagog/inn/en an, dann zeigt sich, dass große Einigkeit im Hinblick auf den Faktor *Fallbezug* besteht: 63 % sind der Auffassung, dass bei der Fallbearbeitung sowohl die „Einzigartigkeit" als auch das biographische „Gewordensein" zu berücksichtigen sind. Umgekehrt verhält es sich beim Faktor *Autonomie* sowie beim Faktor *Expertise*. 76 % sind der Auffassung, die Steuerung des Prozesses sollte in den Händen der Pädagoginnen und Pädagogen liegen. Und 54 % teilen die Auffassung, das eigene Fachwissen sollte eher zurückhaltend eingesetzt werden.

Um nun zu Typen professioneller Handlungsorientierungen zu gelangen, wurde in einem zweiten Schritt auf der Basis dieser Leitbilder eine Clusteranalyse durchgeführt. Mit diesem Verfahren ist es möglich, Präferenzmuster professioneller Handlungsorientierungen zu identifizieren und die Befragungsteilnehmerinnen und Befragungsteilnehmer nach diesen Präferenzmustern in Gruppen aufzuteilen. Dabei kristallisierten sich vier Typen professioneller Handlungsorientierungen heraus: Die *Fürsorger/innen*, die *Fachleute*, die *Begleiter/innen* und die *Pragmatiker/innen*. Diese Typen unterscheiden sich danach, im welchem Ausmaß sie den verschiedenen Leitbildern Rechnung tragen. Die *Fürsorger/innen* haben hohe Werte beim „Fallbezug", d. h. sie berücksichtigen die Einzigartigkeit des Falls und favorisieren eine ganzheitliche Betrachtungsweise der Fallentwicklung. Der niedrige Wert beim Faktor „Autonomie" weist auf ein eher direktives Vorgehen hin, d. h. die Steuerung des pädagogischen Prozesses liegt bei der Pädagogin bzw. dem Pädagogen. Die Fürsorger/innen treten den Klient/inn/en nicht als fachliche Autorität gegenüber, das zeigen die niedrigen Werte beim Faktor „Expertise". In Verbindung mit den niedrigen Werten beim Faktor „Autonomie" lässt dies auf ein eher „verdeckt strategisches" Vorgehen schließen.

Die *Pragmatiker/innen* messen keiner der drei Handlungsmaximen einen besonders hohen Stellenwert bei. Alle drei Faktoren liegen im unteren Wertebereich. Die unterdurchschnittliche Orientierung am „Fallbezug" deutet auf den Einsatz von Standardlösungen bzw. Routinepraktiken hin, die fehlende Orientierung an der „Autonomie" auf einen eher direktiven Umgang mit den Klient/inn/en. Beim Fachwissen wird ein defensiver Umgang favorisiert. Aufgrund des Einsatzes von Standardlösungen und der direktiven Haltung gegenüber den Klient/inn/en nähert sich pädagogisches Handeln hier dem Typus „Sozialtechnologie" an: Pädagogische Hilfs- und Lernangebote werden zu Rezepten, sie werden pragmatisch angewandt und berücksichtigen vorrangig das konkrete Problem.

Die Fachfrau bzw. der Fachmann misst der Berücksichtigung des Einzelfalls einen mittleren und der Klientenautonomie einen niedrigen Stellenwert bei. Im Unterschied zu den Fürsorger/innen kommt jedoch der eigenen „Expertise" ein hoher Stellenwert zu. Pädagog/inn/en treten in diesem Typus als fachliche Autorität auf, die vor dem Hintergrund einer systematischen Einzelfallanalyse entscheidet und handelt. Diese Kombination einerseits eine hohe Orientierung an der eigenen Expertise und am Einzelfall, andererseits eine niedrige Orientierung an der Klientenautonomie verweist zwar auf eine auf den Einzelfall hin ausgerichtete Pädagogik, Entscheidungen über Problemlösestrategien und über Ziele des pädagogischen Hilfsangebots werden jedoch ausschließlich auf der Basis der eigenen Expertise getroffen (und auch so gegenüber den Klient/inn/en kommuniziert). Demzufolge kann auch hier von einer eher direktiven Vorgehensweise ausgegangen werden kann.

Beim vierten Typ, den *Begleiter/innen*, fällt der überdurchschnittlich hohe Wert beim Faktor „Autonomie" auf. Auch dem Fallbezug wird ein hoher Stellenwert beigemessen. Lediglich mit der fachlichen Expertise sollte eher zurückhaltend umgegangen werden. Dies Kombination der Merkmale ist insofern naheliegend, als dass Fachwissen als „Herrschaftswissen" immer eine Bedrohung der Klientenautonomie darstellt. Eine direktive Steuerung des pädagogischen Prozesses kann hier also ausgeschlossen werden. Pädagogische Hilfs- und Lernangebote werden auf den Einzelfall zugeschnitten, den Klient/inn/en wird sowohl die Zuständigkeit als auch die Fähigkeit zur Fallbearbeitung zugesprochen. Die Besonderheit dieses Typus besteht darin, dass aufgrund der hohen Werte bei der „Klientenautonomie" und der niedrigen Werte bei der „Expertise" von einem ausbalancierten Umgang mit dem pädagogischen Grunddilemma ausgegangen werden kann.

Überschneidungen zwischen den Typen zeigen sich bei den Begleiter/inne/n und den Fürsorger/inne/n sowie bei den Fachleuten und Pragmatiker/inne/n: *Begleiter/innen* und *Fürsorger/innen* teilen eine überdurchschnittlich hohe Orientierung am Einzelfall sowie einen defensiven Umgang mit dem eigenen Fachwissen. Während aber die Begleiter/innen den Klient/inn/en eine hohe Autonomie zuweisen, favorisieren die Fürsorger/innen eher einen direktiven Umgang. Die *Fachleute* und die *Pragmatiker/innen* dagegen haben jeweils niedrige Werte bei der Klientenautonomie und unterdurchschnittliche Werte beim Fallbezug. Bezogen auf den Faktor „Expertise" unterscheiden sie sich jedoch voneinander: während die Fachleute einen offensiven Umgang mit dem eigenen Fachwissen favorisieren, setzen die Pragmatiker/innen dieses Fachwissen eher defensiv ein.

Schaut man sich die Verteilung der befragten Pädagog/inn/en nach den verschiedenen Typen an, so zählt die Mehrzahl, nämlich 41 %, zu den Fürsorger/inne/n. Jeweils gut 20 % zählen zu den Fachleuten und Pragmatiker/innen und 16% können als Begleiter/innen charakterisiert werden. Zwischen Frauen und Männern finden sich keine statistisch signifikanten Unterschiede, wohl aber nach Studiengängen: Fachhochschulabsolvent/ -inn/en sind überproportional häufig unter den Fachleuten und Pragmatiker/inne/n vertreten, Universitätsabsolvent/inn/en unter den Begleiter/ -innen.

4. Übergänge verändern – Kontexte beeinflussen: Ausbildung von Handlungsorientierungen

Das professionelle Selbstverständnis wird in der vorliegenden Untersuchung als ein Bestandteil des Habitus im Bourdieu'schen Sinne verstanden (1976). Wird auf das Habituskonzept rekurriert, so heißt dies zugleich, dass das professionelle Selbstverständnis als Ergebnis eines Sozialisationsprozesses gedacht werden muss, bei dem insbesondere die Primärsozialisation und damit die soziale Herkunft, eine wichtige Rolle spielt. Mit dieser Grundannahme sind weitere theoretische „Setzungen" verbunden. Hierzu ein paar Schlaglichter: Die Ausbildung des beruflichen Habitus ist ein Prozess, der bereits in der Primärsozialisation beginnt und der Habitus als vergleichsweise „stabiles" Konstrukt verändert sich in Übergängen, oder genauer formuliert: Übergänge bergen Veränderungspotentiale in sich, etwa wenn es zu Passungsproblemen zwischen Herkunftshabitus und den Spielregeln eines neuen sozialen Umfeldes kommt. Bei der Untersuchung dieses Sozialisationsprozesses wird davon ausgegangen, dass dieser Prozess in zweifacher Weise strukturiert ist, und zwar durch eine räumliche Dimension (Kontexte) und durch eine zeitliche Dimension (Übergänge). Im Mittelpunkt der Analyse stehen die Kontexte „Herkunft", „Studium" und „Beruf" sowie die Übergänge „Berufseinmündungsphase" und „Stellenwechsel".

Ausgangspunkt für die Untersuchung der Ausbildung professioneller Handlungsorientierungen bildet ein heuristisches Modell, das sich an den verschiedenen, auf den Lebensverlauf bezogenen Sozialisationskontexten orientiert und in die Variablengruppen Herkunft, Studium, Beruf übersetzen lässt.

Um den Einfluss der verschiedenen Variablengruppen untersuchen zu können und weil es sich bei der abhängigen Variable „professionelles Selbstverständnis" um eine kategoriale Variable handelt, wurde auf das Verfahren der multinomial logistischen Regression zurückgegriffen. Bei diesem Verfahren wird zunächst eine Kategorie der abhängigen Variablen als Referenzkategorie bestimmt. In diesem Falle wurden die Fürsorger/innen als Referenzgruppe ausgewählt, da sie die größte Gruppe ausmachen und so vor allem die Abweichung von dieser „Norm" interessant ist.

Abb. 1: Schematische Darstellung der Einflussgrößen auf die Ausbildung des professionellen Selbstverständnisses in der Berufseinmündungsphase bzw. nach Stellenwechsel

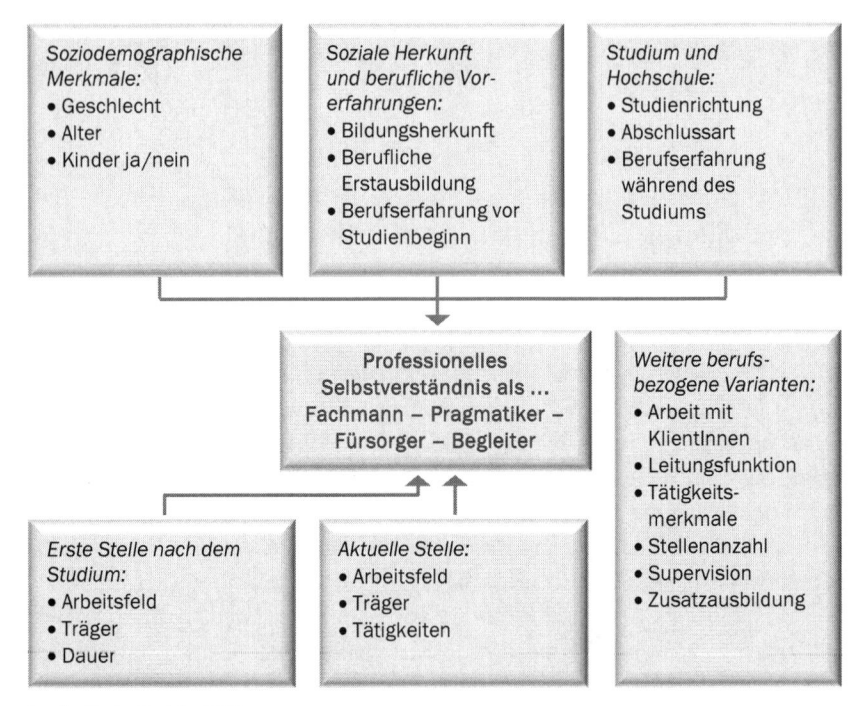

```
┌─────────────────────────┐  ┌─────────────────────────┐  ┌─────────────────────────┐
│ Soziodemographische     │  │ Soziale Herkunft        │  │ Studium und             │
│ Merkmale:               │  │ und berufliche Vor-     │  │ Hochschule:             │
│ • Geschlecht            │  │ erfahrungen:            │  │ • Studienrichtung       │
│ • Alter                 │  │ • Bildungsherkunft      │  │ • Abschlussart          │
│ • Kinder ja/nein        │  │ • Berufliche            │  │ • Berufserfahrung       │
│                         │  │   Erstausbildung        │  │   während des           │
│                         │  │ • Berufserfahrung vor   │  │   Studiums              │
│                         │  │   Studienbeginn         │  │                         │
└─────────────────────────┘  └─────────────────────────┘  └─────────────────────────┘
                                         │
                                         ▼
              ┌─────────────────────────────────────────┐   ┌─────────────────────────┐
              │ Professionelles                         │   │ Weitere berufs-         │
              │ Selbstverständnis als ...               │   │ bezogene Varianten:     │
              │ Fachmann – Pragmatiker –                │   │ • Arbeit mit            │
              │ Fürsorger – Begleiter                   │   │   KlientInnen           │
              └─────────────────────────────────────────┘   │ • Leitungsfunktion      │
                              ▲   ▲                         │ • Tätigkeits-           │
                              │   │                         │   merkmale              │
┌─────────────────────────┐   │   │   ┌──────────────────┐  │ • Stellenanzahl         │
│ Erste Stelle nach dem   │   │   │   │ Aktuelle Stelle: │  │ • Supervision           │
│ Studium:                │   │   │   │ • Arbeitsfeld    │  │ • Zusatzausbildung      │
│ • Arbeitsfeld           │       │   │ • Träger         │  └─────────────────────────┘
│ • Träger                │       │   │ • Tätigkeiten    │
│ • Dauer                 │       │   │                  │
└─────────────────────────┘       │   └──────────────────┘
```

Quelle: Fuchs-Rechlin 2010.

Die multinomial logistische Regression prüft, inwiefern die unabhängigen Variablen die Wahrscheinlichkeit eines Falls beeinflussen, im Verhältnis zur Referenzkategorie, also im Verhältnis zu den Fürsorger/innen, in eine der übrigen Gruppen zu fallen. Da die Untersuchung auf Querschnittsdaten basiert, wurden verschiedene Stichproben „gezogen", die bestimmte Übergänge oder Statuspassagen durchlaufen haben: Zum einen die berufliche Ersteinmündung, zum anderen einen ersten Stellenwechsel.

Schaut man sich zunächst die *Berufseinmünder/innen* an, so zeigt sich, dass Merkmale aller (uns interessierenden) „Sozialisationskontexte" einen Einfluss auf die Ausbildung des professionellen Selbstverständnisses haben. In der Variablengruppe *„Soziale Herkunft und berufliche Vorerfahrungen"* wirken die Bildungsherkunft (operationalisiert als das Bildungsniveau der Eltern) sowie berufliche Erfahrungen vor dem Studium (Erstausbildung) differenzbildend. Bezogen auf das *„Studium"* besitzen die Studienrichtungen und der Studiengang Trennfähigkeit zwischen den Gruppen. Bezogen auf die Variablengruppe *„Arbeit und Beruf"*, also die Berufstätigkeit, in die

die Befragten nach dem Studium eingemündet sind, üben die Arbeitsfelder sowie die konkrete berufliche Tätigkeit einen Einfluss aus.

Wie, also in welche Richtung die Sozialisationsorte bzw. deren Indikatoren wirken und ob sie – im statistischen Sinne – einen positiven oder einen negativen Einfluss ausüben, soll nachfolgend skizziert werden. Nimmt man zunächst die *Fachleute*, so wirken aus allen Variablengruppen Merkmale positiv – d.h. sie „fördern" die Entwicklung einer solchen Orientierung –, die Distanz zum pädagogischen Feld nahelegen, während umgekehrt Merkmale, die eine Nähe zum pädagogischen Feld aufweisen, sich hinderlich auf die Ausbildung dieser Handlungsorientierung auswirken. Die berufliche Einmündung in ein nicht-pädagogisches Arbeitsfeld, eine managementbezogene Tätigkeit, ein abgeschlossenes Zweitstudium oder eine „sonstige" Studienrichtung erhöhen die Wahrscheinlichkeit, ein Selbstbild als Fachfrau oder Fachmann auszubilden. Eine pädagogische Erstausbildung oder eine höhere Bildungsherkunft (gemessen am Bildungsstatus der Eltern) senken die Wahrscheinlichkeit hingegen.

Bei den *Pragmatiker/innen* fällt auf, dass diese durch frühe berufliche Kontakte befördert werden. Eine Erstausbildung (außerhalb des pädagogischen Bereichs) und eine berufliche Tätigkeit während des Studiums begünstigen dieses Selbstverständnis. Den stärksten Einfluss hat jedoch die Teilnahme an Supervision. Diese Form der Selbstreflexion erhöht die Wahrscheinlichkeit in der pädagogischen Intervention ein direktives Vorgehen und die Anwendung von Routinepraktiken zu favorisieren. Bezogen auf die Einflussstärke stehen an zweiter Stelle die Studienrichtungen „Rehabilitation" und „Erwachsenenbildung/Weiterbildung" sowie die Tätigkeit „erziehen/helfen". Diese studienbezogenen Merkmale senken die Wahrscheinlichkeit ein Selbstverständnis als Pragmatiker/in auszubilden.

Bei den *Begleiter/inne/n* besitzen die höchste Trennfähigkeit die Merkmale berufliche Erstausbildung in „sonstigen, also nicht-pädagogischen Bereichen" sowie das Studium an einer Fachhochschule. Beide Merkmale verringern die Wahrscheinlichkeit, zu dieser Gruppe zu gehören. Interessant ist hier vor allem der Einfluss der Studiengangart. Zumindest in Vor-Bologna-Zeiten bestand ein Unterschied zwischen Universität und Fachhochschule in dem unterschiedlichen Standardisierungsgrad der Studiengänge: Während die Studierenden an den Universitäten weitestgehend auf sich selbst gestellt waren, wurden Studierende an den Fachhochschulen stärker „an die Hand genommen". Der dahinter stehende „heimliche" Lehrplan scheint nun mit dem Selbstbild des „Begleiters", das auf Handlungsautonomie und Eigenverantwortung für die Gestaltung der eigenen Biographie setzt, zu kollidieren.

Alles in allem zeigt sich also, dass in der Berufseinmündungsphase vorherige Kontexte, insbesondere die in der Primärsozialisation erworbenen habituellen Muster, eine wichtige Rolle spielen (also die Herkunftsfamilie ebenso wie die beruflichen Erfahrungen vor Aufnahme des Studiums). Fast ebenso hoch ist der Einfluss des Sozialisationsortes „Hochschule": Auch die hier erworbenen habituellen Muster wirken in der Einmündungsphase. Einflüsse der aktuellen Tätigkeit sind hingegen nachrangig, aber nicht gänzlich unbedeutend. Sie werden erst dann relevant, wenn eine Einmündung in „berufsfremde" Arbeitsfelder erfolgt oder nicht-pädagogische Tätigkeiten ausgeübt werden. Dies spricht zum einen dafür, dass die kulturellen Unterschiede zwischen den pädagogischen Arbeitsfeldern nicht allzu groß sind, oder aber deren Einfluss erst bei einer längerfristigen Tätigkeit wirksam wird. Zum anderen könnten die aus dem Studium mitgebrachten Muster noch „offen" genug sein, um sich – jedenfalls innerhalb des pädagogischen Bereichs – ganz unterschiedlichen Berufskulturen anzupassen.

Dieses Modell wurde auch für eine weitere Statuspassage und zwar einen ersten *Stellenwechsel* geprüft (vgl. Abb. 1). Nach einem Stellenwechsel, d.h. im weiteren Berufsverlauf, scheint sich der Einfluss früherer Sozialisationserfahrungen zu relativieren: Im Unterschied zur Berufseinmündungsphase dominiert hier die aktuelle Erwerbstätigkeit als Einflussgröße auf die Ausbildung des professionellen Selbstverständnisses. Mit der „Durchschlagskraft" der aktuellen beruflichen Situation geht einher, dass zeitlich vorgelagerte Kontexte, etwa die Herkunftsfamilie oder berufliche Erfahrungen vor Studienbeginn, an Einfluss einbüßen. Auch die berufliche Ersteinmündung spielt eine kleinere Rolle als die aktuelle Stelle. Lediglich der Einfluss des Studiums ist auch nach einem Stellenwechsel nahezu ungebrochen. Dies gilt insbesondere für die Art des Studiengangs. So weisen Fachhochschulabsolvent/inn/en andere habituelle Muster auf als Universitätsabsolvent/inn/en, sie zählen eher als die Universitätsabsolvent/inn/en zu den Fürsorger/inne/n.

Mit dem Übergang in eine neue Stelle werden also bestehende habituelle Muster noch einmal Anpassungsprozessen unterzogen. Die Ausbildung des beruflichen Habitus und damit des professionellen Selbstverständnisses ist demnach kein Prozess, der mit der Berufseinmündungsphase abgeschlossen ist. Vielmehr unterliegt dieser einem ständigen Wechselwirkungsprozess zwischen mitgebrachten Habitus und „neuer" sozialer Umwelt. Zugleich heißt dies, dass die Ausbildung professioneller Muster mit der Berufseinmündung nicht abgeschlossen ist, sondern einem ständigen Wechselwirkungsprozess zwischen Umwelt und Habitus unterliegt; sich der Einfluss vorhergehender Kontexte im weiteren Berufsverlauf allenfalls abschwächt. Und noch ein weiterer Befund ist bemerkenswert: Pädagoginnen und Pädagogen, die sich in ihrer Tätigkeit belastet fühlen, tendieren zu Selbstbildern, die größtmögliche Kontrolle der pädagogischen Situation versprechen, etwa durch die Betonung der eigenen fachlichen Expertise wie bei den Fachleuten, oder durch die Anwendung von Routinepraktiken, wie bei den Pragmatiker/inne/n.

5. Qualifikation & Habitus – Schlussbemerkung

Alles in allem lassen sich für die vier Typen des professionellen Selbstverständnisses jeweils spezifische Entstehungskontexte identifizieren, die eine Ausbildung des beruflichen Habitus in die jeweilige Richtung befördern: Über das Studium hinausgehende Qualifikationen befördern das Selbstbild als Fachfrau bzw. Fachmann. Das Selbstverständnis der Pragmatiker/innen scheint ein Produkt der beruflichen Praxis zu sein: Frühe Nähe zur beruflichen Praxis, hohe Belastung oder eine therapeutische Zusatzqualifikation und Supervision fördern diese Handlungsorientierung. Die Fürsorger/innen sind durch ihre Nähe zum pädagogischen Feld gekennzeichnet. Das Selbstverständnis der „Begleiter/innen" wird im Unterschied zu den anderen Leitbildern im Kontext des Studiums ausgebildet.

Gerade dieser Befund scheint auch in Nach-Bologna-Zeiten relevant: Wenn wie beim Typus des Begleiters eine ausbalancierte Haltung zwischen Wissensvorsprung der Professionellen einerseits und Autonomie der Klient/inn/en andererseits ausgebildet wird, weil Studierende für die Ausgestaltung der eigenen Bildungsbiographie Verantwortung tragen, also durch eine Art „heimlichen" Lehrplan, dann bleibt zu fragen, wodurch dieser heimliche Lehrplan in den stark standardisierten Bachelor- und Masterstudiengängen ersetzt werden kann. Zumindest müssen an dessen Stelle völlig neue und zugleich pädagogisch intendierte Lehr- und Lernformen treten.

Literatur

Bourdieu, P. (1976): Entwurf einer Theorie der Praxis. Auf der ethnologischen Grundlage der kabylischen Gesellschaft. Frankfurt a. M.: Suhrkamp.
Combe, A./Helsper, W. (1997): Einleitung: Pädagogische Professionalität. Historische Hypotheken und aktuelle Entwicklungstendenzen. In: Dies.: Pädagogische Professionalität. Untersuchungen zum Typus pädagogischen Handelns (2. Aufl., S. 9-48). Frankfurt a. M.: Suhrkamp.
Fuchs-Rechlin, K. (2010): „Und es bewegt sich doch ..." Eine Untersuchung zum professionellen Selbstverständnis von Pädagoginnen und Pädagogen. Münster u.a.: Waxmann.
Gildemeister, R. (1983): Als Helfer überleben. Beruf und Identität in der Sozialarbeit/ Sozialpädagogik. Neuwied, Darmstadt: Luchterhand.
Helsper, W. (1997): Antinomien des Lehrerhandelns in modernisierten pädagogischen Kulturen. Paradoxe Verwendungsweisen von Autonomie und Selbstverantwortlichkeit, In: Combe, A./Helsper, W. (Hrsg.): Pädagogische Professionalität. Untersu-

chungen zum Typus pädagogischen Handelns (2. Aufl., S. 521-569). Frankfurt a. M.: Suhrkamp.

Krüger, H.-H./Rauschenbach, Th. (Hrsg.) (2004): Pädagogen in Studium und Beruf. Empirische Bilanzen und Zukunftsperspektiven. Wiesbaden: VS Verlag für Sozialwissenschaften.

Krüger, H.-H./Rauschenbach, Th./Fuchs, K./Grunert, C./ Huber, A./Kleifgen, B./ Rostampour, P./Seeling, C./Züchner, I. (2003): Diplom-Pädagogen in Deutschland. Survey 2001. Weinheim, München: Juventa.

Luhmann, N. (1982): Funktion der Religion. Frankfurt a. M.: Suhrkamp.

Nittel, D. (1990): Ein Arbeitsleben in Paradoxien. Wovon Supervision mit hauptberuflichen pädagogischen Mitarbeitern an Volkshochschulen ausgehen sollte. In: Fuchs-Brüninghoff, E. u. a., Supervision in der Erwachsenenbildung (S. 31-46). Frankfurt a.M.: Pädagogische Arbeitsstelle des deutschen Volkshochschul-Verbandes.

Oevermann, U. (1997): Theoretische Skizze einer revidierten Theorie professionalisierten Handelns. In: Combe, A./Helsper, W.: Pädagogische Professionalität. Untersuchungen zum Typus pädagogischen Handelns (2. Aufl., S. 70-182). Frankfurt a. M.: Suhrkamp.

Schütze, F. (1992): Sozialarbeit als „bescheidene Profession". In: Dewe, B./Ferchhoff, W./Olaf-Radtke, F. (Hrsg.): Erziehen als Profession. Zur Logik professionellen Handelns in pädagogischen Feldern (S. 132-170). Opladen: Leske + Budrich.

Schütze, F. (1997): Organisationszwänge und hoheitsstaatliche Rahmenbedingungen im Sozialwesen. Ihre Auswirkungen auf die Paradoxien des professionellen Handelns. In: Combe, A./Helsper, W.: Pädagogische Professionalität. Untersuchungen zum Typus pädagogischen Handelns (2. Aufl., S. 183-275), Frankfurt a. M.: Suhrkamp.

Schütze, F. (2000): Schwierigkeiten bei der Arbeit und Paradoxien des professionellen Handelns. Ein grundlagentheoretischer Aufriß. ZBBS 1. Jg., H. 1, 49-96.

Thole, W./Polutta, A. (2011): Professionalität und Kompetenz von MitarbeiterInnen in sozialpädagogischen Handlungsfeldern. Professionstheoretische Entwicklungen und Problemstellungen der Sozialen Arbeit. In: Helsper, Werner/Tippelt, Rudolf (Hrsg.): Pädagogische Professionalität. Beiheft der ZfPäd 1/2011. Weinheim Beltz-Verlag, 104-121.

Roland Becker-Lenz

Professionelle Kompetenzen und Professionsideal

Empirische Bestimmungen

1. Die Bedeutung von Kompetenzen für das professionelle Handeln in der Sozialen Arbeit

Die Kompetenzen, um die es hier geht, lassen sich nicht durch Wissensaneignung, Anleitung und Übung auf standardisierte Weise erwerben, so wie man etwa lernen kann, ein Loch in einem Fahrradschlauch abzudichten oder eine Computertastatur zu bedienen. Sie sind ein Teil der Persönlichkeitsstruktur der Fachkräfte, die schon vor Beginn der Ausbildung – heute ein Studium – in Grundstrukturen vorgebildet ist und durch die Ausbildung eine Prüfung, Ergänzung und/oder Umbildung erfährt. Die Rede ist hier vom professionellen Habitus. Die meisten Bestimmungen des Habitusbegriffs beziehen sich auf Bourdieus Habituskonzeption und verstehen unter dem Habitus psychische Dispositionen, die wie eine generative Grammatik, Wahrnehmung, Denken und Handeln bestimmen.[1] Was und wie wahrgenommen wird, wie gedacht und wie gehandelt wird, ist vorstrukturiert und vollzieht sich nach Regeln, die sich zwar explizieren und auch reflektieren lassen; die Handlungen sind jedoch kein Abruf bzw. keine Anwendung von Erlerntem. Es spielen viel mehr ethische Werthaltungen, Motive, Dispositionen, Interessen und grundlegende soziale Interaktionsmuster eine zentrale Rolle. Daneben sind aber auch die eingangs erwähnten, durch Lernprozesse erwerbbaren manuellen, sozial interaktiven oder kognitiven Fähigkeiten und Wissensbestände für das professionelle Handeln unverzichtbar. Sie ermöglichen es den Fachkräften, die sich ihnen stellenden Handlungsprobleme auf methodisierte Weise zu bearbeiten und die für professionelles Handeln ge-

---

[1] Bourdieu definiert den Habitus „als ein System verinnerlichter Muster (...), die es erlauben, alle typischen Gedanken, Wahrnehmungen und Handlungen einer Kultur zu erzeugen – und nur diese" (Bourdieu 1974, S. 143). Für eine ausführlichere Darstellung vgl. Becker-Lenz/Müller (2009a).

gebene Begründungsverpflichtung einzulösen. Jedoch sind beide Kompetenzarten nur Bedingungen der Möglichkeit, professionell zu handeln. Weitere Bedingungen liegen auf der Ebene der sozialpolitischen Steuerung des Handelns in Form von Gesetzen, Verordnungen, Beauftragung und Finanzierung, auf der Ebene der Organisation in Form der konkreten Ausgestaltung der Organisation, der Ausstattung der Fachkräfte mit Ressourcen verschiedener Art (Zeit, Weiterbildung, Supervision, Arbeitsmitteln, etc.) sowie in Form von organisationsspezifischen Konzepten, Verfahren und Routinen, auf der Ebene der Berufsverbände, die die berufsständischen Interessen vertreten, auf der Ebene der Wissenschaft, die für das professionelle Handeln notwendiges Wissen zur Verfügung stellt und schließlich auch auf der Ebene der Klientinnen und Klienten, die bestimmte Erwartungen, Ansprüche an die Fachkräfte richten und von deren Bereitschaft und Möglichkeit zur Mitwirkung in der Hilfeleistung sehr viel abhängt.

Im Laufe der Entwicklung des Berufs sind verschiedene dieser Bedingungen in verschiedenen Phasen von besonderer Bedeutung gewesen. In den Anfängen der Verberuflichung war vor allem die ethisch fundierte Haltung der Fachkräfte von großer Bedeutung. In der Phase der Verwissenschaftlichung der Berufspraxis und bis heute spielte das wissenschaftliche Wissen eine dominante Rolle. In den 60er bis 80er Jahren des letzten Jahrhunderts hatten die Methodenentwicklung und die dafür nötigen methodischen Kompetenzen einen hohen Stellenwert. Mit der Umsetzung der Bologna-Reform sind Kompetenzen in der Ausbildung erneut von großer Wichtigkeit, weil alle Curricula auf Kompetenzprofilen aufbauen müssen. In den 1990er Jahren kamen die Konzepte der Qualitätssicherung auf der Ebene der Organisation und die sozialpolitische Steuerung der Leistungserbringung (Prinzipien der Marktwirtschaft) auf. Seit den 1970er Jahren werden von den Berufsverbänden auf nationaler und internationaler Ebene Berufskodizes entwickelt. Ebenfalls seit den 1990er Jahren gibt es auf der Ebene der Wissenschaft vermehrte Anstrengungen, die Soziale Arbeit als eigenständige Disziplin zu begründen unter anderem auch, um die Wissensproduktion für das professionelle Handeln zu verbessern. Vor allem angestoßen durch die Professionalisierungstheorie Oevermanns (1996) haben die Kompetenzen auf der Ebene des Habitus eine gewisse Bedeutung im Fachdiskurs und in der Forschung seit Mitte der 1990er Jahre erlangt. Für fast alle Arbeiten in denen der Habitusbegriff Verwendung findet sind die Bourdieu'sche oder die Oevermann'sche Habituskonzeption die Ausgangsbasis, wobei sich Oevermann wiederum auf Bourdieu bezieht, den Habitusbegriff aber im Rahmen seiner Professionalisierungstheorie spezifischer fasst als Bourdieu.

Oevermann versteht „unter den Begriff der Habitusformation jene tief liegenden, als Automatismus außerhalb der bewussten Kontrollierbarkeit operierenden und ablaufenden Handlungsprogrammierungen zusammen, die wie eine Charakterformation das Verhalten und Handeln von Individuen kennzeichnen und bestimmen" (Oevermann 2001, S. 45). Jede Person bildet im Laufe ihres Lebens eine solche Habitusformation aus. Bei den Angehörigen von Professionen formt sich vor allem durch Selektion, Ausbildung und die Berufspraxis ein Teil dieser Habitusformation so aus, dass er funktional für die Erfüllung der beruflichen Aufgaben wird. Der Habitus setzt die Angehörigen von Professionen in den Stand auch in höchst unsicheren Situationen, die zudem von widersprüchlichen Handlungsanforderungen, Paradoxien bzw. Strukturproblemen gekennzeichnet sind, souverän Entscheidungen treffen zu können und handlungsfähig zu bleiben. Oevermann sieht als zentrales Merkmal des professionellen Handelns an, dass es Krisen in nichtstandardisierter Form bearbeitet. Nichtstandardisiert heißt dabei, dass die Krisenlösung nur möglich ist, wenn die Besonderheiten des konkreten Falles berücksichtigt werden und dies bedeutet, dass es kein Standardprogramm gibt, das immer gleich zur Anwendung gebracht werden könnte. Oevermann zählt die Soziale Arbeit zwar nicht zu den Professionen, jedoch charakterisiert er sie als professionalisierungsbedürftiger Beruf, dessen Handlungsanforderungen ebenfalls einen professionellen Habitus erfordern.

2. Empirische Bestimmung von Kompetenzen auf habitueller Ebene: Konzeptionen eines professionellen Habitus

Seit den 1990er Jahren wurden einige Studien zum professionellen Habitus in der Sozialen Arbeit durchgeführt. Entweder wurde in diesen Studien versucht, zu einer theoretisch angeleiteten empirischen Bestimmung des professionellen Habitus zu kommen oder es wurden Bildungsprozesse von Studierenden und teilweise auch Berufseinsteigerinnen im Hinblick auf ein theoretisches Konzept eines professionellen Habitus untersucht. Gemeinsam ist den nachfolgend genannten Studien, dass sie den professionellen Habitus auf die Anforderungen der Berufspraxis beziehen. Daneben gibt es noch Studien (z.B. Ackermann/Seeck 1999; Fricke/Grauer 1994; Thole/Küster-Schapfl 1997), hauptsächlich zur Hochschulsozialisation, in denen der Habitusbegriff zwar verwandt wird oder im Zentrum steht, jedoch nicht mit eindeutigem Bezug auf konkrete Anforderungen der Berufspraxis. Auf diese wird hier nicht eingegangen.

Ulrike Nagel (1997) rekonstruierte in einer Untersuchung zur Berufseinmündung von Sozialarbeiterinnen und Sozialarbeitern in Deutschland das Habituskonzept der engagierten Rollendistanz. Es bezieht sich auf ein zentrales Problem in der ersten Berufszeit, die Balancierung von Nähe und Distanz. Nagel identifiziert drei Kernprobleme der Berufspraxis, die Ende der 1980er/Anfang der 1990er Jahre als therapienahe Hilfe verstanden wird: das Problem der Beteiligung als ganzer Person im Fallverstehen; das Problem genügend Distanz zum Klienten aufzubauen um der durch das Fallverstehen gegebenen Gefahr emotional von den Problemen der Klientinnen und Klienten mitgerissen zu werden, vorzubeugen; sowie das Problem der Verklammerung von Hilfe und Kontrolle in der Interventionspraxis. Das Konzept der engagierten Rollendistanz besteht in einem Engagement der Fachkraft für die Rolle der Sozialarbeit in der Gesellschaft bei gleichzeitiger Distanz gegenüber der eigenen Rollenausübung.

Eva Maria von Harrach u.a. (2000) rekonstruierten in einer Studie Habitusformationen des Personals von Sozialämtern in Deutschland. Diese weisen nur zum Teil Elemente eines professionalisierten Habitus auf, den von Harrach u.a. für die Berufspraxis zwingend notwendig erachten, unter anderem um ein zentrales Handlungsproblem des Personals von Sozialämtern in Deutschland zu lösen, nämlich die Klienten als autonome Personen respektieren und behandeln zu können und gleichzeitig unter Nutzung eines Ermessensspielraums die gesetzlichen Vorschriften auf die Fälle hin anzuwenden. Als weitere Elemente des professionalisierten Habitus bestimmten die Forscher in Anlehnung an Oevermann, der zudem an der Studie beteiligt war, die Fähigkeit zur Gestaltung von Arbeitsbündnissen, eine Ethik des Verwaltungshandeln, die Orientierung über die Ziele des Handelns bietet, sowie die Fähigkeit zur Selbstreflexion.

Karl-Friedrich Bohler (2006) berichtet über die Ergebnisse einer Langzeituntersuchung zur Professionalisierung ostdeutscher Jugendämter nach der Wende. Die Professionalisierung der Jugendämter wurde auf mehreren Ebenen untersucht, u.a. auch auf der Ebene der Bildung eines professionellen Habitus. Den professionellen Habitus sieht Bohler in Übereinstimmung mit Oevermann als notwendig an, weil die Sozialarbeit wie alle professionalisierungsbedürftigen Berufe nur begrenzt standardisierbar ist und der Bereich der Nicht-Standardisierbarkeit eine Instanz erfordert, die den Fachkräften Handlungssicherheit gibt und sie davor schützt, sich in bestimmten Konflikten zu verstricken bzw. sie durch auf Dauer überfordernden persönlichen Sonderleistungen zu lösen zu versuchen. Im Einzelnen sieht Bohler den professionellen Habitus als funktional für die Bewältigung der Nähe-Distanz-Problematik, insbesondere im Hinblick auf das Fallverstehen, die Respektierung der Autonomie der Lebenspraxis sowie für die Gewährleistung, dass fall- und fachfremde Aspekte die Entscheidungen im Fall nicht beeinflussen.

In einer Arbeit von Roland Bauer (2007) zur Bildung des professionellen Habitus im Studium der Sozialpädagogik konzeptualisiert Bauer den professionellen Habitus auf theoretischem Wege in Anlehnung an die strukturtheoretische Professionstheorie Oevermanns und die interaktionistische professionstheoretische Position Schützes mit folgenden Elementen: strukturanalytisches Fallverstehen, stellvertretende Deutung, Kenntnis der Paradoxien und Spannungsverhältnisse in der Praxis sowie Kenntnis der Organisationsratio in der Sozialen Arbeit. Die Elemente dieser Konzeption eines professionellen Habitus findet Bauer in seinen Analysen von Interviews mit Studierenden vor, insofern bestätigt die Analyse die Habituskonzeption.

Jürgen Ebert (2012) fand in einer Studie zur Bildung des professionellen Habitus im Studium der Sozialen Arbeit theoretisch abgeleitete Elemente eines professionellen Habitus in den Bildungsprozessen der untersuchten Studierenden. Als theoretische Grundlage diente ihm das Konzept der reflexiven Professionalität von Dewe und Otto (2002), das Kompetenzmodell professionellen Handelns von Maja Heiner (2007) sowie das Professionsverständnis der Züricher Schule der Sozialen Arbeit (Staub-Bernasconi 2007; 2009; Obrecht 1996). Ohne dass diese Autoren selbst ihr Professionalitätsverständnis explizit auf Habituskomponenten aufbauen, entnimmt Ebert diesen Konzepten die folgenden konstituierenden Elemente eines professionellen Habitus: ein Verständnis Sozialer Arbeit als individuums- und gesellschaftsbezogene Handlungswissenschaft, eine ethische Basis des professionellen Handelns, Kompetenzen zur Gestaltung der Arbeitsbeziehung zwischen Fachkräften und Klienten, die Fähigkeiten zum Fallverstehen und zur Relationierung von unterschiedlichen Wissensbeständen. Da die Elemente aus verschiedenen Professionalitätskonzeptionen stammen, ist die inhaltliche Ausprägung teilweise nicht eindeutig, beispielsweise bei der ethischen Basis, in der verschiedene zentrale Werte nebeneinander stehen. Die Analyse von Interviews mit Studierenden liefert Befunde zur Habitusbildung in den theoretisch abgeleiteten Dimensionen.

In einer eigenen Studie haben wir einen anderen Weg verfolgt, als die bisher referierten Untersuchungen, die primär auf Interviews mit Fachkräften als Datenmaterial basierten. In der vom Autor gemeinsam mit Silke Müller-Hermann (2009b) durchgeführten Studie waren Interviews nur ein Teil des Untersuchungsdesigns. Wichtiger war die Analyse von Datenmaterial, in dem das Interventionshandeln von Studierenden in der Praxisausbildung protokolliert war. Dieses Datenmaterial war von vielfältiger Art, es bestand u. a. aus Fallakten, Tonaufzeichnungen aus der Interventionspraxis, zu Ausbildungszwecken angefertigten Dokumentationen des Fallhandelns, aus Tonaufzeichnungen von Fallwerkstätten in denen Studierende Probleme aus ihrer Interventionspraxis anhand von schriftlichen Unterlagen (Fallakten und anderes Material) thematisierten, Tagebuchaufzeichnungen und Ausbildungsberichten der ausbildenden Praxisorganisation. Die Analyse richtete sich auf Protokolle, anhand derer das Interventionshandeln möglichst konkret und nah am Geschehen rekonstruiert werden konnte. Unser Ziel war es, so einen Einblick in die Handlungsprobleme und darauf bezogenen Kompetenzbildungsprozesse der Studierenden zu gewinnen, der möglichst unabhängig von den Selbsteinschätzungen der Studierenden sein sollte. Unser Untersuchungsfokus war dabei insoweit offen, als wir nicht von vorneherein festgelegten Handlungsproblemen, wie etwa das Theorie-Praxis-Problem, ausgingen, sondern zunächst alle möglichen Probleme zu erfassen versuchten und dann erst in der Analyse zu klären versuchten, welche Probleme Kompetenzen erforderlich machten, die auf der Ebene des Habitus anzusiedeln waren. Ausgehend von der Oevermann'schen Professionalisierungstheorie war unsere Vermutung, dass es Probleme sein müssen, die im Zusammenhang mit nichtstandardisiert bearbeitbaren Handlungsanforderungen stehen und bzw. oder durch strukturlogische Widersprüchlichkeiten gekennzeichnet sind. Im Verlaufe der Untersuchung bestätigte sich diese Vermutung auch.

Im Rahmen der Analyse unterschiedlichen Datenmaterials haben sich die folgenden Bereiche als zentrale Handlungsprobleme von Angehörigen der Sozialen Arbeit erwiesen:

1. Die Klärung des Auftrages,
2. die Deutung der Fallproblematik unter Einbezug von theoretischem Wissen (Diagnostik),
3. die fallspezifische Wahl und der Einsatz von Methoden,
4. die Einrichtung eines Arbeitsbündnisses beziehungsweise einer Arbeitsbeziehung mit der Klientel.

In Bezug auf diese Probleme ließen sich einige Kompetenzen benennen, die für die Lösung dieser Probleme notwendig schienen. Wir verorteten diese dann auf der Ebene des Habitus, wenn sie erstens in Bezug auf die nicht standardisierbaren Aufgaben der sozialarbeiterischen Praxis handlungsleitend und die Quelle von Handlungssicherheit auch in schwierigen, krisenhaften Situationen waren; zweitens einen Umgang mit strukturlogischen Widersprüchlichkeiten (z. B. Hilfe/Kontrolle; Theorie/Praxis; diffuse/spezifische Sozialbeziehung) der Berufsausübung ermöglichten und drittens auf einer inneren Bindung an berufsethische Positionen fussten.

Inhaltlich bestehen diese Kompetenzen aus einem für die Erfordernisse der Berufspraxis spezifisch ausgeprägten Berufsethos mit den Zentralwerten Autonomie und Integrität, der Fähigkeit zur Gestaltung eines Arbeitsbündnisses gemäß dem von Oevermann rekonstruierten Modell[2] sowie der Fä-

---

2 Abweichend von Oevermann weisen die Studienergebnisse darauf hin, dass es jen-

higkeit zum Fallverstehen unter Einbeziehung wissenschaftlicher Erkenntnisse.

Die Analyse zentraler Handlungsprobleme führte uns auch zur Auseinandersetzung mit der Fachdebatte um diese Themen (Aufgabe Sozialer Arbeit, Theorie-Praxis-Verhältnis, Diagnostik-Debatte, Verschränkung von Hilfe und Kontrolle, Machtbegriff, u.a.). Auf der Basis unserer fall- und situationsbezogenen Konstruktionen von professionellem Handeln formulierten wir diesbezügliche Stellungnahmen, deren Summe wir in Verbindung mit den Habituselementen als Grundlagen eines Professionsideals bezeichneten. Der Ideal-Begriff schien uns richtig, weil wir von einem recht großen Unterschied zwischen der empirisch vorfindbaren Berufspraxis und unserer Konstruktion ausgingen.

3. Konvergenzen und Differenzen der Konzeptionen eines professionellen Habitus

Die Konzepte weisen teilweise Übereinstimmungen in den folgenden Komponenten auf: Erstens die Fähigkeit zum Fallverstehen, zweitens die Fähigkeit, Arbeitsbeziehungen bzw. Arbeitsbündnisse in bestimmter Art gestalten zu können, wozu die Respektierung der Autonomie von Klientinnen und Klienten gehört sowie die Regulierung des Nähe-Distanz-Problems, sowie drittens, eine verinnerlichte Berufsethik. Unverkennbar spiegelt sich in diesen Konzepten die Oevermann'sche Professionalisierungstheorie, entweder weil die Untersuchungen von vorneherein darauf aufbauend ihre theoretischen Ableitungen vornahmen und/oder weil der empirische Teil der Studien für die Gültigkeit der Theorie spricht. In Bauers (2007) und Eberts (2012) Konzeptionen spielen darüber hinaus auch Elemente eine Rolle, die auf der Ebene des Wissens liegen, nämlich das Verständnis der Sozialen Arbeit als Handlungswissenschaft, Kenntnisse zu Paradoxien und Spannungsfelder sowie Kenntnisse zur Organisationsratio. Dies hat ebenso unverkennbar damit zu tun, dass die beiden Forscher ihre Habituskonzeptionen theoretisch nicht nur aus der Oevermann'schen Professionalisierungstheorie, sondern noch aus weiteren Theoriepositionen gewonnen haben. Die theoretisch abgeleiteten Habituselemente lassen sich empirisch auf-

---

seits des Arbeitsbündnismodells weitere Formen von Arbeitsbeziehungen zwischen Fachkräften und Klientinnen bzw. Klienten gibt, die von den Fachkräften und den Klientinnen und Klienten nicht zwingend eine Beteiligung als ganze Person wie im Arbeitsbündnis abverlangen. Die Gestaltung des Arbeitsbündnisses schien jedoch besondere Anforderungen an die Fachkräfte zu stellen.

finden, die Konzepte erfahren dadurch eine Bestätigung. Darin muss kein Widerspruch zu den anderen Studien gesehen werden, die ja teilweise in einem theoretisch noch nicht vordefinierten empirischen Zugang die Elemente ihrer Konzepte gewonnen haben. In erster Linie hängen die Unterschiede wohl damit zusammen, dass der Habitusbegriff auf einer allgemeinen Ebene unterschiedlich definiert wurde. Während in der Oevermann'schen Position der Habitus strikt an das Unbewusste gebunden ist, ist dies in den anderen Konzepten ersichtlich nicht der Fall, so dass auch Kenntnisse zum Habitus gehören können. Der Habitusbegriff rückt damit in die Nähe des Identitätsbegriffs, weil man ein Verständnis Sozialer Arbeit als Handlungswissenschaft sowie Kenntnisse zu Paradoxien und zur Organisationsratio des Feldes auch als Bestandteile einer Berufsidentität betrachten kann.[3] Ein Mangel dieser an Professionalitätskonzeptionen angelehnten Fassungen des Habitusbegriffs ist, dass keine klaren Kriterien für die den professionellen Habitus bestimmenden Elemente angegeben werden. Man hätte auch andere Teile der Professionalitätskonzeptionen von Heiner (2007), Dewe und Otto (2002) oder der Züricher Schule (Staub-Bernasconi, 2009) aufgreifen können. Bei allen Unterschieden in den inhaltlichen Bestimmungen des professionellen Habitus kann aber festgehalten werden, dass es eine gewisse Einigkeit darin gibt, die Funktion des Habitus in der Bewältigung von Handlungsanforderungen der beruflichen Praxis zu sehen. Das Studium und teilweise auch die ersten Berufsjahre wird für die Bildung diese Habitus als wesentlich erachtet. Die Ergebnisse und Einschätzungen zur Wirksamkeit des Studiums in Bezug auf die Habitusbildung divergieren erheblich. Während in den älteren Studien dem Studium keine oder nur eine geringe Bildungswirkung attestiert werden konnte, konnten in zwei neueren Untersuchungen (Ebert 2007; Bauer 2012) in einigen Fällen eine solche Bildungswirkung festgestellt werden. Die Forscher führen diese Wirkungen auf die spezifische Konzeption der Studiengänge zurück, es ist allerdings fraglich, ob nicht auch die um Wissenselemente angereicherte Konzeption des Habitusbegriffs zu diesen Ergebnissen beigetragen hat. Ob die Studiengänge der Sozialen Arbeit in größerem Ausmaß eine Bildungswirkung auf der Ebene des Habitus entfalten und von welchen spezifischen Rahmenbedingungen und Ausgestaltungselementen dies abhängt, ist trotz der vorliegenden Studien nicht klar zu beantworten. Die Fallzahl ist in allen Studien aufgrund des immensen methodischen Aufwands in solchen qualitativen Längsschnittuntersuchungen sehr klein und generell ist es schwierig, Ursache-Wirkungszusammenhänge bei Bildungsprozessen zu identifizieren.

---

3   Auch in der Studie von Thole und Küster-Schapfl (1997) war die Abgrenzung zwischen dem Identitäts- und dem Habitusbegriff schwierig.

4. Ethik, Kompetenz und Habitus – Resümee

Zum Schluss sei an ein eingangs angesprochenes Thema wieder angeknüpft: Kompetenzbildungsprozesse sind nur eine notwendige, aber nicht hinreichende Bedingung für professionelles Handeln in der Sozialen Arbeit. Die in unserer Studie entwickelte Professionalitätskonzeption nannten wir deswegen ein Professionsideal, weil die Konzeption jenseits der Kompetenzausstattung der Fachkräfte einige Voraussetzungen hat, die erst noch hergestellt werden müssten, damit das Ideal zur Geltung kommen könnte. An erster Stelle wäre die von den Berufsverbänden entwickelte Berufsethik zu nennen, die mindestens im deutschen Sprachraum doch recht weit von dem entfernt ist, was wir als berufsethische Grundhaltung vorgeschlagen haben (vgl. Becker-Lenz/Müller 2009, S. 368). Generell scheinen die Berufsverbände in den deutschsprachigen Ländern auch nicht stark genug zu sein, um die Berufsethik verbindlich durchzusetzen und Aufgaben in der Qualitätskontrolle, in der Weiterbildung sowie in der Interessensvertretung des Berufsstandes gut genug erfüllen zu können. Auch gesetzliche Grundlagen der Arbeit sind von der Warte des Professionsideals aus betrachtet an einigen Stellen ungünstig, so z.B. im Strafrecht der Schweiz die enge Verflechtung von Maßnahmen und Strafen (vgl. Becker-Lenz 2010). Im Hinblick auf das Verhältnis von Berufspraxis und Wissenschaft sind Probleme auszumachen, weil die Diskussion um die Soziale Arbeit als Handlungswissenschaft aus unserer Sicht teilweise von einem problematischen Verhältnis von Theorie und Praxis ausgeht (vgl. Becker-Lenz/Müller-Hermann 2012). Das vielleicht größte Problem liegt jedoch an anderer Stelle. Die genannten Punkte sind nur aus der Warte eines spezifischen Professionsideals problematisch, andere Professionalitätskonzeptionen würden manche Punkte gar nicht und dafür andere problematisieren. Insgesamt ist ziemlich unklar, was als professionelles Handeln gelten kann, ja was Soziale Arbeit überhaupt ist.[4] Und solange dies unklar ist, ist auch die Antwort auf die Frage, welche Kompetenzen für professionelles Handeln nötig sind, abhängig vom Standpunkt.

---

4 Vgl. dazu die Beiträge in Becker-Lenz/Busse/Ehlert/Müller (2009) sowie Thiersch/Treptow (2011).

Literatur

Ackermann, F./Seeck, D. (1999): Der steinige Weg zur Fachlichkeit. Hildesheim u.a.: Georg Olms.
Bauer, R. (2007): Habitusbildung im Studium der Sozialpädagogik. Universität Mainz 2007. Dissertation. Zugriff am 20.08.2012 unter http://ubm.opus.hbz-nrw.de/volltexte/2007/1497/pdf/diss.pdf
Becker-Lenz, R. (2010): Zur Problematik der Verbindung von Strafe und Pädagogik im Maßnahmenvollzug. Soziale Passagen, H. 1, 95-112.
Becker-Lenz, R./Müller-Hermann, S. (2012): Sinn und Unsinn einer Handlungswissenschaft Sozialer Arbeit. In: Birgmeier, B./Mührel, E. (Hrsg.): Soziale Arbeit als Handlungswissenschaft. Wiesbaden: VS, im Erscheinen.
Becker-Lenz, R./Müller, S. (2009a): Funktion und Bildung des professionellen Habitus als Teil des Gesamthabitus. Konzeptionelle Überlegungen in einer Untersuchung zur Professionalisierung Sozialer Arbeit. In: Scheffer, T./Pfadenhauer, M. (Hrsg.): Profession, Habitus und Wandel (S. 95-116). Frankfurt am Main: Peter Lang.
Becker-Lenz, R./Müller, S. (2009b): Der professionelle Habitus in der Sozialen Arbeit. Grundlagen eines Professionsideals. Bern u.a: Peter Lang.
Bohler, K.-F. (2006): Die Professionalisierung der Sozialen Arbeit als Projekt untersucht am Beispiel ostdeutscher Jugendämter. In: sozialer sinn, Zeitschrift für hermeneutische Sozialforschung, H. 1, 3-33.
Bourdieu, P. (1974): Zur Soziologie der symbolischen Formen. Frankfurt am Main: Suhrkamp.
Dewe, B./Otto, H.-U. (2002): Reflexive Sozialpädagogik. Grundstrukturen eines neuen Typs dienstleistungsorientierten Professionshandelns. In: Thole, W. (Hrsg.): Grundriss Soziale Arbeit (S. 179-198). Opladen: Leske + Budrich.
Ebert, J. (2012) Erwerb eines professionellen Habitus im Studium der Sozialen Arbeit. Hildesheim u.a.: Georg Olms.
Fricke, W./Grauer, G. (1994): Hochschulsozialisation im Sozialwesen. Hannover.
Harrach, E. M. von/Loer, T./Schmidtke, O. (2000): Verwaltung des Sozialen. Formen der subjektiven Bewältigung eines Strukturkonflikts. Mit Beiträgen von Ulrich Oevermann und Thomas Ley. Konstanz: UVK.
Heiner, M. (2007): Soziale Arbeit als Beruf. Fälle - Felder - Fähigkeiten. München: Ernst Reinhardt.
Nagel, U. (1997): Engagierte Rollendistanz. Professionalität in biographischer Perspektive. Opladen: Leske + Budrich.
Obrecht, W. (1996): Ein normatives Modell Rationalen Handelns. Umrisse einer wert- und wissenstheoretischen Allgemeinen normativen Handlungstheorie für die Soziale Arbeit. In: Schweizerische Arbeitsgemeinschaft der höheren Fachschulen der Sozialen Arbeit (SASSA) (Hrsg.), Das Theorie-Praxis-Problem als Problem der Ausbildung in der Sozialen Arbeit (S. 31-70). Luzern.
Oevermann, U. (1996): Theoretische Skizze einer revidierten Theorie professionalisierten Handelns. In: Combe, A./Helsper, W. (Hrsg.): Pädagogische Professionalität. Untersuchungen zum Typus pädagogischen Handelns (S. 70-182). Frankfurt am Main: Suhrkamp.
Oevermann, U. (2001): Strukturprobleme supervisorischer Praxis. Eine objektiv hermeneutische Sequenzanalyse zur Überprüfung der Professionalisierungstheorie. Frankfurt am Main: Humanities Online.
Staub-Bernasconi, S. (2007): Soziale Arbeit als Handlungswissenschaft. Bern u.a.: Haupt.

Staub-Bernasconi, S. (2009): Der Professionalisierungsdiskurs zur Sozialen Arbeit. In: Becker-Lenz, R./Busse, S./Ehlert, G./Müller, S. (Hrsg.): Professionalität in der Sozialen Arbeit. Standpunkte, Kontroversen, Perspektiven (S. 21-45). Wiesbaden: VS.
Thiersch, H./Treptow, R. (Hrsg.) (2011): Zur Identität der Sozialen Arbeit. Positionen und Differenzen in Theorie und Praxis. Sonderheft 10 der neuen praxis.
Thole, W./Küster-Schapfl, E.-U. (1997): Sozialpädagogische Profis. Beruflicher Habitus, Wissen und Können von PädagogInnen in der außerschulischen Kinder- und Jugendarbeit. Opladen: Leske + Budrich.

Agnieszka Czejkowska

Flexibel, professionell und einsam?

Erkenntnis- und subjektkritische Hinweise zur Prekarisierungsdebatte in pädagogischen Berufen

Es erscheint erklärungsbedürftig, dass ausgerechnet pädagogischen Berufen gegenwärtig die Tendenz zur Prekarisierung wie Professionalisierung attestiert wird.[1] Beide Tendenzen sind meines Erachtens seit jeher für die Praxis wie Theorie unseres Berufsstandes konstitutiv gewesen. Das heißt für eine disziplinäre Einordnung ist vielmehr interessant zu erörtern, weshalb Diagnosen dieser Art sich ausgerechnet jetzt einer großen Beliebtheit erfreuen. Entsprechende empirische Belege sind wichtig, aber meines Erachtens nicht ausreichend für die Auseinandersetzung, da sie nur bedingt die Gleichzeitigkeit beider Tendenzen zu erklären vermögen, wie ich im Folgenden problematisieren werde.

Auf der methodologischen Ebene wiederum verweisen die verstärkte Rezeption von Theodore R. Schatzki (1996, 2002) im deutschsprachigen Schul- und Sozialpädagogikkontext (u.a. Hünersdorf et al. 2008 , Fritzsche et al. 2010, Hackl/Hummel 2010, Bennewitz 2011, Reh et al. 2011) und die ebenso gern aufgegriffenen ‚Grenzgänge' von Andreas Reckwitz mit seinen unermüdlichen Verweisen auf die Differenzierung von Praktiken, Praxistheorien, Praxeologien (vgl. gesammelt Reckwitz 2008) nicht nur auf einen Hype um die Praxis in den Nachbardisziplinen, sondern auf u.a. interessante interdisziplinären Theorieeinflüsse in der Erziehungswissenschaft, denen es sich aus einer disziplinären Perspektive zu stellen gilt: Wenn man so will, Gouvernementalitätsstudien, die sich kritisch der Regierungspraxis widmeten ade; willkommen soziale Artefakttheorien, die um eine Versöhnung der Regime von „Menschen" und „Dingen" ringen (vgl. Latour 2009). Schließlich finde ich die Auseinandersetzungen, die um die fundamentale Wider-

---

1 Die Autorin spielt an dieser Stelle auf den Titel der Fachkonferenz „Pädagogik als Beruf – im Spannungsfeld von Professionalisierung und Prekarisierung" der Deutschen Gesellschaft für Erziehungswissenschaft (DGfE) im September 2011 an der Universität Duisburg-Essen an (die Hrsg.).

sprüchlichkeit zwischen Professionalisierung und Prekarisierung (und den dafür symptomatischen Deprofessionalisierungsprozessen) und deren Vereinbarung kreises sowie die disziplinäre Positionierung zum *practical turn* wissenschaftspolitisch enorm relevant. Am Beispiel des Berufseinstiegsmoments Praktikum möchte ich auf die Schwierigkeiten wie das Potenzial eines erkenntnis- wie subjektkritischen Professionalitätsbegriffs hinweisen.

1. Prekär und abgesichert

Es mag ein wenig höhnisch klingen, der gerade stattfindende Prekarisierungsdebatte die Dramatik dadurch nehmen zu wollen, indem einem Schulterzucken gleich eingeleitet wird, das wäre doch seit je her konstitutiv für unsere Disziplin. Damit möchte ich durchaus zum Ausdruck bringen, dass es sich um eine Debatte handelt, die zu führen ist. Allerdings sollten wir darüber nachdenken, ob die These, es käme zu einer vermehrten Prekarisierung in diesen Berufen (insbesondere Schule, Erwachsenen- und Weiterbildung, Sozialarbeit sowie der Pädagogik der frühen Kindheit) so zutrifft. Ich argumentiere nicht auf der Grundlage von statistischem Datenmaterial, sondern möchte hier auf einen Shift aufmerksam machen, der m.E. statistisch nicht erschöpfend erfasst werden kann, da sich dieser auf der Ebene der Wahrnehmung und Bewusstseinsbildung in der Gesellschaft abspielt und bezogen auf Berufssparten innerhalb der Pädagogik zu differenzieren ist. Also, der Reihe nach: So ist von einer Prekarisierung im Schulbereich zu sprechen anmaßend wie ich finde. Egal wie schwierig die Bedingungen aufgrund von Sparmaßnahmen sich gestalten, der Lehrberuf gehört nach wie vor zu den privilegiertesten Beschäftigungsverhältnissen, in Bezug auf Arbeitsplatzsicherheit, Verdienst wie Sozialleistungen und trotz der Akademiker_innenfeindlichkeit immer noch zu einem der angesehensten. Der Verdienst mag zu Beginn vergleichsweise bescheiden sein, aber mit den Jahren, schwingt man sich die Gehaltsschemastufen durchaus hinauf.[2] D'accord, es gibt Arbeitsfelder im Schulkontext, die unzureichend, um nicht zu sagen mies, entlohnt werden, wenn überhaupt. Sie wurden schon immer nicht ausreichend anerkannt, dazu brauchte es nicht den Vormarsch postfordistischer Beschäftigungsverhältnisse mit der dazugehörigen Prekarisierungsdebatte. An dieser Stelle sei noch zu vermerken, unerheblich wie selbstverständlich es uns erscheint, es kann nicht oft genug betont werden,

---

2 In Österreich wird begrüßenswerterweise daran gearbeitet, die Gehälter neu zu verhandeln und zu nivellieren. Dabei sollen gerade Junglehrer_innen besser verdienen können.

dass diese Tätigkeiten zumeist von Frauen ausgeübt wurden und immer noch werden. Vom Reinigungspersonal bis zur Nachmittagsbetreuung, Kindergartenpädagogin oder Aushilfelehrerin. Diese Prekarität ist insbesondere je weiter nach unten wir die Altersstufen der zu Betreuenden, zu Unterrichtenden, zu Versorgenden gehen, umso drastischer und selbstverständlicher. Pflege- und Betreuungsarbeit von Menschen mit Behinderung oder in der Alterspflege ausgenommen. Um es drastisch zu formulieren, es ist skandalös wie schlecht die Bezahlung in diesen Bereichen ist, vor allem, wenn man in Betracht zieht, wie viel Wissen, Kompetenzen und Verantwortung aber auch körperlicher Anstrengung diese Beschäftigungsverhältnisse abverlangen und damit ist noch nicht die Rede von der Höhe des symbolischen Kapitals, das für die Gesellschaft generiert wird und wie wenig soziale Anerkennung diese Tätigkeiten haben. So beläuft sich das monatliche Einstiegsbruttogehalt einer 24-Stunden-Rundumbetreuerin in Österreich, die mitnichten als prekär eingestuft wird, weil sie eben vollzeitbeschäftigt wird, um 1.645 Euro (vgl. AMS-Kompass 2012). Wie schlecht es erst dann um die geringfügig beschäftigten Aushilfen bestellt steht, kann man sich wohl vorstellen. Aber wie schon gesagt, das ist nicht neu. Neu ist auch nicht, dass aufgrund mir manchmal nicht ganz nachvollziehbarer Gründe immer noch genug junge Menschen in diese Berufe strömen, sich also bewusst, meist aus idealistischen Gründen für diese Karrieren entscheiden, andere wiederum aufgrund von Arbeitsmigration oder ökonomischer Bedingungen keine anderen Einkommensmöglichkeiten als diese haben. Damit geht die marktlogische Nachfrage-Angebot-Spirale weiter und angesichts von europaweit ausgerufener Sparmaßnahmen, insbesondere im öffentlichen Bereich, der der größte Arbeitgeber – zumindest Auftraggeber - in diesen Bereichen ist, sehe ich kaum Spielraum für Lohnverhandlungen, die maßgebliche Erhöhungen im Bereich der Kollektivverträge oder generellen Mindeststandards von Einkommen in nächster Zukunft nach sich ziehen könnten. Und ob es uns gefällt oder nicht, das Prestige von Berufen hängt mit der Bezahlung zusammen. Wenn man von Prekariat spricht, dann hat das viele Facetten. Eine davon ist sicherlich, Tätigkeiten nachzugehen, die einem auf die Dauer weder gut tun, noch ausreichend bezahlt werden, noch entsprechende Anerkennung bringen. Etwas davon sollte schon dabei sein.[3]

---

3   Gleiches gilt für das Reinigungspersonal und den Arbeitsplatzeinsatz. Nicht verwunderlich ist, dass Krankenhäuser, insbesondere OP-Säle als Arbeitsorte sich großer Beliebtheit erfreuen. Die Zulagen ob der möglichen Gefährdungen machen es möglich.

Das ist allseits bekannt und nicht der *crucial point* der Debatte, der scheint mir eher in bestimmten Verschiebungen feststellbar, die es aufzugreifen und auf die es zu reagieren gilt: Neu sind meines Erachtens die Folgen von mittlerweile selbstverständlich gewordenen New Public Management Reglements, die die Auftragsvergabe im sozialen Bereich einem irrsinnigen Wettkampf um (preis)günstige Angebote und damit einhergehende Zuschläge favorisiert, ohne begleitende Qualitätssicherungsmaßnahmen vorzusehen. Egal wie man zu diesen Begriffen stehen mag, die Frage der Qualität – der Leistung wie auch dem Gefühl, einer erfüllenden Tätigkeit, Wertschätzung usw. nachzugehen – ist gebunden an zeitliche wie materielle und finanzielle Ressourcen. Dass nicht selten Centbeträge die anstehende Auftragsentscheidung kippen können, ist allen, die um Aufträge rittern bestens bekannt. In welcher Weise die Mitarbeiter_innen ausgebildet wurden, welche Arbeitsverträge sie haben, das interessiert, soweit mir bekannt ist, die Auftraggeber kaum. Es hat sie nicht zu interessieren, denn es gibt Vorgaben, die sich an Kennzahlen und nicht an der Qualität orientieren. Eine weitere Verschiebung sehe ich etwa in einer umgekehrten Tendenz, nämlich der, dass als prekär geltende Bereiche pädagogisiert werden und damit durchaus eine relative Absicherung der Bereiche stattfindet, gleichzeitig aber die Prekarisierungstendenz der pädagogischen Berufe zu bestätigen scheint. Ich spreche in diesem Zusammenhang als eines von vielen Exempeln über die Kunst- und Kulturvermittlung, die als künstlerische Praxis heftig debattiert wird. Auf den ersten Blick wirkt es wie ein weiteres prekäres Arbeitsfeld der Pädagogik. Bei genauerem Hinsehen, stellen wir im Vergleich zu vorher fest, dass es sich um Professionalisierungsschübe von zuvor in absoluter Unsicherheit lebenden Vermittler_innen handelt. Es sind häufig Künstler_innen, die in jahrelanger unbezahlter Arbeit neue Berufssparten erfanden (vgl. Schneider 2010), die inzwischen vergleichsweise wenige, aber durchaus einige Möglichkeiten der relativen Absicherung bieten, sei es in musealer und schulischer Kunst- und Kulturvermittlungspraxis oder in universitärer Lehre (mit der Aufwertung der Kunsthochschulen zu Universitäten). Selbstverständlich brauchen wir uns keine Illusionen darüber machen, dass der prekär lebende Kreative hier die Vorlage bietet und uns alle ‚anruft', kreativ, innovativ und selbständig zu jeder möglichen Zeit eine ähnliche Leistung zu erbringen. Es sei eben möglich, wenn man nur hartnäckig genug an der Sache bleibt. Die Diskussion um Ganztagsschulen eröffnet insbesondere im Bereich der Betreuung und Freizeitangebote hier ähnliche Perspektiven. Allerdings gibt es sehr wohl Auswege, die uns die intensiven gouvernementalitätstheoretischen Analysen möglicherweise vergessen haben lassen: Diese Anrufung kann man zurückweisen, man muss sie nicht annehmen und bestätigen. Wird die Erziehungswissenschaft diesen Anrufungen folgen, oder sie zurückweisen und Forderungen stellen. Sind die gerade allerorts angebotenen Lehrgänge zum_r Freizeitpädagog_in Ausdruck des Businessfeldes, der Prekarisierung oder etwa der Professionalisierung. Ich nehme an ein Stück weit von allen. Vielleicht könnte es dennoch gelingen, die prekaritäts- wie businessbezogene Anrufung zurückzuweisen indem die Erziehungswissenschaft den Hype um den *pracitcal turn* für sich nützt und die Praxis nicht als lästiges, nicht unter Kontrolle zu haltendes Phänomen, mit dem es sich theoretisch herumzuschlagen gilt, sondern ihre Grenzen überschreitet und die Praxisrelevanz forschungs- wie praxispolitisch zu nützen lernt. Definitiv gehört meines Erachtens eine Stärkung des eigenen disziplinären Selbstbewusstseins an die Tagesordnung. In den wie angedeutet manchmal chic anmutenden Prekarisierungston, da mit bohèmer Lebensweise übercodiert einzustimmen, ist Unsinn. Von der Qualität der eigenen Arbeit und ihren Standards zu sprechen, die Leistungen der Profession anzuerkennen, also diesbezüglich ein Selbstbewusstsein zu entwickeln, scheint mir aussichtsreicher, will man in gesellschaftliche Anerkennungsdebatten bei sozialen Berufen, die im wesentlichen Dienstleistungen anbieten, die wiederum per se einen schlechteren Stand haben, einsteigen. Denn wie Expertise- und Beratungssparte aufgezeigt hat, geht es auch anders. Diesem Dienstleistungsgenre ist es sehr wohl gelungen, die eigene Profession anders in Szene zu setzen. Können wir hier etwas lernen?

2. Pädagogisch-professionelles Selbstverständnis

An konkreten Beispielen aus dem soeben an der Karl-Franzens-Universität in Kooperation mit der Akademie der bildenden Künste finalisierten Sparkling Science Projekt: Facing the Differences zur Erforschung von pädagogisch-professionellen Bildungs-Forschungsprozessen, möchte ich auf ausgewählte Problemlagen eingehen, die veranschaulichen sollen, wie sehr methodologische Fragen und die disziplinäre Auseinandersetzung, Optionen bietet zum einen innerhalb der pädagogischen Ausbildung wie auch außerhalb, forschungs- und praxispolitisch zu intervenieren, um die oben beschriebenen Selbstverständlichkeiten innerhalb der Profession zu thematisieren.[4]

---

4 Facing the Differences beschäftigte sich mit Differenzen und Widersprüchen in pädagogischen Professionalisierungsprozessen. An der Forschung beteiligen sich Schüler_innen und Lehrer_innen der Bildungsanstalt für Kindergartenpädagogik 7, Mater Salvatoris (BAKIP 7) und Studierende wie Lehrende des Instituts für das künstlerische Lehramt (IKL) der Akademie der bildenden Künste Wien. Das Projekt wurde seitens der Universität Graz in Kooperation mit der Akademie der Bildenden

Zunächst sei vorweggeschickt, dass ein zentrales Ziel des inter- und transdisziplinären Projekts Facing the Differences die Erforschung von relevanten Parametern für die Herausbildung eines pädagogisch-professionellen Selbstverständnisses bei angehenden Kindergartenpädagog_innen, Lehrer_innen und Kulturvermittlerin_innen war. Die intensive Forschungs-Bildungskooperation zwischen den unterschiedlichen Gruppen – in Ausbildung befindliche Schüler_innen und Studierende sowie fertig ausgebildete Pädagog_innen und Vermittler_innen – verdeutlichten die besondere Interventionssituation von pädagogisch Agierenden ungeachtet des beruflichen Kontextes.

Betrachtet man die Ergebnisse der beiden *Finding Labs Lehr-Lern-Arrangements und Pädagogisch-professionelles Selbstverständnis* – dabei handelte es sich um ein Forschungs- Setting zur Ergebnissicherung in Hinblick auf Anwendung und Grundlagen (vgl. Projektabschlussbericht 2012) –, dann lassen sich die unten angeführten Parameter, im Sinne von einflussreichen Größen auf die Art und Weise, wie sich die angehenden Pädagog_innen als Professionalist_innen zu verstehen beginnen, zusammenfassen. Allen Ergebnissen ist gemeinsam, dass pädagogische Professionalisierungsprozesse Zeit und Raum für die Aufarbeitung des bereits in der Ausbildung gemachten Erfahrungswissens und -handelns brauchen. Das ist ein entscheidender Moment, um Prekarisierungstendenzen auf die Spur zu kommen bzw. Gefühle der prekären Situationen zu thematisieren und aufzufangen. Ähnlich entscheidend wie die spätere Praxiserfahrung für mögliche Fort- und Weiterbildungsangebote. Denn ungeachtet des Umstandes, ob es sich um angehende oder erfahrene Pädagog_innen handelt, der Bedarf an Austausch hinsichtlich der stets anderen, neuen und auf eine bestimmte Art doch vergleichbar eingeschätzten Herausforderungen der Praxis ist bemerkenswert. Ähnliches gilt für die Berücksichtigung der aktuellen wissenschaftlichen Erkenntnisse. Versteht man Professionen im Sinne des kleinsten gemeinsamen Nenners: Bezug auf und Vermittlung von Wissen, Ausbildung eines bestimmten Berufsethos und Standards der Berufsausübung und -ausbildung, dann ist es notwendig, einen besonderen Raum und strukturierte Reflexionszeiten bereits in der Ausbildungssituation und darüber hinaus zu verankern. Aus dem Verlauf des genannten Projekts lassen sich drei für die berufliche Selbstwahrnehmung der angehenden wie erfahrenen Pädagog_innen maßgebliche Bezugspunkte definieren, deren Unterscheidung für die Situierung des eigenen Auftrags hilfreich ist: Praxistheorien, Programmatiken und Methodenpool. Zugleich bieten diese Bezüge eine Systematisie-

---

Künste, dem Zentrum für Sozialforschung und der Künstler_in und Kulturvermittler_in Mag.a Mikki Muhr zwischen September 2010 und August 2012 umgesetzt. Mehr dazu: http://www.facingthedifferences.at/

rung der gewonnenen Parameter, die Einfluss auf die Selbstwahrnehmung der angehenden Pädagog_innen als Teil einer in Entstehung begriffenen *professional community of practice* haben. Diese *community* wiederum wird als eine verstanden, die ein gemeinsames Anliegen verfolgt (Gestaltung der pädagogischen Situation), Informationen, Wissen und Erfahrungen austauscht und die Praxis stets auch als Lernsituation begreift. Es handelt sich um eine *Community*, die darüber hinaus, das wird meines Erachtens zu selten erwähnt, für diese Leistungen bezahlt werden will und sollte. Damit ist auch hoffentlich deutlich, dass die Forderung nach dem Ende der unentgeltlichen Praktikumsplätze ein erster Schritt sein sollte, sich zu positionieren. Mir ist bewusst, dass viele Organisationen auf unbezahlte Praktika angewiesen sind, aber hier Möglichkeiten und Wege zu suchen und Interessensarbeit zu leisten, so dass die Praktika zumindest aufwandsmäßig vergütet werden, dies würde einen wichtigen Schritt Richtung Anerkennung bedeuten.

Skizze 1: Pädagogisch-professionelles Selbstverständnis

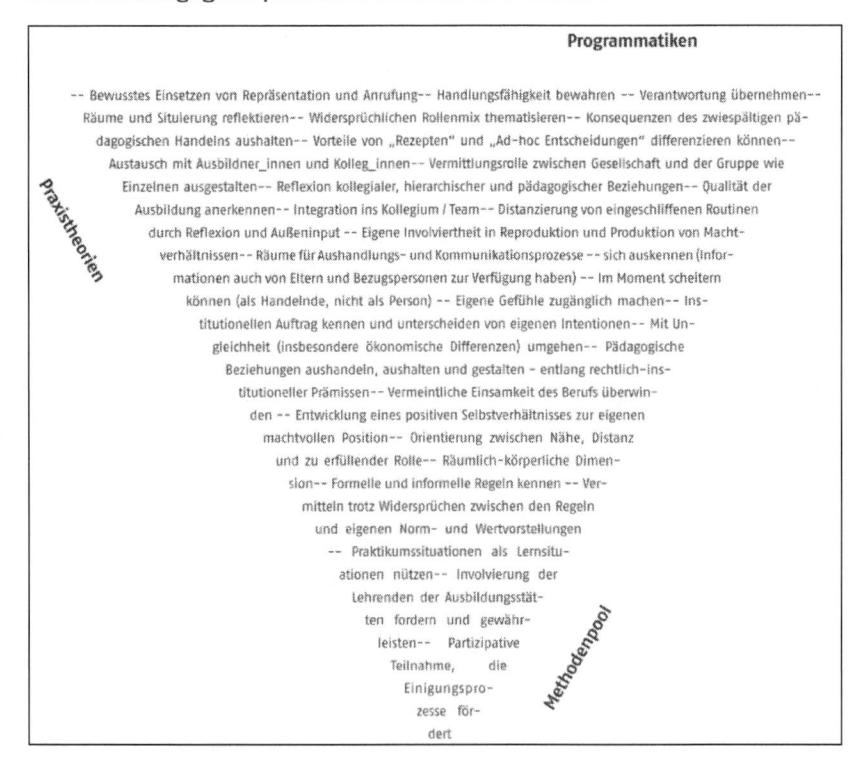

Programmatiken

-- Bewusstes Einsetzen von Repräsentation und Anrufung-- Handlungsfähigkeit bewahren -- Verantwortung übernehmen-- Räume und Situierung reflektieren-- Widersprüchlichen Rollenmix thematisieren-- Konsequenzen des zwiespältigen pädagogischen Handelns aushalten-- Vorteile von „Rezepten" und „Ad-hoc Entscheidungen" differenzieren können-- Austausch mit Ausbildner_innen und Kolleg_innen-- Vermittlungsrolle zwischen Gesellschaft und der Gruppe wie Einzelnen ausgestalten-- Reflexion kollegialer, hierarchischer und pädagogischer Beziehungen-- Qualität der Ausbildung anerkennen-- Integration ins Kollegium / Team-- Distanzierung von eingeschliffenen Routinen durch Reflexion und Außeninput -- Eigene Involviertheit in Reproduktion und Produktion von Machtverhältnissen-- Räume für Aushandlungs- und Kommunikationsprozesse -- sich auskennen (Informationen auch von Eltern und Bezugspersonen zur Verfügung haben) -- Im Moment scheitern können (als Handelnde, nicht als Person)-- Eigene Gefühle zugänglich machen-- Institutionellen Auftrag kennen und unterscheiden von eigenen Intentionen-- Mit Ungleichheit (insbesondere ökonomische Differenzen) umgehen-- Pädagogische Beziehungen aushandeln, aushalten und gestalten - entlang rechtlich-institutioneller Prämissen-- Vermeintliche Einsamkeit des Berufs überwinden -- Entwicklung eines positiven Selbstverhältnisses zur eigenen machtvollen Position-- Orientierung zwischen Nähe, Distanz und zu erfüllender Rolle-- Räumlich-körperliche Dimension-- Formelle und informelle Regeln kennen -- Vermitteln trotz Widersprüchen zwischen den Regeln und eigenen Norm- und Wertvorstellungen -- Praktikumssituationen als Lernsituationen nützen-- Involvierung der Lehrenden der Ausbildungsstätten fordern und gewährleisten-- Partizipative Teilnahme, die Einigungsprozesse fördert

Praxistheorien

Methodenpool

Unter Praxistheorien werden hier, den *practical turn* nutzend und frei nach Andreas Reckwitz (2008) die unterschiedlichen Theorien, die Erklärungsmöglichkeiten für soziales Handeln liefern, subsumiert und auf den pädagogischen Kontext zugespitzt. Sozialwissenschaftliche Modelle zur Analyse des beruflichen Alltags finden sich hier ebenso versammelt wie subjektive Theorien bezüglich sozialer Praktiken.

Programmatiken wiederum beziehen sich auf Textformen, die Anrufungscharakter haben, d.h. den pädagogischen Alltag maßgeblich durch Vorgaben und Aufträge, die sie an die Pädagog_innen adressieren, bestimmen. Programme reichen von formellen bis informellen Aufträgen, es kann sich dabei auch um Textsorten wie Hausordnungen oder Gesetze, Mission Statements auf Homepages, usw. usf. handeln. Der Methodenpool umfasst einerseits Methoden, die für die Erforschung der eigenen Praxis eingesetzt werden und anderseits didaktische und pädagogische Settings und Lehr-Lernarrangements.

Wenn wir die Ergebnisse betrachten, dann lässt sich festhalten, dass die relevanten Einflussgrößen zwischen den drei Bezugspunkten oszillieren und je nach Situation unterschiedlich stark einem der Bezugspunkte zugeordnet werden können, wohlgemerkt, vorübergehend. Sie können in einer anderen Situation bereits in einem anderen Eck verortet sein. Relevant erscheint mir dieses Ergebnis, da es verdeutlicht, wie sehr angehende und erfahrene Pädagog_innen in ihrem Alltag Aushandlungsprozessen ausgesetzt sind. Sie verhandeln mit Kolleg_innen, mit den ihnen anvertrauten Kindern oder Schüler_innen oder Studierenden, mitunter mit Eltern oder Angehörigen, mit ihren Vorgesetzten, aber auch mit sich selbst. Sie müssen stets bereit sein, Entscheidungen zu treffen obgleich die Bedingungen unter denen sie zu entscheiden haben, sich verändern können. Diese Entscheidungsfähigkeit zu stärken kann als ein zentrales Anliegen pädagogischer Professionalisierung und damit der Entwicklung eines pädagogisch-professionellen Selbstverständnisses betrachtet werden. Dabei gehen wir davon aus, dass Pädagog_innen im beruflichen Kontext stets professionell agieren. Die Qualität dieser Professionalität kann allerdings unterschiedlich ausfallen und ist selbstverständlich auch den Bedingungen rundherum geschuldet. Aus der Vielzahl der Parameter möchte ich einige wenige herausgreifen, die mir für die Debatten um Professionalisierung und Prekarisierung besonders relevant scheinen. Sie sind allesamt gekennzeichnet von unglaublichen Ansprüchen an Personen und Institutionen und berücksichtigen kaum die realen Bedingungen von pädagogischen Berufen. Das heißt, wir haben es mit angehenden und ausgebildeten PädagogInnen zu tun, deren Beruf so sehr im Vordergrund steht, die Aufgaben, Herausforderung aber auch Hingabe, dass das Verhältnis Preis-Leistung in so gut wie keinen Zusammenhängen thematisiert wird. Solange wir uns auf den Idealismus und die Beziehungen, die zwischen den Pädagog_innnen und Adressat_innen entstehen und produktiv wirksam werden verlassen, solange werden prekäre

Arbeitssituationen Realität bleiben. Denn wenn eines der zu betreuenden Kinder weint, dann wissen die Pädagog_innen, da geht es um das Kind und die Situation und nicht darum, ob man einer Rolle oder einem Auftrag genügt. Die Frage die wir uns also stellen müssen, ist: Wie sorgen wir dafür, dass die Institutionen und Berufskontexte, die unsere Disziplin mitverantwortet auch für die Bedingungen ihrer Mitarbeiter_innen Verantwortung übernehmen und entsprechender Ressourcenspielraum möglich wird. Wenn das auch forschungs- und wissenschaftspolitisch keine Relevanz erhält, wo soll und kann es dann relevant werden können?

In unserem Fall war es der Selbstbeforschungskontext, der es ermöglichte über jene Bereiche zu reflektieren, die in der pädagogischen Alltagsroutine kaum Platz haben und die auch kaum auf den bildungspolitischen Agenden zu finden sind: Die Bedeutung der Räume und Situierung des eigenen Körpers (Räumlich-körperliche Dimension), der so häufig widersprüchlichen Rollenmix, in dem sich etwa Praktikant_innen zwangsweise bewegen. Sie übernehmen Verantwortung, werden als Pädagog_innen adressiert und gleichzeitig sind sie in der Ausbildung. Dass hier die Vorteile einer Differenzierung von Rezeption und „Ad-hoc Entscheidungen" Abhilfe schaffen kann, ist deutlich geworden. Die vor diesem Hintergrund formulierten Forderungen, etwas Austausch mit Ausbildner_innen und Kolleg_innen oder die Involvierung der Lehrenden der Ausbildungsstätten gibt uns den Ausbildungsinstitutionen zu denken. Aber auch die Art und Weise wie Kollegialität in diesen Institutionen gelebt und vorgelebt wird, ist ein Thema, dessen wir uns meines Erachtens dringend annehmen sollten. Es ist eine Sache, zu fordern, dass Pädagog_innen die Vermittlungsrolle zwischen Gesellschaft und der Gruppe wie Einzelnen ausgestalten, eine andere ist es zu reflektieren, wie wir selbst die kollegialen, hierarchischen und pädagogischen Beziehungen, in denen wir uns bewegen, gestalten. Wenn Absolvent_innen das Gefühl haben, die Qualität ihrer Ausbildung würde nicht anerkannt werden, so verwundert es wenig, wenn das Gefühl der Prekarität von Beginn an bestimmend bleibt. Selbstverständlich ist es von Bedeutung die eigene Involviertheit in Reproduktion und Produktion von Machtverhältnissen (vgl. Messerschmidt 2009) zu reflektieren, aber das bedeutet auch Räume für Aushandlungs- und Kommunikationsprozesse bereits in der Ausbildung wie danach zu konzipieren. Ich denke, ohne diese Reflexionsmöglichkeiten ist es schwierig, von Pädagog_innen zu verlangen, dass sie subjektkritische Theorien um die Brüchigkeit von Subjekten und eine Praxis, die permanente Souveränität abverlangt auf die Reihe bekommen. Denn im Moment scheitern können und dabei zu begreifen, dass man als Handelnde, nicht als Person es tut, bedeutet ein Wissen über den (institutionellen) Auftrag zu haben und dabei die Differenz ziehen zu können bezüglich der eigenen Intentionen. Das bedeutet auch mit Ungleichheit (insbesondere ökonomischen Differenzen) umgehen zu können, aber auch die vermeintliche Einsamkeit des Berufs überwinden zu können. Die Entwicklung eines positiven Selbstverhältnisses zur eigenen machtvollen Position kann wohl dann nur gelingen, wenn eine Orientierung zwischen Nähe, Distanz und zu erfüllender Rolle, das Kennen von formellen und informellen Regeln, kurzum die Praktikumssituationen als Lernsituationen genutzt werden.

Literatur

AMS-Gehaltskompass (2012): Zugriff im Juli 2012 unter http://www.gehaltskompass.at/berufsliste?q=&bereich_id=20

Bennewitz, H. (2011): doing teacher. In: Terhart, E./Bennewitz, H./Rothland, M. (Hrsg.): Handbuch der Forschung zum Lehrerberuf (S. 192-213). Münster, New York, München, Berlin: Waxmann.

Fritzsche B./Idel, T.- S./Rabenstein K. (2010): Pädagogische Ordnungen. Praxistheoretisch beobachtet In: Neumann, S. (Hrsg.) Beobachtungen des Pädagogischen. Programm – Methodologie – Empirie. Luxemburg: Université du Luxembourg.

Hünersdorf, B./Müller, B./Maeder, C. (Hrsg.) (2008): Ethnographie und Erziehungswissenschaft. Methodologische Reflexionen und empirische Annäherungen. Weinheim: Juventa.

Klingovsky, U. (2009): Schöne Neue Lernkultur. Transformationen der Macht in der Weiterbildung. Eine gouvernementalitätstheoretische Analyse. Bielefeld: transcript.

Latour, B. (2007): Eine neue Soziologie für eine neue Gesellschaft. Frankfurt am Main: Suhrkamp.

Messerschmidt, A. (2009): Weltbilder und Selbstbilder. Frankfurt am Main: Brandes & Apsel.

Reh, S./Rabenstein, K./Fritzsche, B. (2011): Learning spaces without boundaries? Territories, power and how schools regulate learning. In: Social and Cultural Geography: Special edition: 'Embodied dimensions and dynamics of education spaces'. (Eds.) Victoria Cook & Peter Hemming. pp. 83-98.

Reckwitz, Andreas (2010): Unscharfe Grenzen. Perspektiven der Kultursoziologie. 2., unveränderte Auflage. Bielefeld: transcript.

Schatzky, T. R. (1996): Social Practices A Wittgensteinian Approach to Human Activity and the Social. New York: Cambridge University Press.

Schatzky, T.R. (2002): The Site of the Social A Philosophical Account of the Constitution of Social Life and Chang, Pennsylvania: Penn State University Press.

Schatzki, T. R./Knorr-Cetina, K./Savigny, E. v. (Hrsg.): The practice turn in contemporary theory. London/New York: Routledge p. 1-14.

Schneider, K. (2010): Immer zu Diensten? Vermittlung zwischen Prekariat und Professionalisierung. In: Institut für Wissenschaft und Kunst (Hrsg.): kunst fragen. Ästhetische und kulturelle Bildung – Erwartungen, Kontroversen, Kontexte, Bd. 3 ARTS & CULTURE & EDUCATION, Wien: Löcker, S. 123-131.

Kapitel II
Pädagogisches Handeln in Prekarität

Ivo Züchner

Frühkindliche Bildung und Jugendhilfe: Expansion mit Prekarisierungstendenzen?

Die Arbeitsmarktentwicklung in den sozialen Berufen kann in Deutschland in den letzten Jahren 60 Jahren als Wachstumsgeschichte erzählt werden. In diesem Wachstum wurden soziale Berufe als Berufsgruppe mit Chancen und Risiken zugleich bezeichnet (Rauschenbach/Schilling 1997; Schilling/Züchner 2010). Chancen insoweit, als dass hier ein Feld über Jahrzehnte expandiert ist und immer mehr Personen dort Beschäftigung fanden. Risiken lagen und liegen dabei in den Beschäftigungsverhältnissen, die strukturelle aber auch selbstgewählt über die Jahrzehnte in der Regel nicht den klassischen Normalarbeitsverhältnis der Industrie oder des männlichen Angestellten der 1960er Jahre entsprachen. Die sozialen Berufe sind ein klassischer Arbeitsmarktbereich von Frauen, der ideologisch lange auf „Eignungsmerkmalen" der Mütterlichkeit (Sachße 2004) Bezug nahm und oft mit Eigenschaften klassischer Frauenberufe (Teilzeittätigkeit, geringeres Einkommen) einher ging.

Der vorliegende Beitrag zieht eine Bilanz der Arbeitsmarktentwicklung der sozialen Berufe in den 2000er-Jahren – mit einem Schwerpunkt auf der Entwicklung in der Kindertagesbetreuung und der Kinder- und Jugendhilfe. Geprüft wird zum einen, ob sich weiterhin Wachstumstendenzen in der Beschäftigung zeigen und zum zweiten, ob diese Expansion mit Prekarisierungstendenzen einhergeht – also inwieweit Beschäftigungsbedingungen im Feld „problematischer" bzw. prekärer werden. Will man für dieses „prekärer" werden einen Maßstab anlegen, so bietet sich beispielhaft das Konzept des „Normalarbeitsverhältnis" (Mückenberger 1985) an, welches sich am Idealtyp des männlichen erwerbstätigen Familienernährers orientiert. Allerdings stellt sich die Frage, inwieweit dieses Konzept, das auf Vollzeittätigkeit, auf Unbefristetheit und Sozialversicherungspflichtigkeit der Beschäftigungsverhältnisse für die sozialen Berufe, die ein von Frauen dominiertes Arbeitsfeld darstellen, ein sinnvoller Bewertungsmaßstab sein kann bzw. dies je war. Dennoch liefert dies Konzept zumindest einen Referenzrahmen, um Arbeitsverhältnisse zu beschreiben. Grundlage für die Analysen sind die amtlichen Statistiken, insbesondere der Mikrozensus und die Kinder- und Jugendhilfestatistik.[1]

Betont werden muss darüber hinaus, dass die Soziale Arbeit ein Feld ist, in dem seit jeher unterschiedliche Beschäftigungs- und Engagementformen ihren Platz fanden, in dem Beschäftigung, Ehrenamtliches Engagement und Honorartätigkeiten nebeneinander ihren Platz fanden und finden. Entsprechend ist die Analyse der sozialen Berufe nur eine Seite der Beschäftigung.

1. Expansion der Beschäftigung in den sozialen Berufen und in der Kinder- und Jugendhilfe

Grundsätzlich lässt sich auch für die 2000er-Jahre bilanzieren, dass die Sozial- und Erziehungsberufe und insbesondere die sozialen Berufe insgesamt ein anhaltendes Personalwachstum erfahren haben. Vergleicht man die Entwicklung mit der generellen Entwicklung der Erwerbstätigkeit und der Entwicklung der Dienstleistungsberufe, so wird zeigt sich die Dynamik des Feldes (vgl. Tab.1).

Tab. 1: Entwicklung der Erwerbstätigkeit in Deutschland nach Berufen (2000–2010)

	Erwerbstätige insgesamt	Dienstleistungsberufe	Sozial- und Erziehungsberufe[1]	Soziale Berufe
2000	36,6 Mio.	23,3 Mio.	2,7 Mio.	1,2 Mio.
2005	36,6 Mio.	24,3 Mio.	3,1 Mio.	1,4 Mio.
2010	38,9 Mio.	26,5 Mio.	3,7 Mio.	1,8 Mio.
Saldo 2000–10	+2,2 Mio. (+6%)	+3,2 Mio. (+13%)	+1,0 Mio. (+37%)	+0,6 Mio. (+50%)

1 inklusive anderweitig nicht genannte natur- und geisteswissenschaftliche Berufe
Ab 2005 Jahresdurchschnitte

Quelle: Statistisches Bundesamt, Mikrozensus, Fachserie 1, Reihe 4.12., verschiedene Jahrgänge, eigene Berechnungen Daten gerundet.

---

1 Für die Daten zur Beschäftigung wurde intensiv auf die Arbeiten der Arbeitsstelle für Kinder- und Jugendhilfestatistik an der TU Dortmund zurückgegriffen.

In den ersten zehn Jahren des Jahrhunderts sind sowohl die Erwerbstätigkeit insgesamt (um 6%) als auch die Erwerbstätigkeit in den Dienstleistungsberufen (+13%) gestiegen. Die Wachstumsraten der Sozial- und Erziehungsberufe (+37%) und insbesondere der sozialen Berufe (+50%) übertreffen diese Anteilswerte jedoch deutlich. Die besondere Expansionsdynamik wird damit noch einmal unterstrichen.

Betrachtet man nun genauer die Entwicklung der größten Berufsgruppen im Feld der sozialen Berufe, so finden sich sowohl für die Erzieherinnen und Erzieher als auch für die Sozialpädagoginnen und Sozialarbeiterinnen ein anhaltendes Wachstum (vgl. Abb.1). So ist in einem Jahrzehnt die Zahl der erwerbstätigen Erzieherinnen und Erzieher um fast 130.000 Erwerbstätige und die Zahl der erwerbstätigen Sozialarbeiterinnen und Sozialarbeiter um knapp 90.000 angestiegen.

Abb. 1: Entwicklung der Erwerbstätigkeit innerhalb der sozialen Berufe (2000–2010)

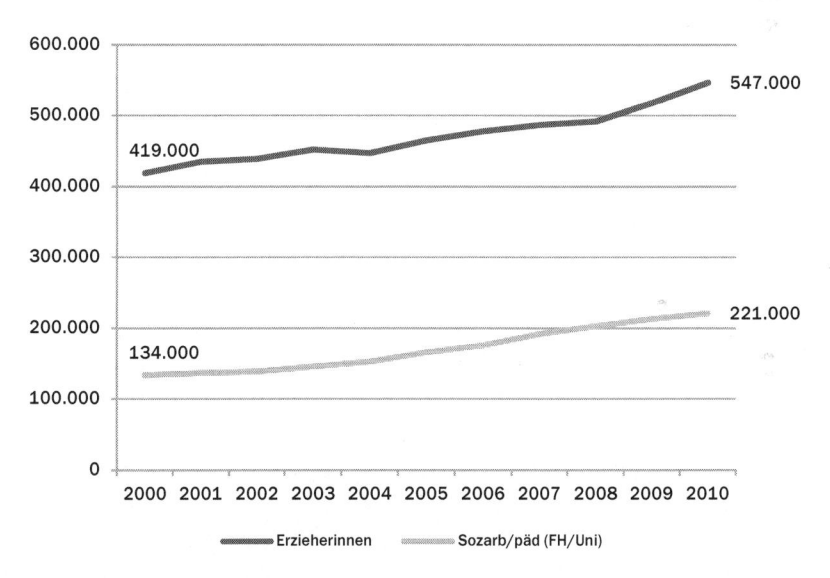

Quelle: Statistisches Bundesamt, Mikrozensus, Fachserie 1, Reihe 4.12., verschiedene Jahrgänge.

Mit den Daten der Kinder- und Jugendhilfestatistik lässt sich der Blick exemplarisch auf die Beschäftigten der Kinder- und Jugendhilfe fokussieren. Auch hier zeigt sich das anhaltende Wachstum fachlich einschlägig tätiger Personen (vgl. Tab. 2).

Tab. 2: Entwicklung der Beschäftigten der Kinder- und Jugendhilfe (1998–2010)

	Kinder- und Jugendhilfe (KJH) (Fachpersonal)[1]	Davon:	
		Kita	Andere Felder der KJH
1998	510.000	334.000	176.000
2002	520.500	347.500	173.000
2006/07[2]	535.500	366.000	169.000
2010/11[2]	638.500	443500	195.000

1 ohne Personal mit hauswirtschaftlichen und technischen Aufgaben.
2 Seit der Erfassung 2002 werden Einrichtungen und tätige Personen für das Arbeitsfeld Kindertagesbetreuung und die anderen Arbeitsfelder nicht mehr gemeinsam erhoben.
Quelle: Fuchs-Rechlin/Rauschenbach 2012, 2; Daten gerundet.

Innerhalb von zwölf Jahren wuchs das pädagogische Fachpersonal insgesamt um fast 130.000 Personen. Allerdings verbirgt sich hinter den Zahlen eine anhaltende Expansion der Beschäftigten in den Kindertageseinrichtungen, währen die Beschäftigtenzahl in den anderen Feldern der Kinder- und Jugendhilfe zunächst leicht sank und erst in den letzten vier Jahren wieder deutlich angestiegen ist.

Parallel dazu – und dies wird an dieser Stelle nur nachrichtlich erwähnt – lässt sich in der Arbeitslosenstatistik der Bundesagentur ein deutlicher Rückgang der Arbeitslosenzahlen bei den sozialen Berufen verzeichnen. Allein zwischen 2005 (dem ersten Referenzzeitpunkt der Arbeitslosenstatistik nach der Umstellung auf die Gesetze zur Förderung des Arbeitsmarktes) und 2011 sank die Zahl arbeitsloser „Kindergärtnerinnen" (wie es in der alten Klassifikation der Bundesagentur für Arbeit hieß) um 32.000 Personen, die Zahl der arbeitslosen Sozialarbeiterinnen und Sozialpädagoginnen um etwas mehr als 12.000. Das Personalwachstum in den sozialen Berufen hat auch zum Abschmelzen der Arbeitslosenzahlen geführt.

Arbeitsmarktprognosen von IAB und Prognos AG sehen kurz-, mittel- und langfristig Bedarfe bei den Gesundheits- und Sozialberufen – betonten langfristig allerdings vor allem den Pflegebereich. „Sehr gute Beschäftigungsperspektiven zeichnen sich (bis 2025, I.Z.) auch im Gesundheits- und Sozialwesen ab, insbesondere wegen der Alterung der Gesellschaft" (Fuchs/Zika 2010). Die Prognose der AKJStat für die Kinder- und Jugendhilfe schätzt bis 2025 einen *Personalbedarf* von 270.000 Personen in der Kindertagesbetreuung (inkl. Ganztagsschulen) und von etwa 63.000 Personen für die anderen Bereichen der Jugendhilfe. Dieser Bedarf wird allerdings regional unterschiedlich verteilt sein (Schilling 2011).

Als Zwischenfazit kann die These der anhaltenden Expansion der sozialen Berufe und der Beschäftigung in der Kinder- und Jugendhilfe zunächst einmal bestätigt werden. Die Personenzahl, die in entsprechenden Berufen ihr Geld verdient, ist auch im ersten Jahrzehnt weiter gestiegen, wenn es teilweise auch kleine „Wachstumsdellen" gab. Zu prüfen ist nun, inwieweit mit dieser Expansion auch Prekarisierungstendenzen verbunden sind.

2. Prekarisierungstendenzen in der Beschäftigung

Der Frage nach Prekarisierungstendenzen speziell für die sozialen Berufe und die Kinder- und Jugendhilfe ist mit den Daten der amtlichen Statistik nur begrenzt nachzugehen. Mit Bezug zu den Kriterien des Normalarbeitsverhältnisses soll im Folgenden einzelnen Spuren gefolgt werden: erstens mit Blick auf die Teilzeittätigkeit, zweitens mit Blick auf die Befristung von Beschäftigungsverhältnissen. Schließlich wird ergänzend der Frage einer Entfachlichung – im Sinne einer geringeren Qualifikation in den sozialen Berufen – nachgegangen.

2.1 Teilzeittätigkeit

Frauenberufe sind seit jeher durch ein hohes Maß an Teilzeittätigkeit gekennzeichnet. In der Statistik der sozialversicherungspflichtig Beschäftigten lässt sich der Anteil der Teilzeittätigen (also der unterhalb der im jeweiligen Tarifvertrag geltenden Wochenarbeitszeit Beschäftigten) nach Berufen erheben. Für die folgende Darstellung wurden Berufe ausgewählt, die einen Frauenanteil von über 70% haben (ohne Beamte, ohne Selbstständige).

Sichtbar wird im Ergebnis, dass selbst unter den „Frauenberufen" die sozialen Berufe besonders hohen Anteil an Teilzeittätigen aufweisen (vgl. Abb. 2).

Mit 41.6% nehmen die sozialen Berufe eine Spitzenstellung bei der Teilzeitarbeit über 18 Stunden – also ab dem „Halbtagsjob" – ein. Dies ist möglicherweise dahin zu interpretieren, dass neben dem Wunsch- und Wahlverhalten von Beschäftigten das Feld im Verhältnis strukturell weniger Vollzeitstellen bereithält. Sozialversicherungspflichtige Beschäftigungen unterhalb von 18 Stunden sind mit einem Anteil von 5% wie in anderen Berufen eher noch die Ausnahme, hier wird zu beobachten bleiben, ob sich dieser Anteil in den nächsten Jahren vergrößert.

Abb. 2: Anteil Teilzeittätige in ausgewählten Berufsgruppen mit hohem Frauenanteil (2009, in %)

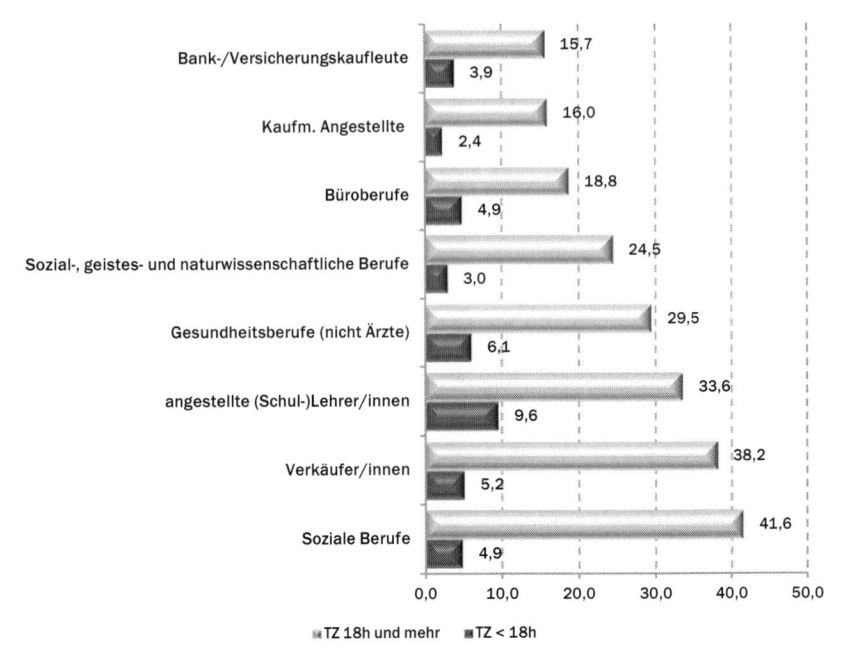

Berufsgruppe	TZ < 18h	TZ 18h und mehr
Bank-/Versicherungskaufleute	3,9	15,7
Kaufm. Angestellte	2,4	16,0
Büroberufe	4,9	18,8
Sozial-, geistes- und naturwissenschaftliche Berufe	3,0	24,5
Gesundheitsberufe (nicht Ärzte)	6,1	29,5
angestellte (Schul-)Lehrer/innen	9,6	33,6
Verkäufer/innen	5,2	38,2
Soziale Berufe	4,9	41,6

TZ= Teilzeit
Quelle: Statistik der sozialversicherungspflichtig Beschäftigten der Bundesagentur für Arbeit.

2.2. Befristung von Beschäftigungsverhältnissen

Die amtliche Statistik liefert kaum öffentlich zugängliche Daten über die Befristung von Beschäftigungsverhältnissen nach Berufsgruppen. Fuchs-Rechlin (2011) hat bei ihrer Analyse der Primärdaten des Mikrozensus auch die Befristungsquoten von Berufsgruppen mit hohem Frauenanteil ermittelt (vgl. Abb. 3).

Auch hier wird eine Sonderstellung der sozialen Berufe deutlich. Es zeigt sich, dass diese, obwohl sie in großen Teilen im öffentlichen Dienst organisiert bzw. zumindest hauptsächlich öffentlich finanziert, eine höhere Befristungsquote haben als andere Berufe.

Abb. 3: Befristungsquote in Berufsgruppen mit hohem Frauenanteil (Mikrozensus 2008, in %)

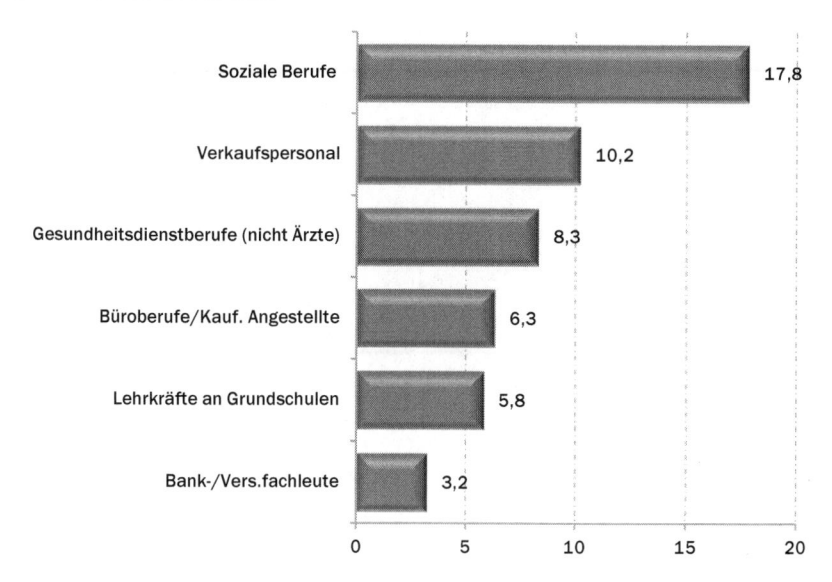

Berufsgruppe	%
Soziale Berufe	17,8
Verkaufspersonal	10,2
Gesundheitsdienstberufe (nicht Ärzte)	8,3
Büroberufe/Kauf. Angestellte	6,3
Lehrkräfte an Grundschulen	5,8
Bank-/Vers.fachleute	3,2

Quelle: Fuchs-Rechlin 2011, S. 54.

2.3. Fachlichkeit

Auch wenn Fachlichkeit bzw. Entfachlichung in den sozialen Berufen und der Kinder- und Jugendhilfe inhaltlich nicht allein an der Höhe der Qualifikation festgemacht werden kann, ist dies doch einer der wenigen möglichen Indikatoren, mit dem aus der amtlichen Statistik Arbeitsmarkttendenzen ermittelt werden können. Ausgehend davon, dass Fachlichkeit auch stark mit Ausbildung zusammenhängt und in den sozialen Berufen eine Fachschulausbildung bzw. ein Studium Ausdruck fachlich einschlägiger Qualifikation ist, kann mit dieser Brille abschließend noch ein Blick auf die Beschäftigten in den sozialen Berufen und der Kinder- und Jugendhilfe geworfen werden.

Betrachtet man zunächst die Anteile der Erwerbstätigen in den sozialen Berufen nach Qualifikationsniveau für die letzten Jahre, so wird die starke Bedeutung der beruflichen Ausbildungen in dem Feld deutlich: Etwa zwei Drittel der Erwerbstätigen in sozialen Berufen haben eine Ausbildung abgeschlossen (vgl. Abb. 4).

Abb. 4: Entwicklung des Qualifikationsniveaus in den sozialen Berufen
(2000–2011, Angaben in %)

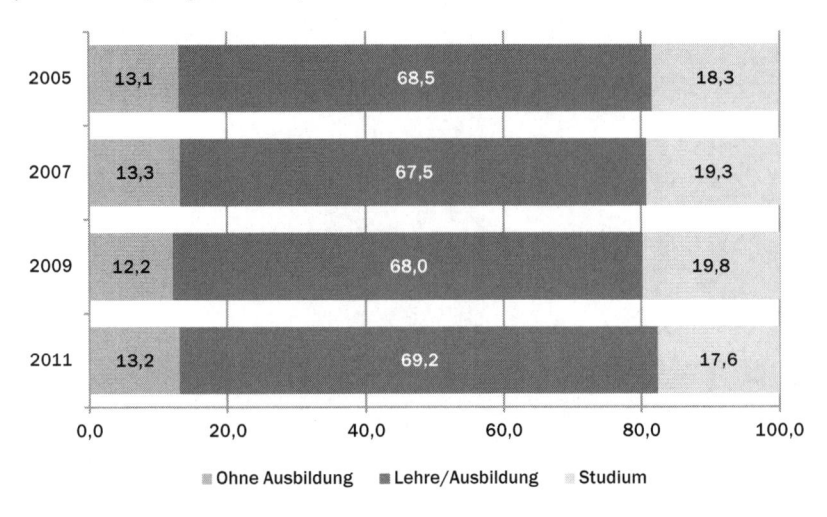

Jahr	Ohne Ausbildung	Lehre/Ausbildung	Studium
2005	13,1	68,5	18,3
2007	13,3	67,5	19,3
2009	12,2	68,0	19,8
2011	13,2	69,2	17,6

Quelle: Statistisches Bundesamt, Fachserie 1, Reihe 4.1.2, eigene Berechnungen.

Etwa 13% der Erwerbstätigen besaßen 2011 keinen Ausbildungsabschluss und knapp 18% der Erwerbstätigen waren Akademikerinnen und Akademiker. Mit Blick auf die Entwicklung der Qualifikationsniveaus erweist sich das Feld in den letzten Jahren als relativ konstant. Bedenkt man, dass der Zuwachs vor allem im Bereich der Kindertageseinrichtung – der klassischerweise eher einen geringen Anteil von Akademikerbeschäftigung aufweist – zu verzeichnen ist, so ist der Rückgang beim Anteil der Akademikerinnen und Akademiker eher als gering zu bezeichnen. Die Frage der Akademisierung lässt sich für die Kinder- und Jugendhilfe sogar mit Blick auf die einschlägigen fachlichen Ausbildungen/Qualifikationsprofile nachzeichnen. Im Feld der Kindertagesbetreuung beträgt der Anteil fachlich einschlägig Ausgebildeter fast 90%, ein fachlich einschlägiges Studium haben bei in den letzten Jahren leicht steigender Tendenz allerdings nur etwa 4% abgeschlossen.

Der Anteil des beruflich einschlägig qualifizierten Personals in den anderen Feldern der Kinder- und Jugendhilfe beläuft sich auf etwa 70% – hier ist allerdings bei Feldern wie der Jugendberufshilfe und auch Verwaltungsaufgaben die fachliche Einschlägigkeit durchaus offener zu fassen[2] – und

---

[2] So kann ein Handwerksmeister für den Bereich der Jugendberufshilfe durchaus als fachlich einschlägig ausgebildet und beschäftigt gelten, wenn er über diese Qualifika-

der Anteil des akademisch einschlägig qualifizierten Personals hat sich auf etwa 40% erhöht. Bilanzierend lässt sich aus den Daten (noch) keine Tendenz zur Dequalifizierung bzw. Entfachlichung ablesen, insgesamt haben die fachlichen Qualifikationen in den letzten 12 Jahren eher dazugewonnen.

Tab. 3: Entwicklung des Anteils der fachlich einschlägig Qualifizierten unter den Beschäftigten der Kinder- und Jugendhilfe nach Berufsabschluss (1998–2006/2010, Angaben in %)

	KiTa (1.3.2010)			Andere Arbeitsfelder der KJH (31.12.2010)		
	1998	2006	2010	1998	2006	2010
Akademisches Fachpersonal	2,4	3,2	3,7	29,5	40,4	38,8
Fachlich einschlägig qualifiziertes Personal insgesamt	85,7	89,5	89,9	66,9	70,6	68,9

1 ohne Personal mit hauswirtschaftlichen und technischen Aufgaben, Akademisches Fachpersonal = Dipl. Soz arb/päd + Dipl. Päd. + Dipl. Heilpäd. und vergleichbare Abschlüsse
Quelle: Statistisches Bundesamt, Kinder- und Jugendhilfestatistik, eigene Berechnungen.

3. Fazit

Die Erwerbstätigkeit in den sozialen Berufen ist auch in den letzten Jahren insgesamt weiter gewachsen. Allerdings ist dabei in der Binnendifferenzierung bei der Kindertagesbetreuung ein Zuwachs, in anderen Bereichen der Kinder- und Jugendhilfe aber sowohl Abbau als auch Wachstum festzustellen. Bei gleichzeitiger Entspannung der Arbeitslosigkeit sehen auch Arbeitsmarktprognosen insgesamt für die kommenden Jahre einen anhaltenden Personalbedarf für die sozialen Berufe und die Kinder- und Jugendhilfe (Schilling 2011).

Allerdings erfolgt die Beschäftigung in den sozialen Berufen im Vergleich zu anderen Berufsgruppen besonders oft in Teilzeitarbeit und besonders häufig auch befristet – und dies auch im Vergleich zu typischen „Frauenberufen". Mit Blick auf die Beschäftigungsverhältnisse scheinen die sozialen Berufe damit – obwohl (oder gerade weil) öffentlich finanziert – „Vorreiter" eines Arbeitsmarkttrends zu mehr Befristung und Teilzeittätig-

---

tion im berufsvorbereitenden oder berufsqualifizierenden Teil der Jugendberufshilfe zentrale Aufgaben übernimmt.

keit zu sein. Möglicherweise ist eine gewisse „Prekarität" der Preis des Wachstums (Fuchs-Rechlin 2011).

In diesem Prozess lassen sich allerdings derzeit noch keine Tendenzen zur Entfachlichung/Dequalifizierung festzustellen, tendenziell nimmt die fachliche Qualifikation in der Berufstätigkeit gerade in der Kinder- und Jugendhilfe eher noch zu. Damit wäre zu konstatieren, dass das Wachstum Beschäftigung derzeit gut möglich macht. Wenn aber die Beschäftigungsverhältnisse in den sozialen Berufen in einer Situation des anhaltenden Personalbedarfs in der Tendenz vermehrt unsichere und prekäre Formen annehmen, könnten diese ihre Konsequenzen dann dramatisch zeigen, wenn es mittel- oder langfristig zu einem Abflauen der Nachfrage an pädagogischen Arbeitskräften kommt.

Literatur

Fuchs, J./Zika, G. (2010): Arbeitsmarktbilanz bis 2025. Demografie gibt die Richtung vor. IAB Kurzberichte, 12, 1-8.
Fuchs-Rechlin, K. (2011): Wachstum mit Nebenwirkung, oder: Nebenwirkung Wachstum? In Th. Rauschenbach/M. Schilling, Kinder und Jugendhilfereport 3. Bilanz der empirischen Wende (S. 45-66). Weinheim: Juventa.
Fuchs-Rechlin, K./Rauschenbach, Th. (2012): Kinder- und Jugendhilfe. Ein Wachstumsmotor des Arbeitsmarktes, KomDat 1, 1-4.
Mückenberger, U. (1985): Die Krise des Normalarbeitsverhältnisses. Hat das Arbeitsrecht noch Zukunft?, Zeitschrift für Sozialreform 7, 415-475.
Sachße, C. (2004): Mütterlichkeit als Beruf. Sozialarbeit, Sozialreform und Frauenbewegung 1871 bis 1929. Kasseler Studien zur Sozialpolitik und Sozialpädagogik. überarbeitet Auflage. Weinheim: Beltz.
Schilling, M. (2011): Die Zukunftsbranche Kinder- und Jugendhilfe – Personalbedarfe bis 2025 belaufen sich auf 333.000 Fachkräfte, KomDaT 1 & 2, 1-6.
Rauschenbach, Th./Schilling, M. (1997): Das Ende der Fachlichkeit? Soziale Berufe und die Personalstruktur der Kinder- und Jugendhilfe im vereinten Deutschland, Neue Praxis 27 (1), 22-54.
Züchner, I./Schilling, M. (2010): Nach dem sozialpädagogischen Jahrhundert. Analysen zur Arbeitsmarktentwicklung in den sozialen Berufen. Neue Praxis, 40 (1), 55-69.

Johannes König

Kompetenz und Profession von Lehrerinnen und Lehrern

1. Einleitung

Wenn wir an Lehrerinnen und Lehrer in Schule und Unterricht denken und vor allem daran, wie diese für ihren Beruf qualifiziert werden, so finden wir laut Terhart (2001) in der Erziehungswissenschaft eine traditionsreiche Diskussion, die in Hinblick auf drei zentrale Fragen geführt wird, nämlich nach

- den zentralen beruflichen Aufgaben von Lehrpersonen,
- den spezifischen Voraussetzungen der Lehrkräfte, die diese für die erfolgreiche Bewältigung der Aufgaben benötigen, und
- dem Beitrag der Lehrerbildung, angehende und berufstätige Lehrkräfte hinsichtlich dieser Voraussetzungen adäquat auszubilden.

In den vergangenen Jahren wird diese Diskussion unter neuen Vorzeichen geführt – zwei grundsätzliche Entwicklungslinien sind dabei besonders relevant:

Erstens ist mit den Ergebnissen der großen internationalen Vergleichsstudien PISA, TIMSS, IGLU für den Bereich der Schulleistung in den vergangenen zehn Jahren mehrfach nach Erklärungen und möglichen Maßnahmen gesucht worden, welche ergriffen werden können, um Leistungsverbesserungen deutscher Schülerinnen und Schüler zu erreichen. Mit berufstätigen Lehrerinnen und Lehrern in Schule und Unterricht sowie ihrer Ausbildung wird ein wichtiger Begründungszusammenhang angesprochen (vgl. König 2010): So zeigen etwa Meta-Analysen, dass Leistungsunterschiede von Schülerinnen und Schülern durch das Wissen, das Handeln sowie die Einstellungen ihrer Lehrkräfte immerhin zu 30 Prozent erklärt werden können (Hattie 2003).

Zweitens tragen, wie nachfolgend erläutert wird, globale Entwicklungen wie eine zunehmende *Output*-Steuerung in Bildungssystemen, Maßnahmen der Qualitätssicherung sowie der Internationalisierung der tertiären Bildung in beträchtlichem Maße dazu bei, die derzeitige Lehrerbildung auf den Prüfstand zu stellen (vgl. König/Blömeke im Druck).

Ein sichtbares Zeichen vor allem der zweiten Entwicklungslinie sind die von der Kultusministerkonferenz (KMK 2004) veröffentlichten Standards für die Lehrerbildung. Bundesländer und Universitäten haben hiermit ein neues Steuerungsinstrument erhalten, das gerade in der Reformdiskussion zur Lehrerbildung die Zuversicht erweckt hat, eine Orientierungshilfe für die Entwicklung angemessener Ausbildungsprogramme sowie deren Evaluation abzugeben. Folglich kann eine zunehmende Orientierung an Standards und Kompetenzen im Bereich der Lehrerausbildung beobachtet werden (vgl. König 2010). Zu den langfristigen und globalen Zielsetzungen dieses grundlegenden Wandels zählt die Entwicklung und Sicherung einer qualitätsvollen Lehrerbildung, die – Sorge und Verantwortung tragend für ein beruflich qualifiziertes und kompetentes Lehrpersonal – einen substanziellen Beitrag zur Steigerung der Qualität in Schule und Unterricht leisten und somit mittelbar auch Schülerinnen und Schülern zu Gute kommen soll.

Doch in mehrfacher Hinsicht rücken damit offene Fragen in den Vordergrund, deren Klärung die erziehungswissenschaftliche Forschung zur Lehrerbildung, zum Lehrerberuf und zur Professionalität von Lehrkräften in jüngerer Zeit vor große Herausforderungen stellt. Umstritten ist etwa die Frage, ob derartige Standardsetzungen und ihre Folgen, wie z.B. eine empirische Prüfung erreichter bzw. nicht erreichter Standards mittels Kompetenzmessungen, überhaupt sinnvoll sind. So wird aus bildungstheoretischer Perspektive gefragt, wie die in der Ausbildung zu erfassenden Kompetenzen angemessen modelliert und beschrieben werden können, ohne ihren komplexen multidimensionalen Charakter zu vereinfachen und damit möglicherweise den reflexiven Komponenten des Lehrerhandelns nicht mehr gerecht zu werden (Reh 2005). Demgegenüber steht das Argument, dass erst Standards und die Überprüfung ihrer Erreichung eine Analyse der Lehrerausbildung als *System* erlauben (Terhart 2002). Und aus der Perspektive der professionellen Praxis stellen Standards ein wichtiges Signal dar, kann mit ihnen doch demonstriert werden, was einen „Professionellen" gegenüber einem „Nicht-Professionellen" auszeichnet (Oser 2001). Vertreter dieser Auffassung sehen in der Arbeit mit Lehrerbildungsstandards ein erhebliches Potenzial zur Professionalisierung des Lehrerberufs. Argumentiert wird etwa, dass mit der Standardsetzung und der Erhöhung von Ansprüchen, die sich mit den Standards verbinden, auch eine Qualitätssteigerung des Lehrerhandelns einhergeht (Newby 2007).

Aus empirischer Sicht bestehen weitere Herausforderungen (König 2010). Wenn die Qualität der Arbeit von Lehrkräften und Professionalisierung von Lehrkräften im Kontext kontinuierlicher Qualitätsentwicklung verbessert und Reformen der Lehrerausbildung im Zuge internationaler

Entwicklungen angestrebt werden, braucht man in gesteigertem Maße Informationen darüber, inwieweit getroffene Entscheidungen (z.B. zur Veränderung der Struktur und Organisation von Ausbildungs- oder Fortbildungskomponenten) sinnvoll sind oder modifiziert werden können bzw. sollen. Gefragt sind also geeignete Modellierungs- und Messverfahren, um die gesetzten Ziele empirisch überprüfen zu können und somit differenziert Einblick in Lern- und Ausbildungsprozesse sowie Wirkungsweisen von Ausbildungsprogrammen und ihren Charakteristika zu erhalten. Das Ausbleiben entsprechender Wirksamkeitsforschung zur Lehrerbildung wurde lange beklagt. In den vergangenen Jahren ist hierzu ein erheblicher Wandel festzustellen, der sich zunehmend in umfangreichen Forschungen manifestiert. Bei den Untersuchungen, die diesem Feld zuzuordnen sind, ist der kompetenzorientierte Ansatz zur Erforschung von angehenden wie berufstätigen Lehrkräften stark verbreitet. Er soll im Folgenden betrachtet (Abschnitt 2) und am Beispiel der Messung pädagogischen Wissens vertieft werden (Abschnitt 3). In einem weiteren Schritt (Abschnitt 4) wird der kompetenzorientierte Zugang vor dem Hintergrund professionstheoretischer Ansätze reflektiert, mündend in der Nennung von Desiderata (Abschnitt 5).

2. Professionelle Kompetenzen von Lehrkräften

Die empirische Untersuchung von Lehrerkompetenzen in Hinblick auf ihre Bedeutung für Schule und Unterricht ist noch ein junges Forschungsfeld. So konstatieren zum Beispiel im Jahr 2006 Baumert und Kunter (2006, S. 469), dass es „einen erheblichen Mangel an empirischer Evidenz hinsichtlich der Bedeutung professioneller Kompetenz [von Lehrkräften, JK] für die Qualität von Unterricht sowie den Lernfortschritt und die Persönlichkeitsentwicklung von Schülerinnen und Schülern" gebe. Ein Grund hierfür sei darin zu sehen, dass überhaupt die Konzeptualisierung und darauf aufbauende Operationalisierung wie auch Messung von Lehrerkompetenzen in der Forschung – im Gegensatz zur Forschung auf Schülerebene – kaum berücksichtigt worden sei. In den vergangenen Jahren sind nun in zunehmendem Maße empirische Untersuchungen ins Leben gerufen worden, die sich dieser Herausforderungen annehmen und welche in der Regel die Gemeinsamkeit haben, sich auf ein allgemeines Modell professioneller Kompetenz von zukünftigen wie berufstätigen Lehrkräften zu beziehen. Das Modell ist insbesondere in den Studien *Professionswissen von Lehrkräften, kognitiv aktivierender Mathematikunterricht und die Entwicklung von mathematischer Kompetenz* (COACTIV; Baumert/Kunter 2006; Kunter et al. 2011) und *Teacher Education and Development: Learning to Teach Mathematics*

(TEDS-M; Blömeke/Kaiser/Lehmann 2010a, b) ausformuliert worden und Anschlussstudien wie COACTIV-Referendariat (COACTIV-R; Kunter et al. 2011), *Teacher Education and Development: Learning to Teach* (TEDS-LT; Blömeke et al. 2011) sowie *Längsschnittliche Erhebung von pädagogischen Kompetenzen von Lehramtsstudierenden* (LEK; König/Seifert 2012) zugrunde gelegt worden. Die darin enthaltenen Überlegungen beruhen auf (vgl. detailliert König 2010)

- der Berücksichtigung von Erkenntnissen der Forschung zur Lehrerexpertise,
- bestimmten Annahmen zum Wissen und Können von Lehrkräften,
- der Verwendung des Kompetenzbegriffs, wie er aktuell in der empirischen Bildungsforschung anzutreffen ist

und münden in ein übergreifendes Modell professioneller Kompetenz von Lehrkräften (Abbildung 1).

Abb. 1: Allgemeines Modell professioneller Kompetenz von Lehrkräften

```
                    Professionelle
                    Lehrerkompetenz
                   /               \
        Kognitive                    Motivational-affektive
        Komponente                   Komponente
       /    |    \                   /           \
  Fachwissen  Fach-    Pädago-   Über-      Motivation,
              didaktisches gisches  zeugungen  Persönlich-
              Wissen    Wissen    (beliefs)  keitsmerkmale
```

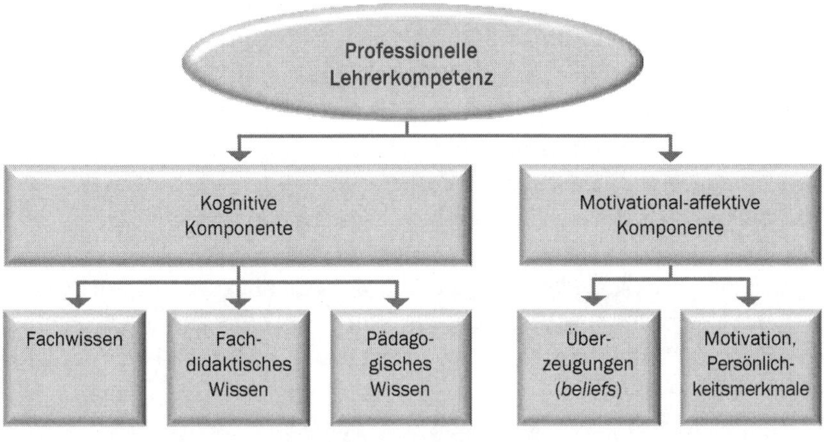

Quelle: nach Baumert/Kunter 2006; Blömeke et al. 2010a, b.

Auf der einen Seite finden sich Bereiche des professionellen Wissens von angehenden bzw. berufstätigen Lehrkräften (Shulman 1986; Bromme 1992), ihnen gegenüber stehen motivational-affektive Charakteristika (Richardson 1996). Das Professionswissen wird anhand von Inhaltsgebieten in Fachwissen, fachdidaktisches Wissen und pädagogisches Wissen gegliedert. Als Facetten werden zumindest deklaratives („Wissen, dass ...") und prozedurales Wissen („Wissen, wie ...") unterschieden. Motivational-affektive Bereiche werden zumindest grob unterteilt in Überzeugungen bzw. Einstellungen (*beliefs*) und motivationale, selbstregulative Persönlichkeitsmerkmale (etwa Berufswahlmotive oder Selbstwirksamkeit). Die in den Modellen professioneller Kompetenz enthaltenen Facetten werden im Sinne des Kompetenzbegriffs als Voraussetzungen der Lehrkräfte verstanden, um zentrale berufliche Anforderungen erfolgreich bewältigen zu können.

Kompetenzmessungen, die sich auf dieses Modell als konzeptionellen Bezugsrahmen berufen, verfolgen, je nach Anliegen der entsprechenden Untersuchung, unterschiedliche Zielsetzungen:

- Werden die gemessenen Kompetenzen als *erklärende Variable* (unabhängige Variable) betrachtet, stellen sie Erklärungsfaktoren für zum Beispiel Prozessmerkmale von Unterricht dar. Im Mittelpunkt steht dann die Frage nach der Auswirkung professioneller Kompetenz auf die Gestaltung von Unterricht. Dies kann sich auf das Wissen von Lehrkräften als Voraussetzung für Qualitätsmerkmale von Unterricht beziehen (Kunter et al. 2011), die ihrerseits einen Einfluss auf z.B. die Steigerung von Fachleistungen der Schülerinnen und Schüler zeitigen. Entsprechende Studien haben u.a. das Ziel, dem eingangs genannten „Mangel an empirischer Evidenz" (Baumert/Kunter 2006, S. 469) zum Einfluss professioneller Lehrkompetenz zu begegnen und die hauptsächlich normativ geführte Diskussion um Lehrerkompetenzen auf eine empirische Basis zu stellen.
- Als *Kriteriumsvariable* (abhängige Variable) werden Kompetenzen dagegen z.B. in Studien zur Wirksamkeit der Lehrerausbildung betrachtet, als Ergebnis der bis dahin erfolgten Lehr-Lern-Prozesse. In diesem Fall zielen Studien etwa darauf, im internationalen Vergleich darüber zu bilanzieren, wie umfangreich die kognitiven Elemente zukünftiger Lehrkräfte im letzten Jahr ihrer Ausbildung ausgeprägt sind, bevor sie zertifiziert sind, als Lehrperson unterrichten zu dürfen (Blömeke et al. 2010a, b). Oder sie modellieren und analysieren beispielsweise den Einfluss von Merkmalen der Lerngelegenheiten angehender Lehrkräfte unter Kontrolle ihrer Eingangsmerkmale auf den Erwerb ihres Wissens während der Ausbildung (z.B. König/Tachtsoglou/Seifert, 2012) und arbeiten damit stärker den Prozesscharakter der Lehrerausbildung heraus.

Abbildung 2 illustriert schematisch diese zweiseitige Betrachtung von Kompetenzen als abhängige und unabhängige Variable. Für genauere modellhafte Darstellungen der Lehrerkompetenz als unabhängige Variable sei beispielhaft auf Kunter et al. (2011), auf eine modellhafte Darstellung der Lehrerkompetenz als abhängige Variable auf das Mehrebenenmodell zur Untersuchung von Wirksamkeit der Lehrerbildung von Blömeke et al.

(2010a, b) bzw. dessen Anwendung zum Beispiel in der LEK-Studie (König/ Seifert 2012) verwiesen.

Abb. 2: Schematische Darstellung professioneller Kompetenz von Lehrkräften als abhängige und unabhängige Variable

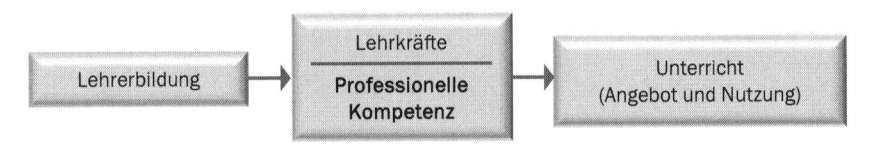

Lehrerbildung → Lehrkräfte Professionelle Kompetenz → Unterricht (Angebot und Nutzung)

3. Professionelle Kompetenz als Kriterium

Um exemplarisch darzulegen, warum die Messung professioneller Kompetenz von angehenden Lehrkräften als Kriterium für die Beurteilung der im Rahmen der Lehrerausbildung erfolgten Lehr-Lern-Prozesse wichtig sein kann, sollen aktuelle Analysen zur Erfassung und zum Erwerb von pädagogischem Wissen im Rahmen der Lehrerausbildung angesprochen werden, die mithilfe von Daten der beiden Studien TEDS-M (Blömeke et al. 2010a, b) sowie LEK (König/Seifert 2012) durchgeführt wurden.

In TEDS-M wurden im Jahr 2008 in 17 Ländern weltweit das fachliche und das fachdidaktische Wissen sowie – ergänzend in den drei Teilnehmerländern Deutschland, USA und Taiwan (König/Blömeke/Paine/Schmidt/ Hsieh 2011) – das pädagogische Wissen angehender Mathematiklehrkräfte für die Primarstufe und die Sekundarstufe I am Ende ihrer Ausbildung getestet. TEDS-M stellt bislang die größte international angelegte und mit repräsentativen Länderstichproben arbeitende Studie zur Lehrerausbildung dar. Ähnlich wie die großen Schulleistungsstudien (z.B. PISA) liefert TEDS-M präzise Informationen zu Ergebnissen der Lehrerausbildung eines Landes, versehen mit Referenzwerten aus dem internationalen Vergleich. Allerdings stellt TEDS-M, wie die großen Schulleistungsstudien meist auch, nur eine Momentaufnahme dar, da TEDS-M auf Querschnittstichproben angehender Lehrkräfte am Ende ihrer Ausbildung beruht. Um abschätzen zu können, ob das in TEDS-M getestete Wissen der angehenden Lehrkräfte tatsächlich in der Ausbildung erworben wurde, ist es nötig, auch weitere Testungen von angehenden Lehrkräften, z.B. zu Beginn ihrer Ausbildung, in Betracht zu ziehen.

Diese Zielsetzung verfolgt die Studie LEK. Im Jahr 2008, in dem die Testung in TEDS-M stattfand, wurden im Rahmen der LEK-Studie Studierende, die zum Wintersemester ein Lehramtsstudium an den Universitäten

Erfurt, Köln, Paderborn und Passau aufnahmen, zu ihrem pädagogischen Wissen getestet. Diese Gruppe von Lehramtsstudierenden wurde am Ende ihres vierten Semesters erneut aufgesucht und wiederholt getestet. Da zu beiden Messzeitpunkten der LEK-Studie das TEDS-M-Testinstrument zur Erfassung pädagogischen Wissens *unverändert* zum Einsatz kam, liegen somit Vergleichswerte zur TEDS-M-Testung im Bereich pädagogischen Wissens vor, die einen ersten Einblick in den Erwerb dieses Wissens im Rahmen der Lehrerausbildung geben können.

Mit dem TEDS-M-Test wird pädagogisches Wissen unter Bezugnahme auf das Unterrichten als Kernaufgabe von Lehrpersonen sowie mit Bezug auf Erkenntnisse der Unterrichtsforschung und Allgemeinen Didaktik definiert und strukturiert (König/Blömeke 2009; König et al. 2011). Inhaltlich berücksichtigt der Test die Anforderungen *Strukturierung von Unterricht, Umgang mit Heterogenität, Klassenführung, Motivierung* und *Leistungsbeurteilung*. Ferner werden bei der Bearbeitung der Testaufgaben unterschiedliche Qualitäten kognitiver Anforderungen an die angehenden Lehrkräfte gestellt: *Wissen abrufen/ erinnern, verstehen/ analysieren, Handlungsoptionen generieren/ kreieren*. Die Konzeption des Instruments wurde verschiedenen Dokumenten, darunter staatlichen Vorgaben (KMK 2004), zum erziehungswissenschaftlichen Curriculum der hiesigen Lehrerbildung gegenübergestellt – mit dem Ergebnis, dass die im Testinstrument berücksichtigten Anforderungen in den curricularen Richtlinien hinreichend aufgefunden werden können (vgl. König 2012a).

Der Test enthält über 40 Aufgaben mit unterschiedlicher Komplexität. Zur Illustration seien drei Beispielaufgaben dargestellt (entnommen aus König 2010). Mit der ersten Testaufgabe (s. Abbildung 3) soll pädagogisches Wissen zum Inhaltsbereich *Strukturierung von Unterricht* erfasst werden. Im Teil a) geht es um das Erinnern von typischen Phasenbezeichnungen, während im Teil b) ein kognitiver Prozess gefordert ist, der dem Verstehen/Analysieren zugeordnet wird (vgl. auch die Originalantwort unterhalb der Testaufgabe), da bei diesem Teil der Aufgabe einzelne Aspekte eines Phasenmodells über die funktionale Begründung genauer erklärt und charakterisiert werden müssen. Abbildung 4 enthält eine Aufgabe aus dem Inhaltsbereich *Leistungsbeurteilung*. Als kognitiver Bearbeitungsprozess steht hier das Erinnern in Form des Identifizierens einer Begriffskonstellation (Objektivität, Reliabilität, Validität) im Vordergrund. Bei der Beantwortung der dritten Beispielaufgabe (s. Abb. 5), welche der Inhaltsdimension *Motivierung* zuzuordnen ist, werden angehende Lehrkräfte bei der Befragung aufgefordert, zu einer Kurzschilderung einer typischen Unterrichtssituation unterschiedliche Handlungsoptionen zu generieren. Vor allem mit Aufgaben dieses Typs wird angestrebt, nicht nur deklaratives, sondern anteilig auch prozedurales Wissen zu testen, da die Erfragung unterschiedlicher Handlungsoptionen die potenzielle Situationsflexibilität einer angehenden Lehrperson berücksichtigt (vgl. dazu detailliert König 2010).

Abb. 3: Testaufgabe zur Erfassung von Wissen zur Strukturierung von Unterricht (erforderlicher kognitiver Bearbeitungsprozesse: (a) „erinnern", (b) „verstehen/analysieren") sowie Originalantwort (entspricht Erwartungshorizont)

Phasenmodelle von Unterricht stellen ein Grundgerüst dar, nach dem Unterricht strukturiert werden kann.

a) Nennen Sie die <u>zentralen Phasen</u> eines üblichen Unterrichtsverlaufs.
b) Nennen Sie die <u>Funktion</u> der jeweiligen Phase.

a) Name der Phase: b) Funktion der Phase:

a) Name der Phase: b) Funktion der Phase:

a) Name der Phase	b) Funktion der Phase
Einstieg	Motivation Themenpräsentation
Problemstellung	SuS (= Schülerinnen und Schüler) verdeutlichen sich das Problem, sodass jeder es versteht
Erarbeitungsphase	SuS gehen dem Problem „auf die Spur". Hier kann ganz differenziert gearbeitet werden.
Sicherungsphase	Die Lösung wird präsentiert. Jeder kann die Lösung übernehmen – mögliche Diskussion nötig
Anwendung/Transfer	Die Lösung wird bei weiteren Aufgaben benötigt, Relevanz der Lösung transparent

Abb. 4: Testaufgabe zur Erfassung von Wissen zur Leistungsbeurteilung (erforderlicher kognitiver Prozess: „erinnern"; richtige Antwort: Option B)

Wenn diagnostische Urteile fair und genau sein sollen, dann müssen sie drei Gütekriterien erfüllen. Welche sind das?
Bitte nur ein Kästchen ankreuzen.

A.	Neutralität, Reliabilität, Veridikalität	☐
B.	Objektivität, Reliabilität, Validität	☐
C.	Objektivität, Reliabilität, Veridikalität	☐
D.	Neutralität, Reliabilität, Validität	☐

Abb. 5: Testaufgabe zur Erfassung von Wissen zur Motivierung (erforderlicher kognitiver Bearbeitungsprozess: „kreieren") sowie Originalantwort (entspricht Erwartungshorizont).

Angenommen, Sie haben einen Schüler, der sich scheinbar überhaupt nicht für die Aufgaben im Unterricht interessiert. Dieser Schüler passt im Unterricht selten auf, macht nie seine Hausaufgaben und gibt Tests fast unausgefüllt ab.

Nennen Sie <u>drei</u> Strategien, die Sie anwenden würden, um Veränderungen zu erreichen.

Strategien:
1)
2)
3)

Strategien:
1) *individuelle Aufgabenstellungen erteilen*
2) *Belohnungssysteme einführen*
3) *Absprachen mit Kolleginnen und Kollegen treffen*

König (2012b) liefert über einen Vergleich der Testdaten aus TEDS-M und LEK am Beispiel von angehenden Grundschullehrkräften empirische Befunde, die die Interpretation nahelegen, dass angehende Lehrkräfte über den Verlauf ihrer Ausbildung tatsächlich zunehmend Wissen erwerben (Abb. 6). Die Gruppe angehender Primarstufenlehrkräfte aus TEDS-M (Referendare kurz vor dem 2. Staatsexamen) weist auf der internationalen Skalenmetrik einen Mittelwert im Gesamtscore pädagogischen Wissens von 613 (SD = 84) auf (König/Blömeke 2010, S. 288). Inhaltlich bedeutet dies zum Beispiel, dass angehende Lehrkräfte mit einem solchen Testwert in der Lage waren, ein bis zwei Strategien bei der Beantwortung der Aufgabe in Abbildung 5 zu nennen. Der Mittelwert der Erstsemesterstudierenden aus der LEK-Studie liegt bei 372 (SD = 130), der Mittelwert der Viertsemesterstudierenden aus der LEK-Studie bei 525 (SD = 98). Die Mittelwertunterschiede sind statistisch signifikant und von großer praktischer Bedeutsamkeit (TEDS-M vs. LEK 1. Semester: d = 2.3; TEDS-M vs. LEK 4. Semester: d = 1.0; LEK 1. Semester vs. LEK 4. Semester: d = 1.3).

Abb. 6: Mittelwerte und 95%ige Konfidenzintervalle im pädagogischen Wissen bei angehenden Grundschullehrkräften: Ergebnisse aus TEDS-M und LEK

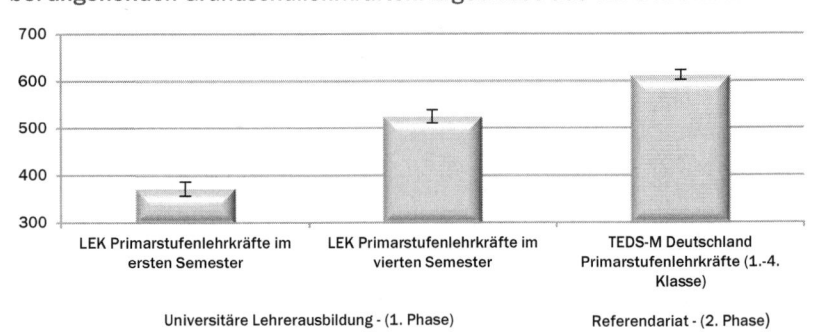

Quelle: König 2012b.

Die Ergebnisse legen die Interpretation nahe, dass im Sinne der Expertiseforschung sich die angehenden Lehrkräfte im Verlauf ihrer Ausbildung vom Stadium des *Novizen* hin zum Stadium des *fortgeschrittenen Anfängers* bewegen (vgl. König 2010). Ferner geben sie Grund zur Annahme, dass die pädagogischen Anteile der Lehrerausbildung in Bezug auf den Erwerb von pädagogischem Wissen lernwirksam sind und der verwendete Test in Bezug auf die hiesige Lehrerausbildung curricular valide ist. Weiterführende Analysen (vgl. u.a. König 2012c; König/Blömeke 2012; König/Seifert 2012) geben differenzierte Hinweise, wie Eingangsmerkmale der Studierenden, Merkmale der Lerngelegenheiten und ihre Nutzung den Wissenserwerb bedingen sowie zu differenziellen Entwicklungen im Rahmen der Lehrerbildung führen können. Solche Informationen können vor dem Hintergrund der in Abschnitt 1 angesprochenen Reformdiskurse wichtige Impulse zur Verbesserung der Lehrerbildung und der Professionalisierung angehender Lehrkräfte geben – zum Beispiel hinsichtlich der Bedeutung von praktischen Lerngelegenheiten für den Erwerb von pädagogischem Wissen – und damit einen wichtigen Beitrag zur Theorie-Praxis-Diskussion in der Lehrerbildung leisten. Die Analysen von König/Blömeke (2012) etwa zeigen, dass nicht der zeitliche Umfang von praktischen Unterrichtstätigkeiten in der zweiten Ausbildungsphase allein mit höherem Testleistungen einhergeht (im Sinne „je mehr Praxis, desto größer der Kompetenzerwerb"), sondern die Unterstützung durch Mentoren und die Gelegenheit zur Reflexion des eigenen Unterrichts entscheidend sind.

4. Kompetenztheorie und Professionstheorie

Studien wie TEDS-M und LEK gehören zur kompetenztheoretischen Forschungsrichtung: Das zentrale Ziel ist die theoretische Ausarbeitung und empirische Untersuchung von bedeutsamen, insbesondere kognitiven Merkmalen, die Lehrpersonen in die Lage versetzen, ihre beruflichen Anforderungen erfolgreich zu bewältigen und die daher im Rahmen der Lehrerbildung besonders förderungswürdig sind. In der Literatur findet sich mitunter eine scharfe Gegenüberstellung dieser Forschungsrichtung zu professionstheoretischen Ansätzen (siehe z.B. Baumert/Kunter 2006 und Helsper 2007). Eine derartige Betonung unterschiedlicher Auffassungen zur Konzeptualisierung von Lehrerwissen und -können bzw. zum pädagogischen Handeln im Lehrerberuf birgt jedoch die Gefahr, kompetenztheoretische Ansätze unangemessen zu verkürzen und Gemeinsamkeiten von Professions- und Kompetenztheorie zu übersehen (vgl. bereits Blömeke 2002).

Die *Professionstheorie* macht die „Fallstrukturgesetzlichkeit" (Oevermann 1996, S. 76), die „inneren Sachgesetzlichkeiten der zu bewältigenden Handlungsproblematik" (Oevermann, 1997, S. 9) zu einem zentralen Gegenstand ihrer Betrachtung. Unter Professionen werden Berufe mit spezifischen Merkmalen, insbesondere „hohe Anforderungen an spezialisiertes technisches Wissen und an die gesellschaftliche Verantwortlichkeit ihrer Träger", verstanden (Daheim 1977, S. 1), wobei dieses Wissen „auf den einzelnen Fall hin und nicht routinemäßig und schematisiert angewendet wird" (Daheim 1977, S. 12). So liegt nach Oevermann (1996) das spezifische Problem professioneller Dienstleistungen in der Vermittlung dieses Wissens und Spezifika des Einzelfalls: Einerseits müssen Lehrerinnen und Lehrer beim pädagogischen Handeln auf Wissen (Expertise) zurückgreifen können, andererseits müssen sie dieses Wissen auf den konkreten Fall, auf eine spezifische Situation beziehen. Da pädagogisches Handeln von Lehrkräften nicht standardisierbar ist, ist der rezeptartige Transfer von Regelwissen als Problemlösung nur in bestimmten Fällen ausreichend. Der eigentliche Kern professionellen Handelns von Lehrpersonen liegt vielmehr in der praktischen Bewältigung sowie in der reflexiven Bearbeitung jener Unsicherheit, die der spezifischen Struktur ihrer Profession eigen ist.

Kompetenzen werden in der aktuellen empirischen, quantitativ ausgerichteten Bildungsforschung üblicherweise in Anlehnung an Weinert (2001, S. 27f.) definiert als „die bei Individuen verfügbaren oder durch sie erlernbaren kognitiven Fähigkeiten und Fertigkeiten, um bestimmte Probleme zu lösen, sowie die damit verbundenen motivationalen, volitionalen und sozialen Bereitschaften und Fähigkeiten, um die Problemlösungen in variablen Situationen erfolgreich und verantwortungsvoll nutzen zu können". Grundsätzlich zielt daher sowohl der Kompetenzansatz als auch die strukturtheoretische Professionstheorie auf eine Vermittlung von systematisch-disziplinärem Wissen und situativen Anforderungen unter Berücksichtigung von persönlichen Überzeugungen und Werten.

Die beiden Forschungsansätze nutzen allerdings einen unterschiedlichen methodologischen Zugang (vgl. Oevermann 2004). Während die Professionstheorie vor allem *Besonderheiten des Einzelfalls* herausarbeitet und diesen vor dem Hintergrund eines „allgemeinen Bezugssystems" (Terhart 1993, S. 137) interpretiert, fragt die kompetenzorientierte Forschung nach Strukturen, die eine Bewältigung der beruflichen Anforderungen durch die Lehrperson *im Allgemeinen wahrscheinlich* macht. Zu untersuchende Relationen, etwa zwischen gemessenen Kompetenzmerkmalen von Lehrkräften und der gemessenen Qualität ihres Unterrichts, werden nicht auf deterministische, sondern auf probabilistische Einflüsse hinterfragt (vgl. Bortz/Döring 2006). Die für die pädagogische Professionalität charakteristische Unsicherheit, Antinomien, wie Helsper (2000) sie in Hinblick auf grundsätzliche Spannungen des Lehrerhandelns herausarbeitet, stehen von ihrem Grundgedanken her nicht im Widerspruch zu Untersuchungsdesigns kompetenzorientierter Arbeiten, die statistische Hypothesen prüfen.

Lehrerwissen wird sowohl von der Kompetenz- als auch von der Professionstheorie als wichtige Voraussetzung für das beruflich erfolgreiche Handeln von Lehrkräften betrachtet. So verweist Oevermann (2002, S. 59f.) etwa auf die für eine Professionalisierung des Lehrerberufs notwendige „Stärkung der wissenschaftlichen, erkenntniskritischen Begründungspraxis des professionellen Lehrerhandelns", während Baumert und Kunter (2006, S. 481) Wissen und Können als „zentrale Komponenten der professionellen Handlungskompetenz von Lehrkräften" definieren. Wichtig erscheint hierbei die Einschränkung, dass Lehrerwissen, wie es mit der im vorherigen Abschnitt dargestellten Testung von pädagogischem Wissen gemessen wird, als notwendige, wenngleich nicht hinreichende Bedingung professionellen Lehrerhandelns aufgefasst wird (vgl. König 2010).

Hinsichtlich der Bestimmung *beruflicher Anforderungen* an Lehrkräfte wird die Bedeutsamkeit überwiegend sachlich ausgerichteter Unterrichtsaufgaben und stärker normativ ausgerichteter Erziehungsaufgaben betont (Helsper 2007). Betrachtet man hierzu wiederum die im vorherigen Abschnitt dargestellte Testung, so muss ebenfalls einschränkend angemerkt werden, dass stärker normativ ausgerichtete Erziehungsaufgaben vernachlässigt werden (vgl. bereits König/Blömeke 2009). Im Gegensatz zu pädagogischem Wissen zur Kernaufgabe des Unterrichtens dürfte sich normativ ausgerichtetes Lehrerhandeln weitgehend einer empirischen Messung entziehen, da eine solche Kompetenzmessung über die Beschreibung hinaus auch auf Hierarchisierung angelegt ist (vgl. Bond/Fox 2007). Die hermeneutisch-rekonstruktive Analyse von Einzelfällen sieht sich nicht gezwungen, Personenfähigkeiten nach „mehr" oder „weniger" bzw. „besser in der Lage" oder „schlechter in der Lage" zu ordnen. Die auf Generalisierung, Quantifizierung und Skalierung angelegte Testung von Kompetenzen ist dagegen darauf angewiesen, „falsch" und „richtig" in den Antworten der untersuchten angehenden Lehrkräfte zu definieren und zu hierarchisieren. Erst unter derartigen Voraussetzungen lassen sich zum Beispiel die in Abbildung 6 dargestellten Unterschiede im Wissen über den Verlauf der Lehrerausbildung messen und verallgemeinern. Die Vernachlässigung der beruflichen Anforderung des Erziehens in der empirischen Untersuchung von pädagogischem Wissen in TEDS-M und LEK soll daher keineswegs geringere Wertigkeit gegenüber dem Unterrichten implizieren – sondern sie macht auf Forschungsdesiderata aufmerksam, die zukünftig bearbeitet werden sollten.

5. Desiderata

Die standardisierte Erfassung von kognitiven und motivational-affektiven Elementen professioneller Kompetenz bei angehenden wie berufstätigen Lehrkräften stellt in mehrfacher Hinsicht ein wichtiges Anliegen dar, um Kompetenz und Profession von Lehrerinnen und Lehrern zu erforschen. Kompetenzmessungen wie das vorgestellte Beispiel zum pädagogischen Wissen angehender Lehrkräfte zielen auf eine „empirische Vergewisserung von Professionalisierung" wie der Titel des vorliegenden Themenheils bereits ankündigt. Kompetenzorientiert gewonnene empirische Erkenntnisse reichern ein empirisch fundiertes allgemeines Bezugssystem an, gegen das auch Ergebnisse aus Einzelfallanalysen der Professionstheorie gespiegelt werden können.

Wichtig erscheint, dass die so gewonnenen Erkenntnisse nicht isoliert und auch nicht aus einem technokratischen Verständnis heraus betrachtet werden, etwa in dem Sinne, dass es lediglich um die Bereitstellung von Daten oder Werkzeugen ginge, die im Dienste einer rein technischen Umsetzung bildungspolitischer Forderungen stünden. Die methodischen Wege etwa, die der empirischen Überprüfung von staatlich festgelegten Standards für die Lehrerbildung dienen, stehen vielmehr in untrennbarem Zusammenhang mit der Forderung, mithilfe eines empirischen Zugangs auch die Theoriebildung zur Lehrerbildung und zum Lehrerberuf voranzubringen, deren hiesiger Diskurs vorwiegend normativ geprägt und selten empirisch fundiert ist (Baumert/Kunter 2006). In den vergangenen Jahren ist hierzulande eine deutliche Zunahme an Publikations- und Forschungsaktivitäten zum Themenkomplex „Lehrerkompetenzen", einhergehend mit der verstärkten Bereitstellung von Fördermitteln erkennbar (vgl. König 2010). Es bleibt zu wünschen, dass diese Entwicklung nicht eine Modeerscheinung ist, sondern eine nachhaltige Grundlage für die Gewinnung von relevanten Erkenntnissen zur Kompetenz und Profession von Lehrerinnen und Lehrern zu bescheren vermag.

Literatur

Baumert, J./Kunter, M. (2006): Stichwort: Professionelle Kompetenz von Lehrkräften. Zeitschrift für Erziehungswissenschaft, 9(4), 469-520.
Blömeke, S. (2002): Universität und Lehrerausbildung. Bad Heilbrunn/Obb.: Klinkhardt.
Blömeke, S./Kaiser, G./Lehmann, R. (Hrsg.) (2010a): TEDS-M 2008 – Professionelle Kompetenz und Lerngelegenheiten angehender Primarstufenlehrkräfte im internationalen Vergleich. Münster: Waxmann.
Blömeke, S./Kaiser, G./Lehmann, R. (Hrsg.) (2010b): TEDS-M 2008 – Professionelle Kompetenz und Lerngelegenheiten angehender Mathematiklehrkräfte für die Sekundarstufe I im internationalen Vergleich. Münster: Waxmann.
Bond, T. G./Fox, C. M. (2007): Applying the Rasch Model. Fundamental measurement in the human sciences (2nd ed.). Mahwah, N. J.: Erlbaum.
Bortz, J./Döring, N. (2006): Forschungsmethoden und Evaluation für Human- und Sozialwissenschaftler. Heidelberg: Springer.
Bromme, R. (1992): Der Lehrer als Experte: zur Psychologie des professionellen Wissens. Bern: Huber.
Daheim, H. (1977): Berufssoziologie. In: R. König (Hrsg.), Handbuch der empirischen Sozialforschung. Bd. 8: Beruf – Industrie – Sozialer Wandel in unterentwickelten Ländern (2. Aufl., S. 1-100). Stuttgart: Enke.
Hattie, J. (2003): Teachers Make a Difference. What is the Research Evidence? Camberwell, Victoria: ACER.
Helsper, W. (2000): Antinomien des Lehrerhandelns und die Bedeutung der Fallrekonstruktion. Überlegungen zu einer Professionalisierung im Rahmen universitärer Lehrerausbildung. In: E. Cloer /D. Klika/H. Kunert (Hrsg.), Welche Lehrer braucht das Land? Notwendige und mögliche Reformen der Lehrerbildung (S. 142-177). Weinheim: Juventa.

Helsper, W. (2007): Eine Antwort auf Jürgen Baumerts und Mareike Kunters Kritik am strukturtheoretischen Professionsansatz. Zeitschrift für Erziehungswissenschaft, 10(4), 567-579.

KMK (2004): Sekretariat der Ständigen Konferenz der Kultusminister der Länder in der Bundesrepublik Deutschland. Standards für die Lehrerbildung: Bildungswissenschaften. Beschluss der Kultusministerkonferenz vom 16.12.2004.

König, J. (2010): Lehrerprofessionalität - Konzepte und Ergebnisse der internationalen und deutschen Forschung am Beispiel fachübergreifender, pädagogischer Kompetenzen. In: J. König/B. Hofmann (Hrsg.), Professionalität von Lehrkräften – Was sollen Lehrkräfte im Lese- und Schreibunterricht wissen und können? (S. 40-105). Berlin: DGLS.

König, J. (2012a): Die Entwicklung von pädagogischem Unterrichtswissen: Theoretischer Rahmen, Testinstrument, Skalierung und Ergebnisse. In: J. König/A. Seifert (Hrsg.), Lehramtsstudierende erwerben pädagogisches Professionswissen. Ergebnisse der Längsschnittstudie LEK zur Wirksamkeit der erziehungswissenschaftlichen Lehrerausbildung (S. 143-182). Münster: Waxmann.

König, J. (2012b): Pädagogisches Professionswissen von angehenden Grundschullehrkräften – Ergebnisse aus TEDS-M und der Ergänzungsstudie LEK. In: F. Hellmich/S. Förster/F. Hoya (Hrsg.), Bedingungen des Lehrens und Lernens in der Grundschule. Bilanz und Perspektiven (S. 141-144). Wiesbaden: VS.

König, J. (2012c): Zum Einfluss der Schulpraxis im Lehramtsstudium auf den Erwerb von pädagogischem Wissen: Spielen erste Unterrichtsversuche eine Rolle? In: T. Hascher/G. H. Neuweg (Hrsg.), Forschung zur (Wirksamkeit der) LehrerInnenbildung (S. 143-159). Wien: LIT-Verlag.

König, J./Blömeke, S. (2009): Pädagogisches Wissen von angehenden Lehrkräften: Erfassung und Struktur von Ergebnissen der fachübergreifenden Lehrerausbildung. Zeitschrift für Erziehungswissenschaft, 12(3), 499-527.

König, J./Blömeke, S. (2010): Pädagogisches Wissen angehender Primarstufenlehrkräfte im internationalen Vergleich. In: S. Blömeke/G. Kaiser/R. Lehmann (Hrsg.), TEDS-M 2008 – Professionelle Kompetenz und Lerngelegenheiten angehender Primarstufenlehrkräfte im internationalen Vergleich (S. 275-296). Münster: Waxmann.

König, J./Blömeke, S. (2012): Future Teachers' General Pedagogical Knowledge from Comparative Perspective. Does School Experience Matter? ZDM – The International Journal on Mathematics Education. 44, 341-354.

König, J./Blömeke, S. (im Druck). Preparing Teachers of Mathematics in Germany. In J. Schwille, L. Ingvarson & R. Holdgreve-Resendez (eds.), TEDS-M Encyclopaedia. A Guide to Teacher Education Context, Structure and Quality Assurance in the Seventeen TEDS-M Countries.

König, J./Seifert, A. (Hrsg.) (2012): Lehramtsstudierende erwerben pädagogisches Professionswissen. Ergebnisse der Längsschnittstudie LEK zur Wirksamkeit der erziehungswissenschaftlichen Lehrerausbildung. Münster: Waxmann.

König, J./Blömeke, S./Paine, L./Schmidt, B./Hsieh, F.-J. (2011): General Pedagogical Knowledge of Future Middle School Teachers. On the Complex Ecology of Teacher Education in the United States, Germany, and Taiwan. Journal of Teacher Education, 62(2), 188-201.

König, J./Tachtsoglou, S./Seifert, A. (2012): Individuelle Voraussetzungen, Lerngelegenheiten und der Erwerb von pädagogischem Professionswissen. In: J. König/A. Seifert (Hrsg.), Lehramtsstudierende erwerben pädagogisches Professionswissen. Ergebnisse der Längsschnittstudie LEK zur Wirksamkeit der erziehungswissenschaftlichen Lehrerausbildung. Münster: Waxmann.

Kunter, M./Baumert, J./Blum, W./Klusmann, U./Krauss, S./Neubrand, M. (Hrsg.) (2011): Professionelle Kompetenz von Lehrkräften. Ergebnisse des Forschungsprogramms COACTIV. Münster: Waxmann.

Newby, M. (2007): Standards and Professionalism: Peace Talks? In: T. Townsend/R. Bates (eds.), Handbook of Teacher Education (pp. 113-126). Dordrecht: Springer.

Oevermann, U. (1996): Theoretische Skizze einer revidierten Theorie professionalisierten Handelns. In: A. Combe/W. Helsper (Hrsg.), Pädagogische Professionalität. Untersuchungen zum Typus pädagogischen Handelns (S. 70-182). Frankfurt a.M.: Suhrkamp.

Oevermann, U. (2002): Professionalisierungsbedürftigkeit und Professionalisiertheit pädagogischen Handelns. In: M. Kraul/W. Marotzki/C. Schweppe (Hrsg.), Biographie und Profession (S. 19-63). Bad Heilbrunn: Klinkhardt.

Oevermann, U. (2004): Die elementare Problematik der Datenlage in der quantifizierenden Bildungs- und Sozialforschung. Sozialer Sinn, 5(3), 413–476.

Oser, F. (2001): Standards: Kompetenzen von Lehrpersonen. In: F. Oser/J. Oelkers (Hrsg.), Die Wirksamkeit der Lehrerausbildungssysteme. Von der Allrounderbildung zur Ausbildung professioneller Standards. Zürich: Rüegger.

Reh, S. (2005): Die Begründung von Standards in der Lehrerbildung. Theoretische Perspektiven und Kritik. Zeitschrift für Pädagogik, 51(2), 259-265.

Richardson, V. (1996): The role of attitudes and beliefs in learning to teach. Handbook of Research on Teacher Education, 102–119.

Shulman, L.S. (1986): Those Who Understand: Knowledge Growth in Teaching. Educational Researcher, 15(2), 4-14.

Terhart, E. (1993): Pädagogisches Wissen. Überlegungen zu seiner Vielfalt, Funktion und sprachlichen Form am Beispiel des Lehrerwissens. In: J. Oelkers/H.-E. Tenorth (Hrsg.), Pädagogisches Wissen (S. 129-141).Weinheim/Basel: Beltz.

Terhart, E. (2001): Lehrerberuf und Lehrerbildung. Forschungsbefunde, Problemanalysen, Reformkonzepte. Weinheim: Beltz.

Terhart, E. (2002): Standards für die Lehrerbildung. Eine Expertise für die Kultusministerkonferenz. Münster: Westfälische Wilhelms-Universität.

Weinert, F.E. (2001). Vergleichende Leistungsmessung in Schulen – eine umstrittene Selbstverständlichkeit. In F.E. Weinert (Hrsg.), Leistungsmessung in Schulen (S. 17-31). Weinheim: Beltz.

Peter Faulstich

Lehrende als „Arbeitskraftunternehmer"

Ein Beitrag zur Diskussion

Die Hegemonie der Ökonomie hat auch die Menschenbilder ergriffen. Unternehmertum avancierte zum Persönlichkeitsideal im Neoliberalismus. „Neue Selbstständige", „Freiberufliche ohne Gewerbe", „Arbeitskraftunternehmer" sind die verführerischen Kategorien, mit denen Arbeitskräfte mobilisiert werden sollen, ihren Arbeitseinsatz selbst zu gewährleisten und zu steigern. Ein Indikator ist die Zunahme prekärer Erwerbsverhältnisse in der Weiterbildung.

Menschliche Schicksale werden auf Börsen-Niveau herabgestuft. Seit der Jahrtausendwende war die zeitgeistige und von der Hartz-Kommission propagierte „Ich-AG", und diese Modevokabel der Trendforschung zu Recht zum Unwort des Jahres 2002. Der Begriff „Ich-AG", so die Experten der „Sprachkritischen Aktion Unwort des Jahres", leide unter einer lächerlichen Unlogik, da ein Individuum keine Aktiengesellschaft sein könne. Aber Unlogik schützt offensichtlich nicht vor hohen Erwartungshorizonten und Umsetzungschancen.

Die Vermarktlichung der Arbeitspolitik wird fortgesetzt: Das „Zweite Gesetz für moderne Dienstleistungen am Arbeitsmarkt" schuf für „gründungswillige" Erwerbslose als neues Förderinstrument den „Existenzgründungszuschuss" (ExGZ § 421 l SGB III). Um das Unwort sammeln sich weitere Wort-Gräuel: Gründungswilligkeit bezogen auf die eigene Existenz.

Die Nonsens-Vokabeln besetzen offensichtlich Schlüsselpositionen im Zeitgeist. Nichtsdestoweniger scheint keine Idee so verrückt, dass sie nicht in Form einer „Reformagenda" zur Realität werden könnte. Das Personal in der Erwachsenenbildung – wenn sich die Honorartätigkeiten in Schule und Hochschule fortsetzen, bald des ganzen Bildungsbereichs – übernimmt dabei eine Vorreiterrolle.

Es werden – erstens – die Vorstellungen von Lehre ausgehöhlt: wo alle „selbst" lernen, sei Lehre angeblich überflüssig. Zweitens besteht eine alle Teilarbeitsmärkte ergreifende Welle der „Verselbstständigung". Drittens setzt sich diese verstärkt fort im Tätigkeitsfeld Weiterbildung.

1. Umbrüche des Lehrens

Parallel zu der Ich-Diskussion gerichtet auf den Arbeitskrafteinsatz läuft eine Selbst-Debatte vor allem bezogen auf Lerntätigkeiten. Angesichts der Hochkonjunktur der „Selbstorganisation" in fast allen gesellschaftlichen Feldern und besonders des „Selbstorganisierten, -gesteuerten, -bestimmten Lernens" herrscht Verunsicherung beim Personal. Selbsttätigkeit im Lernen ist angesagt. Kann es dann Lehre überhaupt noch geben?

Der rasante Aufstieg der Kombination von „Selbst" und „Lernen" provoziert bei aller Sympathie, welche sie im Zusammenhang von Diskussionen um Bildung auf sich zieht, jedoch auch Skepsis gegenüber modischer Begrifflichkeit. Es wird ein schnelles Lösungsmodell für alte Problemlagen im Verhältnis von Identität und Funktionalität, von Beruf und Bildung propagiert.

Ein Grund für die Begriffskarriere von Selbst-Wörtern in der Lernperspektive ist sicherlich wachsende Schulkritik. Lehrer – mittlerweile auch Professoren – haben einen schlechten Ruf bekommen: Als lebenslänglich abgesicherte, vollbezahlte teilzeitarbeitende Unterrichtsbeamte – „Pauker", „Besserwisser" und „Faulpelze" – erscheinen sie als Agenten von Institutionen des Lernens, die als „Disziplinaranlagen" fungieren mit lernverhindernden Konsequenzen.

Wirkungen sind vielfach defensives Lernen, Lernmüdigkeit und antipädagogische Affekte. Besonders in der Erwachsenbildung gilt das Schulmodell als Lernsystem ohnehin als ungeeignet. Im Gegenzug werden in der Debatte um „selbstorganisiertes Lernen" alte reformpädagogische Prinzipien zur Integration von Arbeiten und Lernen gegen bloße ökonomische Funktionalität reaktiviert. Ein personalistischer Ansatz der Selbst-Bildung war vorherrschend.

Schon die „Neue Richtung", als einflussreichste Strömung in der Erwachsenbildung während der Weimarer Republik, hat betont, „daß die Hörer nicht mit einigen Kenntnissen und Orientierungen, einigen Notizen im Heft nach Hause gehen, sondern daß sie geistig etwas erarbeitet haben oder mindestens von einem Geistigen ergriffen worden sind" (Flitner 1919, S. 16). Dazu dienten die Arbeitsgemeinschaften. „Geistige Arbeit wird nur geleistet, wenn die Selbsttätigkeit der Hörer geweckt wird" (Flitner 1920, S. 18). Wilhelm Flitner unterstreicht: „Und vergessen wir nicht das Letzte, Wichtigste: unsere Arbeit ist kein bloßes Lehren, sondern ein Menschsein mit dem Arbeitsgenossen" (ebd. S. 19).

„Selbst-Konzepte" waren in der Erwachsenbildung also immer schon präsent und erleben aktuell eine Hochkonjunktur. In der Folge grassiert die Epidemie von Selbstbegriffen: Selbsterkenntnis, -ständigkeit, -herrschaft, -bestimmung, -zweck, -organisation, -bewusstsein, -steigerung, -verantwortung, -begriff, -gesetzgebung und Selbstverwirklichung (so die Überschriften in Gerhardt 1999). Auffällig ist aber, dass trotz der langen Liste von „Selbst"-Begriffen angemessene Entwürfe von Persönlichkeit und Identität kaum zu finden sind. Vielmehr dominiert eine Individualisierungstendenz. Die Handlungsbegründungen der Lernenden werden herausgelöst aus ihren gesellschaftlichen Kontexten und getreu neoliberalistischer Tradition reduziert auf das isolierte, egoistische Individuum, das seine Lernstrategien an Kosten/Nutzen-Kalkülen orientiert. Selbstbestimmtheit im Lernen verkommt in instrumentalistischen Strategien. Es geht dann darum, durch immer raffiniertere Lernarrangements den Schein von Partizipation und Kooperation durch Selbst-Instrumentalisierung im Lernprozess zu erzeugen.

Die Gefahr besteht dann, dass durch die modische Debatte der rationale Kern der Diskussion verloren geht. Sinnvoll ist es sicherlich, Lernen als Kern didaktischer Debatten zu sehen. Lehren erhält seine Relevanz und seine Funktion in dieser Sichtweise als abhängige und nachgeordnete Größe. Es geht aber nicht um Alternativen, sondern um Grade von Selbstbestimmtheit. Es kommt darauf an, Arrangements zu finden, in denen die Partizipationschancen der Lernenden tatsächlich erhöht werden. Zentraler Fokus sind dann die Position der Lernenden und deren aktive Aneignungsprozesse. Erst wenn es gelingt, Lernintentionen, -thematiken, -methoden und -organisation mit den Lebensinteressen der Individuen zu vermitteln und ihre Bedeutsamkeit aufzuspüren, findet auch expansives Lernen (Holzkamp 1993) statt.

Dies weist zurück auf den bildungstheoretischen Lieblingsbegriff Selbstbestimmung, abgesetzt gegen die technizistischen Anklänge von „-organisation" und „-steuerung". Je weitreichender die Entscheidungsmöglichkeiten der Lernenden über Ziele und Lernaktivitäten sind, desto größer ist der Grad der Selbstbestimmung im Lernen. Je mehr die Arbeitsformen beim Lernen sich vom traditionellen Unterricht abwenden, und je deutlicher die Selbsttätigkeit der Lernenden in den Vordergrund rückt, desto stärker verändert sich auch das Profil der Lehrenden weg von „Stoffdarbietenden" oder gar „Belehrenden" hin zum „Lernvermittelnden" (Faulstich/Zeuner 1999).

Gefragt wird dann, ob Lehren ohne Zukunft sei. Besonders durch das Schlagwort von der „Ermöglichungsdidaktik" und die Themenkonjunktur „Selbstorganisierten Lernens" ist Unterrichten in Verruf gekommen durch eine angebliche Tendenz hin zu einer „Funktionsminderung der Lehrenden". Dagegen lässt sich feststellen: Erwachsenenbildung hat es seit eh und je als ihre Aufgabe angesehen, Menschen zu selbstständigem Weiterlernen zu verhelfen. Es geht darum, Lernpotentiale in der Kommunikation zwischen Lernenden und Lehrenden zu fördern.

Es gibt also jenseits der modischen Begriffskonjunktur einen „rationalen Kern" der Selbstorganisationsdebatte zu finden. Eine solche inhaltliche Verschiebung der Tätigkeiten des Lehrens wird aber zusätzlich überlagert durch Umwälzungen bezogen auf die Form des Arbeitskrafteinsatzes.

2. Diffusion des Erwerbsstatus und „freie" Existenzen

Auch hier gibt es einen „rationalen Kern". Zweifellos ist „Abhängige Beschäftigung" von Arbeitern, Angestellten und auch Beamten keineswegs ein formationsübergreifendes Idealbild menschlicher Arbeit. Sie war und ist begleitet von Ausbeutung, Entfremdung und Unterdrückung.

Dagegen wird nun „Selbständigkeit" und „Freiberuflichkeit" zum Arbeitsmodell des 3. Jahrtausends hochstilisiert. „Eine neue Form der Ware Arbeitskraft", der „Arbeitskraftunternehmer" wird – ursprünglich mit kritischer Konnotation versehen – vorhergesagt (Voß/Pongratz 1997), bei der die Arbeitenden nicht mehr primär ihr Arbeitsvermögen verkaufen, sondern als Auftragnehmer für Arbeitsleistungen handeln – d.h. ihre Arbeitskraft „selbstorganisiert" und „selbstkontrolliert" einbringen. Der Kern der Argumentation zielt auf ein unternehmerisches Verhältnis der Arbeitenden zu ihrer eigenen Arbeitskraft, mit dem eine grundlegend neue Form von Erwerbstätigkeit aufscheint. Die Arbeitenden verhalten sich zu ihrer eigenen Person instrumentell. Der Arbeitsmarkt wird internalisiert in die Person des Arbeitenden. Die gesamte Existenz wird marktförmig.

Die Hochkonjunktur der „Neuen Selbstständigkeit" wird ausgelöst durch eine generelle Tendenz der Arbeitsmärkte hin zu ungeschützten Arbeitsverhältnissen. Hintergrund ist, dass sich die Erwerbsmuster verschieben. Provoziert wurde die Diskussion durch eine beschleunigt voranschreitende Erosion von „Normalarbeitsverhältnissen" durch „Atypische Arbeitsverhältnisse". Insgesamt gab es im Jahr 2010 nach den Ergebnissen des Mikrozensus in der Bundesrepublik Deutschland 35.762 Millionen Erwerbstätige. Die Zahl der Selbstständigen stieg im Zeitraum von 1991 bis 2010 von ungefähr 3 Millionen auf etwa 4 Millionen, d.h. mehr als ein Zehntel der deutschen Erwerbstätigen arbeitete demnach selbstständig (Statistisches Bundesamt www.destatis.de 2012). *„Selbstständig"* ist nach § 84 Abs. 1 Satz 2 HGB derjenige, der seine Tätigkeiten im Wesentlichen frei gestalten und seine Arbeitszeit bestimmen kann. Erfolgreiche, „besser verdienende" *„Freiberufliche"*, wie Ärzte, Architekten und Anwälte, sind darunter, aber auch zunehmend Ausweglose, oder sonst Erwerbslose, also *„Scheinselbstständige"* wie LKW-Fahrer als Ein-Fahrzeug-Spedition, oder Minifirmenselbstbesitzer von Kurierservices oder Pflegediensten.

Betrug der Anteil der Normalarbeitsverhältnisse 1970: 83.4% an allen Erwerbstätigen waren es 2010: 66% (www.destatis.de: Ergebnisse des Mikrozensus. Atypische Beschäftigung. Stand 2011). In der Tendenz wird das Atypische zum Normalen.

Es muss allerdings davor gewarnt werden, diese Verschiebungen als Auflösung zu interpretieren. Zum einen gibt es weniger eine Veränderung männlicher Erwerbsformen als eine Steigerung der Erwerbsbeteiligung von

Frauen. Zum andern ist das „Normalarbeitsverhältnis" immer noch vorherrschendes Leitbild für Existenzsicherheit und Schutzfunktionen. „Neue Selbstständigkeit" ist oft durch drohende Erwerbslosigkeit erzwungen und sie ist keineswegs eine freiwillige, begeisterte Massenbewegung. Vielmehr ist sie in den meisten Fällen begleitet vom Risiko der Prekarität.

Um Problemlagen in gesellschaftlichen Positionen zu bezeichnen, findet wir einen Wandel der Begrifflichkeit: Arme, Verachtete, Unterprivilegierte, Diskriminierte, Ausgegrenzte, Betroffene und zuletzt Prekäre (vgl. Bracker/Faulstich 2012, S. 16). Zentral in der Prekaritätsdebatte ist die Form der Beteiligung an gesellschaftlicher Arbeit. Durchgesetzt hat sich, Erwerbsverhältnisse dann als prekär zu bezeichnen, wenn die Beschäftigten im Einkommen, bezogen auf soziale Sicherheit und betriebliche Integration unterhalb des gegenwärtig und mehrheitlich anerkannten Standards liegen. Diese Lage geht einher mit einem Verlust an Sinnhaftigkeit, von Anerkennung sowie der Planungs- und Beteiligungshorizonte (vgl. Dörre 2009).

Pierre Bourdieu hat darauf verwiesen, „dass Prekarität heutzutage allgegenwärtig ist. Im privaten, aber auch im öffentlichen Sektor, wo sich die Zahl der befristeten Beschäftigungsverhältnisse und Teilzeitstellen vervielfacht hat; in den Industrieunternehmen, aber auch in den Einrichtungen der Produktion und Verbreitung von Kultur, dem Bildungswesen, dem Journalismus, den Medien usw." (Bourdieu 2004, S. 96/97).

Kennzeichnend für Prekarität sind demnach Kriterien der Erwerbsverhältnisse, gleichzeitig werden subjektive Einschätzungen und Bewertungen provoziert:

„Beinahe überall hat sie identische Wirkungen gezeigt, die im Extremfall der Arbeitslosen besonders deutlich zutage treten: die Destrukturierung des unter anderem seiner zeitlichen Strukturen beraubten Daseins und der daraus resultierende Verfall jeglichen Verhältnisses zur Welt, zu Raum und Zeit" (ebd.).

Mit dem neuen Mythos, eben dem „Arbeitskraftunternehmer", zugespitzt in der „Ich-AG", wird das individualistische Modell von Erwerbstätigkeit auf die Spitze getrieben und gleichzeitig kommt es zu einer absurd verkehrten Wiedervereinigung von Arbeitskraft und Person. Der Schein des Gewinns an Autonomie erwächst aus ihrem vollständigen Verlust an die Prämissen der Ökonomie. Es triumphieren die Prinzipien der Individualität und Instrumentalität.

3. Lehrtätigkeit als Arbeitskraftunternehmertum

Insgesamt verschiebt sich die Struktur des Arbeitseinsatzes gerade in der Weiterbildung in Richtung auf prekäre Beschäftigungsverhältnisse. Prekarität wirft also Grundfragen des Lernens und besonders der Weiterbildung auf.

Dies gilt für die Erwachsenenbildung immer schon, droht aber durch die Ausweitung von Teilzeit- und Honorareinsatz von Lehrenden in allen Bildungsbereichen sich auszuweiten. Schon lange gilt in Weiterbildungsträgern, dass die Masse des Unterrichts von Lehrkräften abgedeckt wird, die in ungeschützten Beschäftigungsverhältnissen arbeiten, sodass bezogen auf das Unterrichtsvolumen eine „faktische Hauptberuflichkeit" ohne gesicherte Beschäftigung vorherrscht.

Folgt man den Zahlen des letzten Versuches zur Erfassung des Tätigkeitsfeldes, der vom BMBF in Auftrag gegebenen Studie des Instituts „Wirtschafts- und Sozialforschung" (WSF) von 2005, gab es insgesamt etwa 650.000 Lehrende in der außerbetrieblichen Weiterbildung, davon waren ca. 62% nebenberuflich und ca. 37% hauptberuflich erwerbstätig. Die WSF-Studie zählt etwa 150.000 hauptberuflich Selbstständige. Die Anteile sind also verglichen mit andern Branchen deutlich in Richtung der „Selbstständigkeit" verschoben. Eine „Normalität" des Arbeitskräfteeinsatzes gab es in der Weiterbildung allerdings eigentlich nie. Schon immer war „höchstens ansatzweise Professionalität" (Faulstich 1996) kennzeichnend. Deshalb ist das Tätigkeitsfeld für Erosionstendenzen besonders anfällig.

In der Realität der Weiterbildung greift der sich insgesamt verstärkende Trend zu einem „dualen Arbeitsmarkt". Das Erwerbspersonenpotential wird aufgespalten in kleiner werdende Stammbelegschaften mit dauerhaften Beschäftigungsverhältnissen und in wachsende Randbelegschaften. Dazu gehören Zeitverträge, Probearbeitsverträge, geringfügige Beschäftigte, Jobber, „freie" Mitarbeiter auf Honorarbasis.

Strukturell ergeben sich negative Konsequenzen aus der Honorarsituation für die Institutionen, das Personal und letztlich für die Teilnehmenden:

- Fehlende Kündigungsfristen und mangelnde Arbeitsplatzsicherung verhindern oder erschweren zumindest eine Identifikation mit der Auftrag gebenden Einrichtung.
- Für ihre Renten-, Kranken- und Arbeitslosenversicherung sind die Selbstständigen allein verantwortlich.
- Die juristische Konstruktion schließt eine Einbindung in die Organisationsstrukturen und internes Engagement aus.
- Erzwungen wird eine Mehrfachbeschäftigung bei verschiedenen Auftraggebern. Es resultieren zersplitterte Arbeitszeiten und Terminstress.

- Da nur der gehaltene Unterricht bezahlt wird, werden Vor- und Nachbereitung eingeschränkt. Die Betreuung der Teilnehmenden über das Kursgeschehen hinaus wird nicht honoriert.
- Aus der fehlenden Arbeitsplatzsicherheit ergibt sich eine hohe Personalfluktuation. Häufiger Personalwechsel bedeutet Vergeudung von Kompetenz für die Einrichtungen und für die Teilnehmenden ungesicherte Lernsituationen bis hin zum Kursabbruch.
- „Selbständigkeit" bedeutet für das Honorarpersonal, dass auch die Sicherung und Weiterentwicklung der eigenen Kompetenz ihnen zeitlich und finanziell selbst überlassen bleibt.

Das Honorarpersonal spielt also eine – meist unfreiwillige – Vorreiterrolle in „neuer Selbständigkeit". In ökonomistischen Termini formuliert werden Lehrende zu Dienstleistern der Lernenden; Bildung wird Konsumgut; Menschen werden rationale Kalkulatoren ihrer Existenz.

Literatur

Bourdieu, P. (2004): Gegenfeuer. Konstanz: UVK.
Bracker, R./Faulstich, P. (2012): Prekarität des Lebens und Lernens. In: forum erwachsenenbildung, H. 4, 16-21.
Dörre, K. (2009): Prekarität im Finanzmarkt-Kapitalismus. In: Castel, Robert/Dörre, Klaus (Hrsg.): Prekarität, Abstieg, Ausgrenzung. Die soziale Frage am Beginn des 21. Jahrhunderts. Frankfurt/M./New York: Campus Verlag.
Faulstich, P. (1996): Höchstens ansatzweise Professionalisierung. (Zur Lage des Personals in der Erwachsenenbildung.). In: Böttcher, Wolfgang (Hrsg.): Die Bildungsarbeiter. (Situation – Selbstbild - Fremdbild.) (S. 50-80). Weinheim: Juventa.
Faulstich, P./Zeuner, C. (1999): Erwachsenenbildung. Weinheim: Juventa.
Flitner, W. (1982): Warum mehr Arbeitsgemeinschaften? (1920). In: Gesammelte Schriften, 17-19.
Flitner, W. (1982): Zur Volkshochschul-Pädagogik (1919). In: Gesammelte Schriften 1, Paderborn, 15-17.
Gerhardt, V. (1999): Selbstbestimmung. Das Prinzip der Individualität, Stuttgart: Reclam.
Holzkamp, K. (1993): Lernen. Frankfurt/M.: Campus Verlag.
Voss, G.-G./Pongratz, H.-J. (1997): „Der Arbeitskraftunternehmer. Eine neue Grundform der Ware Arbeitskraft." In: KZfSS, H. 1, 131-158.
Wirtschafts- und Sozialforschung (WSF, 2005): Erhebung zur beruflichen und sozialen Lage der Lehrenden in den Weiterbildungseinrichtungen unter http://www.bmbf.de/pub/berufliche_und_soziale_lage_von_lehrenden_in_Weiterbildungseinrichtungen.pdf

Horst Niesyto

Medienpädagogische Professionalisierung, Berufsbild und Berufschancen

Die Medienentwicklung der vergangenen Jahre, insbesondere die rasanten Veränderungen im Bereich Internet und mobile Medien, stellen Gesellschaft und Pädagogik vor neue Herausforderungen. Auf dem Hintergrund der Mediatisierung nahezu aller Lebensbereiche stellt sich die Frage, wie Fachkräfte qualifiziert werden können, um Kinder, Jugendliche und Erwachsene für einen kompetenten Medienumgang zu beraten und zu unterstützen. Der folgende Beitrag fasst wichtige Aspekte des Symposiums „Mediatisierung und berufliche Kompetenzprofile"[1] zusammen, welches im Rahmen der DGfE-Fachkonferenz im September 2011 in Essen stattfand, und diskutiert medienpädagogische Professionalisierungsstrategien, auch im Kontext der bundesweiten Initiative „Keine Bildung ohne Medien!"

1. Mediatisierung als pädagogische Herausforderung

Mediatisierung ist – neben Individualisierung, Globalisierung und Ökonomisierung – ein gesellschaftlicher Metaprozess. Es geht um die Allgegenwärtigkeit von Medien in nahezu allen Bereichen des gesellschaftlichen Lebens und die Bedeutung, die der mediale Wandel (Aufkommen und Etablierung digitaler Medien) für Kultur und Gesellschaft, Identität und Alltag der Menschen hat (vgl. Krotz 2007). Der paradigmatische Wechsel von der medienzentrierten Fragestellung „Was machen Medien mit Menschen?" hin zur rezipientenzentrierten Fragestellung „Was machen Menschen mit Medien?", der seit den 1980er Jahren medienpädagogische Dis-

---

1 An dem Symposium beteiligten sich mit einleitenden Statements die Kollegen/innen Mechthild Appelhoff (Landesanstalt für Medien NRW), Prof. Dr. Kai-Uwe Hugger (Universität zu Köln) und Prof. Dr. Nadia Kutscher (Katholische Hochschule NRW). Überlegungen der Kollegen/innen sind in diesen Beitrag eingearbeitet.

kurse beherrschte, sowie Theorien zur medialen Selbstsozialisation, die Ende der 1990er Jahre an Bedeutung gewannen (u.a. Fromme/Kommer/ Mansel/Treumann 1999), sind auf dem Hintergrund des Zusammenwirkens gesellschaftlicher Metaprozesse neu zu bewerten. Gefragt sind vor allem Überlegungen und empirische Studien zu den *sozialisatorischen* Effekten der digitalen Medien (Aufenanger 2008), die jenseits einer medien- oder subjektzentrierten Sichtweise den gesellschaftlichen Lebenskontext und die Vermittlungszusammenhänge zwischen mediengesellschaftlicher Sozialisationsweise und subjektiver Medienaneignung stärker berücksichtigen (vgl. hierzu verschiedene Beiträge in dem Sammelband „Mediensozialisationstheorien" von Hoffmann/Mikos 2010 sowie in dem Handbuch „Mediensozialisation" von Vollbrecht/Wegener 2010). Hierzu gehören auch Analysen zum digitalen Kapitalismus und der Frage, wie Sozialisationsprozesse in Zeiten digitaler Vergesellschaftung von kapitalistischen Interessen- und Machstrukturen beeinflusst werden (vgl. Böhnisch/Lenz/Schröer 2009, S. 133).

Die empirische Untersuchung der Medienaneignung in unterschiedlichen *sozialen und gesellschaftlichen Kontexten* ist eine wesentliche Aufgabe der Medienpädagogik (Schorb 2008). Bildungsprozesse mit Medienbezug setzen am vorhandenen Mediengebrauch der Menschen an und intendieren die Förderung eines medienkompetenten Handelns. Im Unterschied zu alarmistischen und völlig einseitigen Analysen zur gesellschaftlichen Medienentwicklung, wie sie z.B. von dem Hirnforscher Spitzer getroffen werden (Spitzer 2012), ist die Medienpädagogik an differenzierten Analysen interessiert, die Chancen und Risiken medialer Sozialisation im Blick haben. Leitgedanke ist es, Kinder, Jugendliche und Erwachsene bei einem reflektierten, selbstbestimmten und sozial verantwortungsvollen Umgang mit Medien zu unterstützen. Bildungstheoretisch und pädagogisch wichtige Fragen sind dabei u.a., wie sich Orientierungsvermögen und Reflexivität unter Bedingungen einer exponentiell zunehmenden Informationsfülle und einer Vielzahl von Ungewissheiten und Unbestimmtheiten angesichts einer enormen sozialen und medialen Beschleunigung (Niesyto 2012) sowie sozialer Ungleichheiten entwickeln (u.a. Niesyto/Meister/Moser 2010; Theunert 2010). Soziokulturelle Unterschiede in der Mediennutzung verweisen dabei nicht automatisch auf Aspekte sozialer Ungleichheit und Benachteiligung, sondern zunächst einmal auf *andere* medien- und sozial-ästhetische Muster und Präferenzen. Formen sozialer Benachteiligung in der Medienaneignung werden vor allem dann sichtbar, wenn vorhandene äußere Ressourcen nicht ausreichen, um Medien aktiv und reflexiv für die eigene Lebensbewältigung und Persönlichkeitsbildung zu nutzen. Familiäre und andere soziale Anregungsmilieus spielen hier eine wichtige Rolle. Medien sind nicht Verursacher sozialer Ungleichheit – sie können aber als Verstärker wirken

(Theunert 2010). Pädagogisches Handeln hat auch zu hinterfragen, inwieweit durch bildungsbürgerlich und bewahrpädagogisch geprägte Sichtweisen in Bezug auf Medien bestimmte Sozialgruppen zusätzlich stigmatisiert und benachteiligt werden. In diesem Zusammenhang ist zu erwähnen, dass die Medienpädagogik sowohl in Forschungs- als auch in Praxisprojekten die Bildungspotenziale von *(audio)visuellen* Ausdrucksformen gerade im Hinblick auf bildungsbenachteiligte Milieus herausarbeiten konnte (Niesyto 2010). Entsprechende Erkenntnisse flossen in zahlreiche medienpraktische Aktivitäten ein.

2. Medienpädagogik und Professionalisierungsstrategien

Es gibt in der Medienpädagogik – sowohl in der Wissenschaft als auch in den praktischen Handlungsfeldern – unterschiedliche konzeptionelle Akzentsetzungen, die nicht zuletzt auch damit zusammenhängen, dass sich Kollegen/innen auf verschiedene Teilbereiche konzentrieren, in denen unterschiedliche Traditionslinien, Begriffsverständnisse und Rahmenbedingungen vorhanden sind (vgl. Tulodziecki 2011). Medienpädagogik als wissenschaftliche Teildisziplin der Erziehungswissenschaft hat ihren Hauptbezugspunkt in der Erziehungswissenschaft und setzt sich vor allem mit Fragen der Medienbildung und Medienerziehung, der Mediensozialisation, dem Lehren und Lernen mit Medien/ Mediendidaktik auseinander. Wichtige Referenzen bestehen vor allem zur Medien- und Kommunikationswissenschaft, zur Mediensoziologie, zur Medienpsychologie und zur Medienethik. In den letzten Jahren gab es mehrere Beiträge, die medienpädagogische Ziele und Aufgaben vor allem bildungstheoretisch begründen. Nicht zuletzt auf diesem Hintergrund setzte ein Diskurs über den Inhalt und den wechselseitigen Bezug medienpädagogischer Leitbegriffe ein (Medienbildung, Medienkompetenz, Medienerziehung; vgl. Moser/Grell/Niesyto 2011). Der fachliche Diskurs zeigt, dass es mehr um die Akzentuierung unterschiedlicher Aspekte und weniger um sich ausschließende Theoriekonzepte geht.

Bezüglich medienpädagogischer *Professionalisierungsstrategien* lassen sich nach Hugger (2008a) folgende Grundrichtungen unterscheiden, die auf unterschiedliche Professionstypen zielen:

a) **Der beschützend-wertevermittelnde Medienpädagoge.** Nach diesem Konzept verhält sich der Berufsinhaber skeptisch bis ablehnend gegenüber den (neuen) Medien und ist vor allem bestrebt, die negativen Folgen des Mediengebrauchs zu verhindern bzw. zu minimieren: „Er hat eine bewahrende und kontrollorientierte Haltung und versteht sich als

Beschützer der Kinder und Jugendlichen vor der medialen Gefahr einer geistigen Überforderung und Reizüberflutung" (Hugger 2008a, S. 560). Nach Einschätzung von Hugger beruht das Handlungswissen dieses Professionstyps in erster Linie auf eigenen und überlieferten Erfahrungen und orientiert sich oft an einem gesellschaftlichen Normenkanon. Die Grundrichtung hat eine lange Tradition (sog. bewahrpädagogische Richtung der Medienpädagogik).

b) **Der gesellschaftskritisch-wissenschaftszentrierte Medienpädagoge.** Diesem Handlungsmodell liegt eine gesellschaftskritisch-wissenschaftszentrierte Sicht zugrunde, die Medien – in Anlehnung an die Kritische Theorie der „Frankfurter Schule" – vor allem als Manipulationsinstrumente in den Händen der gesellschaftlich herrschenden Kräfte betrachtet. Aufgabe der Medienpädagogen ist es, die Subjekte aus ihrer Rolle als manipulierbare Opfer zu befreien und sie zur Emanzipation zu befähigen. Hugger betont, dass bei dieser Grundrichtung die wissenschaftliche Analyse überbewertet werde und der Bezug auf den lebensweltlichen Kontext der Heranwachsenden (und damit die fall- und kontextgebundene Verwendung wissenschaftlichen Wissens) zu kurz komme (ebd., S. 561).

c) **Der bildungstechnologisch-optimierende Medienpädagoge.** Nach diesem Konzept hat der Medienpädagoge vor allem die Aufgabe, Unterrichtsmedien möglichst effizient und optimal in verschiedenen Lernkontexten einzusetzen. Hugger weist darauf hin, dass die Bedingungen des Einsatzes von Medien „besonders stark durch ökonomische und bildungspolitische Notwendigkeiten beeinflusst" sind (ebd.). Das Modell geht auf Professionalisierungsbestrebungen zurück, die zuerst in den 1960er Jahren im Kontext des sog. „Sputnik-Schocks" entwickelt wurden. In immer neuen Zyklen wird das Grundmerkmal des „effizienten Lernens durch Medieneinsatz" aktualisiert (vgl. die Anfangsphase von „Schulen ans Netz" und verschiedene E-Learning-Projekte seit Mitte der 1990er Jahre). Heute konfligiert der bildungstechnologische Ansatz dieses Modells in immer stärkerem Maße mit Postulaten selbstbestimmter und selbstorganisierter Lernprozesse.

d) **Der vernetzende Medienpädagoge.** Dieses Handlungsmodell orientiert sich an Grundauffassungen einer handlungsorientierten Medienpädagogik, die den Medien-Nutzer als ein aktiv die Wirklichkeit verarbeitendes Subjekt ins Zentrum medienpädagogischen Handelns rückt. „Aufgabe des Medienpädagogen ist es, die unterschiedlichen Handlungs- und Erfahrungszusammenhänge des Menschen integriert oder mit anderen Worten: vernetzt zu betrachten" (Hugger ebd., S. 562). Hierzu gehören vor allem die sozialen Zusammenhänge zwischen Menschen, Medien und gesellschaftlichen Umwelten. Der Begriff „Vernetzen" transportiert dabei auch die Intention einer Art „Demokratisierung der professionellen Beziehung" (ebd.) auf der Basis einer freien und wissensgeleiteten Interpretation, die die Ungewissheit gegenüber dem Adressaten medienpädagogischen Handelns nicht durch die technische Anwendung von Wissen auflösen kann (ebd.). „Vernetzung" hebt sich auch von expertokratischen Modellen der Professionalität ab und setzt auf Selbsthilfe- und Selbstorganisationsmodelle.

Heute orientiert sich ein Großteil medienpädagogischer Professionalisierung an dem Modell d), auch unter Nutzung interaktiver und partizipativer Potenziale digitaler Medien. Diesem Professionalisierungsmodell liegt ein umfassendes Verständnis von Medienbildung zugrunde. Neben technischen und arbeitsweltbezogenen Kompetenzen rücken soziale, ästhetische, kulturelle und kommunikative Dimensionen deutlich ins Blickfeld. Betont werden nicht ein kanonisiertes Medienwissen und engmaschig von Experten gestrickte Medienkompetenzniveaus, sondern die subjektorientierte und prozesshafte Entwicklung von medienbezogenen Bildungs- und Lernanlässen in sozialen Kontexten, anknüpfend an den vorhandenen Potenzialen und Stärken der Menschen.

3. Berufsbild, Arbeitsmarkt und aktuelle Berufschancen

Medienpädagogik hat kein festes Berufsbild

In seinen professionstheoretischen Analysen geht Hugger davon aus, dass „Medienpädagoge/in" ein medial mitkonstituierter pädagogischer Beruf ist – seine Existenz sei ohne den direkten Bezug zur gesellschaftlichen Medienentwicklung nicht vorstellbar. Hinzu kommt, dass über die beruflichen Kompetenzprofile von Medienpädagogen meist erst in Zusammenhang mit bestimmten medialen Anlässen diskutiert wird (Stichworte aus neuerer Zeit: gewalthaltige Computerspiele, Umgang mit persönlichen Daten im Internet, Cybermobbing, Datenmissbrauch durch kommerzielle Interessen). Der Medienpädagogik fehle ein festes Berufsbild (Hugger 2008b). Dieses Manko sei insofern zu relativieren, als heute in sehr vielen Berufen eine dynamische Veränderung der beruflichen Kompetenzprofile zu beobachten ist und die Erwerbsarbeit immer weniger kontinuierlich stattfindet.

Dies zeigt sich auch im Bereich Medienpädagogik: Hugger verweist darauf, dass es (bislang) keine monopolisierten medienpädagogischen Tätigkeitsansprüche gebe – Medienpädagogik ist als *Querschnittsaufgabe* in nahezu allen pädagogischen Berufen wiederzufinden (ebd.). Gleichzeitig hat eine faktische Verberuflichung stattgefunden, allerdings gehen die Qualifikationsanforderungen und Kompetenzprofile weit auseinander. Auf Internetseiten der Bundesagentur für Arbeit finden sich verschiedene Profile zum „Berufsbild Medienpädagoge".[2] Hugger empfiehlt auf diesem Hintergrund Rahmenkompetenzen zu formulieren, also Eckpunkte für Berufswahl, Qualifizierung und Arbeitsmarkt: „Diese Eckpunkte müssen zugleich so multidimensional, anpassungsfähig und stabil sein, dass sie auch veränderten gesellschaftlichen und medialen Rahmenbedingungen gerecht werden können" (ebd., S. 566). Die Formulierung solcher Rahmenkompetenzen ist nach wie vor ein Desiderat. Zwar gibt es hierfür Vorarbeiten; diese liegen jedoch längere Zeit zurück (u.a. Wunden 1994; Hugger 2001; Neuß 2003) und konnten die einschneidenden Veränderungen durch Digitalisierung, Internet und Web 2.0 noch nicht (hinreichend) berücksichtigen. Gerade in einer Situation, in der Fachkräfte aus den Bereichen Medientechnik, Mediendesign, Journalismus vermehrt in pädagogische Arbeitsfelder drängen, ist es erforderlich, dass insbesondere pädagogisch-didaktische Kompetenzen zu den unverzichtbaren Grundkompetenzen eines/r Medienpädagogen/in gehören und dies durch spezifische Bachelor- und Masterstudiengänge im Bereich Medienbildung/Medienpädagogik zu gewährleisten ist.

Bislang keine Untersuchungen zum Arbeitsmarkt der Medienpädagogik

Zum Arbeitsmarkt der Medienpädagogik gibt es keine aktuellen empirischen Untersuchungen. Hugger skizziert ein Arbeitsmarktmodell „Medienpädagogik und Neue Medien" (Hugger 2008b, S. 566 ff.) mit einem „medienpädagogischen Kernbereich" (der gesamte klassische Bereich Bildung und Erziehung, Stiftungen, Hochschule), einem „1. Randbereich" (Unternehmen aus der Medien- und Kommunikationswirtschaft, z.B. Rundfunksender mit Online-Auftritten oder Buch-, Zeitungs-, Zeitschriften- und Schulbuchverlage) und einem „2. Randbereich" (Unternehmen, die sich auf pädagogisch relevante Produktionen und Dienstleistungen im Bereich Neue Medien spezialisiert haben, z.B. Multimedia-Agenturen oder Software-Unternehmen, die medienpädagogische/-didaktische Wissensbestände für

---

2 Vgl. http://berufenet.arbeitsagentur.de/berufe/?dest=profession&prof-id=59502. Unter der Internetseite http://berufenet.arbeitsagentur.de/berufe/start?dest=profession&prof-id=59503 ist ein älterer Stand zugänglich.

die Konzeption und Entwicklung ihrer Angebote/Produkte benötigen); dynamische Austauschverhältnisse zwischen den drei Bereichen sind zu beachten. Es ist eine wichtige Aufgabe, eine Arbeitsmarktstudie „Medienpädagogik" auf den Weg zu bringen, welche die konkreten Kompetenzprofile in verschiedenen Kern- und Randbereichen erhebt und untersucht, was aus Absolventen/innen medienpädagogischer Studiengänge wird, welche konkreten Tätigkeiten Medienpädagogen/innen ausüben, welche Qualifikationen sie dafür seitens der jeweiligen Ausbildung mitbringen, welche Arbeitszufriedenheit vorhanden ist, wie die Personalentwicklung in medienpädagogischen Arbeitsfeldern verläuft, welche andere Berufsgruppen in ähnlichen Bereichen tätig sind, welche Bedürfnisse und Erwartungen an Fort- und Weiterbildung bestehen, etc.

Aktuelle Berufschancen

Eine Grobauswertung von Stellenausschreibungen[3] für Medienpädagogen/innen an Hochschulen und in pädagogischen Handlungsfeldern, die in den letzten drei Jahren (2009-2011) im deutschsprachigen Raum bekannt gemacht wurden, ergibt folgendes Bild: In *Praxisfeldern* der frühkindlichen Bildung und der außerschulischen Jugend- und Erwachsenenbildung beziehen sich die Stellenausschreibungen vor allem auf zeitlich befristete Stellen in Projekten und haben (je nach Projektausstattung) einen unterschiedlichen Zuschnitt: viele halbe Stellen, teilweise auch 70, 80 oder 100 Prozent-Stellen; Laufzeit: von kurzzeitigen Vertretungsstellen (ab einem halben Jahr) über ein bis zwei Jahre (mit Abstand die meisten Stellen) bis zu teilweise drei bis vier Jahren (nur wenige Stellen); unbefristete Stellen gibt es nur sehr wenige. Bezahlung der befristeten Stellen: vor allem TV-L 10 oder 11; bei diversen Ausschreibungen fehlen bei der Bezahlung konkrete Angaben; es gibt einzelne Fälle, wo Mitarbeiter auf Honorarbasis gesucht werden (Nennung der Gesamtstundenzahl des befristeten Projekts). Insgesamt wird deutlich, dass projektbezogene Stellen eindeutig dominieren. Es handelt sich zu einem Großteil um Projektgelder, die von verschiedenen Fördergebern (vor allem Bundes- und Länderebene) in Zusammenhang mit aktuellen medienpädagogischen Schwerpunktthemen eingeworben oder zugeteilt

---

3 Basis: Stellenausschreibungen, die Newslettern und Rundmails medienpädagogischer Dachverbände und Organisationen zu entnehmen waren (vor allem der Gesellschaft für Medienpädagogik und Kommunikationskultur e.V./GMK und der Sektion Medienpädagogik). Es erfolgte keine systematische Auswertung, sondern lediglich eine erste Grobauswertung für den vorliegenden Beitrag.

wurden, z.B. präventiver Kinder- und Jugendmedienschutz, Projektmanager, Durchführung von Multiplikatoren-Veranstaltungen in verschiedenen Bereichen. Bei den Stellenausschreibungen im *Hochschulbereich* zwischen 2009 und 2011 handelt es sich bei den meisten gesichteten Stellen um zeitlich befristete wissenschaftliche Mitarbeiter-/Promotionsstellen in Verknüpfung mit einzelnen Lehraufgaben (halbe Stellen, Befristung überwiegend auf zwei bis drei Jahre, Bezahlung: TV-L 13). Des Weiteren gibt es einzelne Post-doc-Stellen (mit längerer Laufzeit, Bezahlung: TV-L 14 und W1; auch einzelne Vertretungsprofessuren) und nur sehr wenige unbefristete Stellen (W2- und W3-Professuren; akademische Mitarbeiter-Stellen).

Die Grobauswertung der Stellenausschreibungen passt in den Trend, den Pietraß und Hannawald in einer Analyse aus dem Jahr 2008 vorlegten. Zwar sei die akademische Medienpädagogik 2008 an 30 Standorten vertreten (gegenüber 18 Standorten 1995), aber die Zahl der Stellenausschreibungen sei seit 2003 gegenüber den Vorjahren erheblich zurückgegangen (Pietraß/Hannawald 2008). Gemessen an programmatischen Aussagen im politischen Raum („Medienkompetenz ist eine Schlüsselkompetenz") ist diese Stellenentwicklung, die in den letzten Jahren anhält, mehr als ernüchternd. Es besteht eine große Kluft zwischen öffentlicher Rhetorik und einer nachhaltigen und breitenwirksamen Förderung von Medienkompetenz und Medienbildung. Im Folgenden wird die Situation in einzelnen Bereichen skizziert.

4. Situation der Medienkompetenzförderung in ausgewählten Bereichen

Frühkindliche Bildung und Erziehung

Es gibt Modellprojekte auf Länder- und Bundesebene, die Konzepte und Materialien für kreative Formen der Medienerziehung in Kindergärten entwickelt haben. In der Breite gesehen fehlt jedoch eine Umsetzung (vgl. u.a. Six/Gimmler 2007). Zwar gibt es in Deutschland ca. 60 neue Bachelor-Studiengänge im Bereich der frühkindlichen Bildung und Erziehung, aber kaum medienpädagogische Module.[4] Fortbildungsangebote, wie sie z.B.

---

4 In Baden-Württemberg verabschiedete das Hochschulnetzwerk „Bildung und Erziehung in der Kindheit" 2012 ein „Rahmencurriculum BA Frühe Bildung Baden-Württemberg", welches auch einen Baustein „Medienpädagogik" enthält (vgl. http://www.eh-freiburg.de/inc/template/ehfreiburg/de/Pdf/aktuelles/Rahmen curriculum-BA-Fruehpaedagogik_Mai12.pdf).

BIBER – das Netzwerk für frühkindliche Bildung – anbietet, reichen nicht aus – Grundlagen sind bereits in der Ausbildung von Erzieher/innen zu legen (vgl. Initiative „Keine Bildung ohne Medien!" 2011, S. 9). Bezüglich der Orientierungs- und Rahmenpläne für frühkindliche Bildungseinrichtungen sind nur in einzelnen Bundesländern medienpädagogische Themen als eigenständiger Bildungsbereich verankert. Kompetenzprofile sollten Medien als festen Bestandteil der Lebenswelt von Kindern und Familien verstehen, Habitusunterschiede insbesondere mit Blick auf soziale und mediale Kontexte des Aufwachsens reflektieren und die angehenden Fachkräfte in die Lage versetzen, spezifisches Medienhandeln von Kindern und Familien aufzugreifen und kritisch-konstruktiv zu begleiten (Einbinden von Medien im Alltag der Kita, Reflexion der Medienerfahrungen der Kinder mit den Eltern). Kutscher weist darauf hin, dass auch die Reflexion einer Employability-Orientierung in Bildungsinhalten des Elementarbereichs sowie eine Problematisierung der Kompetenz-/Output-Orientierung notwendig sei, z.B. an einer zweckrationalen Ausrichtung pädagogischen Handelns. Hierzu gehöre auch die Entwicklung eines kritischen Medienkompetenzbegriffs, der den normativen Charakter von Medienkompetenzmodellen hinterfragt.[5]

Schulische Bildung

Die Aufnahme medienbezogener Inhaltsbereiche in Bildungspläne der Bundesländer und diverse Kampagnen zur besseren Verankerung von Medienbildung an Schulen brachten in den vergangenen 10 bis 15 Jahren durchaus Fortschritte. Gleichzeitig zeigen Studien, wie etwa der bilanzierende Bericht der Universität Paderborn zum Programm „Schulen ans Netz" (Herzig/Grafe 2007), Studien zum medialen Habitus von Lehramtsstudierenden (Biermann 2009; Kommer 2010) sowie eine Überblicksstudie von Kammerl/Ostermann (2010) zum Stellenwert der Medienkompetenzförderung in Schulen, dass es bei vielen Lehramtsstudierenden und Lehrkräften an Medienkompetenzen und medienpädagogischen Kompetenzen mangelt. Neben einer fehlenden medienpädagogischen Grundbildung aller Lehramtsstudierenden hängt diese Situation auch damit zusammen, dass es bislang noch nicht gelang, Standards der Medienkompetenzförderung in schulischen Curricula verbindlich zu verankern und systematisch im Bereich schulischer Medienbildung Evaluationsstudien und Programme zur Qualitätssicherung durchzuführen (vgl. Schulz-Zander/Eickelmann/Moser/Niesyto/Grell 2012).

---

5 Nadia Kutscher auf dem Symposium in Essen; vgl. auch Kutscher (2009).

Außerschulische Jugendbildung

Obgleich digitale Medien für Jugendliche eine zentrale Sozialisationsrelevanz haben (Hugger 2010; Medienpädagogischer Forschungsverbund 2011) und die On- und Offlinewelt für sehr viele Jugendliche heute gleichberechtigte Teile ihrer Alltags- und Lebenswelt darstellen, häufen sich in den letzten Jahren die Berichte, dass die Mitarbeiter/innen in der Jugendarbeit/-bildung nicht hinreichend auf diese Situation pädagogisch vorbereitet sind. Konzepte einer digitalen Jugendbildung sind zwar vorhanden (u.a. Röll 2010) und werden in Modellprojekten erprobt, aber in der Breite gesehen fehlt es an medienpädagogisch qualifiziertem Personal. Auch in diesem Bereich geht es darum, Sozialarbeitern und Sozialpädagogen eine medienpädagogische Grundbildung zu ermöglichen, die sie befähigt, offen für die Innovationskraft Jugendlicher im Bereich digitaler Medienpraxen zu sein, aber auch sensibel für die Überforderungen und Risiken zu sein, die sich im Gebrauch von Medien ergeben und die subjektiven Handlungsmöglichkeiten begrenzen.[6]

Eine neue professionsbezogene Herausforderung stellen im Bereich der außerschulischen Bildung Qualifikationsangebote für Fachkräfte dar, die nicht (primär) aus dem pädagogischen Bereich kommen, aber daran interessiert sind, Medienkompetenzen z.B. im Kontext von Bürgerfunk, Video- und Fernsehprojekten zu vermitteln. Hier beschreiten z.B. Einrichtungen wie die Landesanstalt für Medien NRW (LfM) neue Wege, indem sie *Medientrainer* aus- und weiterbilden, die in lokalen Bildungskontexten und Netzwerkstrukturen zum Einsatz kommen (Appelhoff 2012). Bislang liegen hierüber keine systematischen Evaluationsberichte vor. Die Frage ist, inwieweit durch solche Medientrainer medienpädagogische Fachkräfte verdrängt werden bzw. es auf dem Stellenmarkt schwieriger haben; aber es stellt sich auch die Frage nach den aktuellen Kompetenzanforderungen und inwieweit diese von den bisherigen medienpädagogischen Ausbildungsgängen bedient werden.

Hochschulen

Bislang gibt es an vielen Hochschulen keine Verpflichtung für Pädagogik-Studierende, sich im Studium mit medienpädagogischen Fragen zu befassen. Zwar nahm ab Mitte der 1990er Jahre die Zahl medienpädagogisch orientierter Professuren zu, im Hinblick auf die Ausbildungssituation ist

---

6 Hugger auf dem Symposium in Essen 2011.

das Angebot aber immer noch sehr gering. Je nach Studiengängen, Arbeitsschwerpunkten und Rahmenbedingungen der verantwortlichen Lehrstühle stehen mediensozialisatorische, bildungstheoretische oder mediendidaktische/-gestalterische Schwerpunkte im Vordergrund. Mit Blick auf die neuen Bachelor- und Masterstrukturen bilanziert Blömeke kritisch: „Pflichtmodule lassen medienpädagogische Lehrveranstaltungen nur noch zu, wenn sie ausdrücklich ausgewiesen sind; die Trennung von Berufsfeldbezug und Theorieorientierung orientiert sich an dem Wesen von Grundlagendisziplinen und splittet Charakteristika von anwendungsorientierten Disziplinen wie der Medienpädagogik unnötig auf; Profilierungsnotwendigkeiten lassen Universitäten gerade in einem öffentlichkeitswirksamen Bereich wie Medien in Konkurrenz zueinander treten, sodass Kooperationen kaum noch realisierbar sind" (Blömeke 2008, S. 573). Die Studie von Pietraß und Hannawald (2008) bilanzierte 2008, dass es bundesweit an 20 Hochschulstandorten die Möglichkeit gebe, Medienpädagogik schwerpunktmäßig zu studieren, jedoch seien lediglich zwei grundständige und vier weiterführende Studiengänge aufweisbar; an 13 Standorten sei es möglich, medienpädagogische Kenntnisse als Zusatzqualifikation im Rahmen des Lehramtsstudiums zu erwerben (Pietraß/Hannawald 2008). Eine explorative „Berufsfeldstudie Medienpädagogik" (Bauer/Andres/Hamann 2012), die an der Universität Mainz stattfand, erbrachte u.a. das Ergebnis, dass Absolventen mehr Praxiseinbindung ins Studium wünschten. Die Initiative „Keine Bildung ohne Medien!" (2011) regte eine Bund-Länder-Studie an, um den Ist-Stand der medienpädagogischen Ausbildungsangebote an den Hochschulen zu erheben und Empfehlungen für die Verankerung einer medienpädagogischen Grundbildung zu entwickeln. Die Sektion Medienpädagogik in der DGfE ist der Auffassung, dass an jeder Hochschule, an der pädagogische Fachkräfte ausgebildet werden, je nach Größe der Studierendenzahlen und Zahl der Studiengänge ein bis zwei medienpädagogische Professuren mit entsprechenden Mitarbeiter/innen-Stellen erforderlich sind. In der medienpädagogischen Forschung sind Schwerpunkte zu etablieren, die eine auf Langfristigkeit angelegte Grundlagenforschung – gerade im Bereich der Mediensozialisation – ermöglicht. Erheblich stärker zu fördern sind die medienpädagogische Praxis- und Evaluationsforschung, um sicherzustellen, dass die Praxis von Medienbildung und Medienerziehung systematisch beobachtet, analysiert und weiterentwickelt werden kann.

5. "Keine Bildung ohne Medien!" – Artikulation im politischen Raum

Die Sektion Medienpädagogik in der DGfE initiierte die Diskussion über die Entwicklung einer bildungs- und professionspolitischen Initiative. In Gesprächen mit der Gesellschaft für Medienpädagogik und Kommunikationskultur e.V. (GMK), dem JFF – Institut für Medienpädagogik in Forschung und Praxis e.V. und weiteren Organisationen entstand die Idee zu einem *Medienpädagogischen Manifest*, das 2009 veröffentlicht wurde und Vorschläge für eine breitenwirksame und nachhaltige Förderung von Medienbildung und Medienkompetenz enthält.[7] Es war das erste Mal, dass sich zentrale medienpädagogische Organisationen und Berufsverbände in Deutschland auf eine gemeinsame bildungs- und professionspolitische Initiative verständigten. Über 1.300 Personen und Organisationen unterzeichneten das Manifest, darunter mehrere Fachverbände der Kinder-, Jugend-, Erwachsenen- und Familienbildung.

Ende 2009 wurde die Initiative "Keine Bildung ohne Medien!" gegründet. Das Motto der Initiative möchte darauf hinweisen, dass alle Elemente des Bildungsprozesses – die Bildungsinhalte, die Lernprozesse und die Vermittlungsformen von Bildung – zu einem erheblichen Teil an Medien gebunden sind und aktuelle Reformen in der Bildungspolitik nicht ohne Berücksichtigung der Medienbildung bleiben dürfen. Die Initiative veranstaltete im März 2011 in Berlin einen medienpädagogischen Kongress, an dem über 400 Personen teilnahmen. Der Kongress konkretisierte in 13 Arbeitsgruppen die Vorschläge des medienpädagogischen Manifests. Die Veranstalter fassten die wichtigsten Ergebnisse entlang von fünf zentralen bildungspolitischen Forderungen zusammen: 1. Nachhaltige Verankerung von medienpädagogischen Angeboten; 2. Förderung bildungsbenachteiligter Sozialmilieus; 3. bessere Infrastrukturen und mehr Ressourcen; 4. Qualifizierung von Fachkräften; 5. Ausbau medienpädagogischer Forschung (Initiative "Keine Bildung ohne Medien!" 2011).[8]

Eine Zwischenbilanz der Aktivitäten zeigt unterschiedliche Trends. Einerseits wurden zentrale Anliegen, wie z.B. die Forderung nach einer medienpädagogischen Grundbildung aller pädagogischen Fachkräfte in verschiedenen ministeriellen und fachpolitischen Stellungnahmen, aufgegriffen.[9] So beschloss die Kultusministerkonferenz im März 2012, dass künftig "Medi-

---

7 Siehe http://www.keine-bildung-ohne-medien.de/medienpaed-manifest/
8 Vgl. http://www.keine-bildung-ohne-medien.de/mpk2011/dokumentation/
9 Siehe einen Überblick unter: http://www.keine-bildung-ohne-medien.de/wp-content/uploads/2012/04/KBoM-kleine-Zwischenbilanz-2012.pdf

enbildung sowohl in den Bildungswissenschaften als auch in der fachbezogenen Lehrerausbildung der ersten und zweiten Phase in den Prüfungsordnungen ausreichend und verbindlich zu verankern" ist.[10] Bei Förderinstitutionen auf Bundes- und Länderebene ist das Bewusstsein gewachsen, Medienbildung nachhaltiger zu fördern. Dabei wird deutlich, dass es nicht allein um finanzielle Ressourcen, sondern auch um die sinnvolle Verknüpfung mit anderen Bildungsaufgaben geht. Allerdings fehlen bis jetzt spürbare Schritte in der breitenwirksamen Umsetzung. Verschiedene „Dialog-Aktionen" von Ministerien hören zwar die wissenschaftliche Expertise, führen aber bis dato nur in Ausnahmefällen zu neuen, an Kriterien von Nachhaltigkeit orientierten Förderstrukturen. Bund, Länder und Kommunen verweisen auf knappe finanzielle Mittel. Notwendig sind Schritte, die Medienkompetenz-Förderung als ein kooperatives Bund-Länder-Modell in den kommenden Jahren auf den Weg bringen. Hierzu erscheint es sinnvoll, insbesondere auf regionaler Ebene jeweils einen „Runden Tisch Medienbildung" zu schaffen, der die relevanten Akteure aus allen Handlungsfeldern zusammenbringt. Gerade im Rahmen des Ausbaus von Ganztagsschulen und der Realisierung von Konzepten inklusiver Bildung sind Kooperationen zwischen schulischer und außerschulischer Medienbildung zu intensivieren. Die akademische Medienpädagogik sollte sich hieran beteiligen und auch den Diskurs mit anderen erziehungswissenschaftlichen Teildisziplinen und Berufsfeldern erheblich intensivieren.

In den letzten Jahren differenzieren sich die Medienkulturen in der Gesellschaft weiter aus, auch im Bildungsbereich. Insbesondere viele jüngere Kollegen/innen engagieren sich in Initiativen wie z.B. *educamp*, um gemeinsam Medienbildung im beruflichen Alltag voranzubringen. Viele sind skeptisch gegenüber traditionellen Konferenzen und Organisationsstrukturen und setzen auf den direkten Austausch. Hier ist es eine Aufgabe aller, die an der Stärkung von Medienbildung in der Gesellschaft interessiert sind, andere Medienkulturen zu verstehen und kommunikations- und lernfähig zu bleiben. Damit verknüpft ist auch die Frage der weiteren Professionalisierung von Medienpädagogik. Deutlich wird in den letzten Jahren, dass Fachkräfte, die z.B. im Bereich Medienwirtschaft, Mediendesign/-gestaltung, Medientechnik studierten, vermehrt die Motivation entwickeln, sich stärker im Bildungsbereich zu engagieren. Die Medienpädagogik ist hier gefragt, durch entsprechende Studien-, Fort- und Weiterbildungsangebote Standards der Medienpädagogik sicherzustellen und weiter an Rahmenkompetenzen für das Berufsbild „Medienpädagoge/in" zu arbeiten.

---

10 Siehe http://www.kmk.org/fileadmin/veroeffentlichungen_beschluesse/2012/2012_03_08_Medienbildung.pdf (Teil 2.3).

Literatur

Appelhoff, M. (2012): Qualifikation als Voraussetzung wirksamer bürgermedialer Partizipation. Grundlage der Förderung der Bürgermedien. In: Landesanstalt für Medien NRW (Hrsg.), Medienkompetenzbericht 2011/12 (S. 8-15). Düsseldorf: LfM.

Aufenanger, S. (2000): Mediensozialisation. In U. Sander/F.v. Gross/K.-U. Hugger (Hrsg.), Handbuch Medienpädagogik (S. 93-99). Wiesbaden: VS Verlag.

Bauer, P./Hamann, S./Andres, L. (2011): Berufsfeldstudie Medienpädagogik. Zugriff am 28.09.2012 unter http://www.mediaculture-online.de/Autoren-A-Z.253+M5fa7ae4634f.0.html

Biermann, R. (2009): Die Bedeutung des Habitus-Konzepts für die Erforschung soziokultureller Unterschiede im Bereich der Medienpädagogik. MedienPädagogik, Zeitschrift für Theorie und Praxis der Medienbildung, Themenheft 17. Zugriff am 28.09.2012 unter http://www.medienpaed.com/17/biermann0908.pdf

Blömeke, S. (2008): Studium und Weiterbildung. In: U. Sander/F. v. Gross/K.-U. Hugger (Hrsg.), Handbuch Medienpädagogik (S. 571-576). Wiesbaden: VS Verlag.

Böhnisch, L./Lenz, K./Schröer, W. (2009): Sozialisation und Bewältigung. Eine Einführung in die Sozialisationstheorie der zweiten Moderne. Weinheim und München: Juventa.

Fromme, J./Kommer, S./Mansel, J./Treumann, K.-P. (Hrsg.) (1999): Selbstsozialisation, Kinderkultur und Mediennutzung. Opladen: Leske + Budrich.

Herzig, B./Grafe, S. (2007): Digitale Medien in der Schule. Standortbestimmung und Handlungsempfehlungen für die Zukunft; Studie zur Nutzung digitaler Medien in allgemein bildenden Schulen in Deutschland. Bonn: Deutsche Telekom.

Hoffmann, D./Mikos, L. (Hrsg.) (2010): Mediensozialisationstheorien. Neue Modelle und Ansätze in der Diskussion (2. Auflage). Wiesbaden: VS Verlag.

Hugger, K.-U. (Hrsg.) (2010): Digitale Jugendkulturen. Wiesbaden: VS Verlag.

Hugger, K.-U. (2008a): Professionalisierung der Medienpädagogik. In: U. Sander/F.v. Gross/K.-U. Hugger (Hrsg.), Handbuch Medienpädagogik (1. Aufl., S. 559-563). Wiesbaden: VS Verlag.

Hugger, K.-U. (2008b): Berufsbild und Arbeitsmarkt für Medienpädagogen. In: U. Sander/F.v. Gross/K.-U. Hugger (Hrsg.), Handbuch Medienpädagogik (1. Aufl., S. 564-567). Wiesbaden: VS Verlag.

Hugger, K.-U. (2001): Medienpädagogik als Profession. Perspektiven für ein neues Selbstverständnis. München: kopaed.

Initiative „Keine Bildung ohne Medien!" (Hrsg.) (2011): Bildungspolitische Forderungen. Medienpädagogischer Kongress 2011. Ludwigsburg.

Kammerl, R./Ostermann, S. (2010): Medienbildung – (k)ein Unterrichtsfach? Eine Expertise zum Stellenwert der Medienkompetenzförderung in Schulen. Hamburg: Medienanstalt Hamburg/Schleswig-Holstein.

Kommer, S. (2010): Kompetenter Medienumgang? Eine qualitative Untersuchung zum medialen Habitus und zur Medienkompetenz von SchülerInnen und Lehramtsstudierenden. Leverkusen: Budrich UniPress Ltd.

Krotz, F. (2005): Mediatisierung. Fallstudien zum Wandel von Kommunikation. Wiesbaden: VS Verlag.

Kutscher, N. (2009): Ungleiche Teilhabe – Überlegungen zur Normativität des Medienkompetenzbegriffs. MedienPädagogik, Zeitschrift für Theorie und Praxis der Medienbildung, Themenheft 17. Zugriff am 28.09.2012 unter http://www.medienpaed.com/17/kutscher0904.pdf

Medienpädagogischer Forschungsverbund Südwest (2011): JIM-Studie 2011. Jugend, Information, (Multi-) Media. Basisuntersuchung zum Medienumgang 12- bis 19-Jähriger. Stuttgart: Medienpädagogischer Forschungsverbund Südwest.

Moser, H./Grell, P./Niesyto, H. (Hrsg.) (2011): Medienbildung und Medienkompetenz. Beiträge zu Schlüsselbegriffen der Medienpädagogik. München: kopaed.

Neuß, N. (Hrsg.) (2003): Beruf Medienpädagoge. Selbstverständnis – Ausbildung – Arbeitsfelder. München: kopaed.

Niesyto, H./Meister, D./Moser, H. (Hrsg.) (2010): Medien und soziokulturelle Unterschiede. MedienPädagogik, Zeitschrift für Theorie und Praxis der Medienbildung, Themenheft 17. Zugriff am 28.09.2012 unter http://www.medienpaed.com/zs/content/view/161/70/

Niesyto, H. (2010): Medienpädagogik: Milieusensible Förderung von Medienkompetenz. In: H. Theunert (Hrsg.): Medien. Bildung. Soziale Ungleichheit. Differenzen und Ressourcen im Mediengebrauch Jugendlicher (S. 147-161). München: kopäd.

Niesyto, H. (2012): Bildungsprozesse unter den Bedingungen medialer Beschleunigung. In: G Bukow/J. Fromme/B. Jörissen (Hrsg.): Raum, Zeit, Medienbildung. Untersuchungen zu medialen Veränderungen unseres Verhältnisses zu Raum und Zeit . Reihe Medienbildung und Gesellschaft (Band 23, S. 47-66). Wiesbaden: VS Verlag.

Pietraß, M./Hannawald, S. (2008): Der Stand der universitären Medienpädagogik: Professuren, Studiengänge und Studienabschlüsse. In: Erziehungswissenschaft 19 (S. 33-51). Zugriff am 28.09.2012 unter http://www.pedocs.de/volltexte/2012/1096/pdf/Erz Wiss_2008_36_Pietrass_Hannawald_Universitaere_Medienpaedagogik_D_A.pdf

Röll, F. J. (2010): Web 2.0 als pädagogische Herausforderung. In: B. Herzig/D. M. Meister/H. Moser/H. Niesyto (Hrsg.), Jahrbuch Medienpädagogik 8: Medienkompetenz und Web 2.0 (S. 201-220). Wiesbaden: VS Verlag.

Schorb, B. (2008): Handlungsorientierte Medienpädagogik. In: U. Sander/F. v. Gross/K.-U. Hugger (Hrsg.), Handbuch Medienpädagogik (1. Aufl., S. 75-86). Wiesbaden: VS Verlag.

Schulz-Zander, R./Eickelmann, B./Moser, H./Niesyto, H./Grell, P. (Hrsg.) (2012): Jahrbuch Medienpädagogik 9: Qualitätsentwicklung in der Schule und medienpädagogische Professionalisierung. Wiesbaden: VS Verlag.

Six, U./Gimmler, R. (2007): Die Förderung von Medienkompetenz im Kindergarten. Eine empirische Studie zu Bedingungen und Handlungsformen der Medienerziehung. Berlin: Vistas.

Spitzer, M. (2012): Digitale Demenz. Wie wir uns und unsere Kinder um den Verstand bringen. München Droemer Verlag.

Theunert, H. (Hrsg.) (2010): Medien. Bildung. Soziale Ungleichheit. Differenzen und Ressourcen im Mediengebrauch Jugendlicher. München: kopaed.

Tulodziecki, G. (2011): Zur Entstehung und Entwicklung zentraler Begriffe bei der pädagogischen Auseinandersetzung mit Medien. In: H. Moser/P. Grell/H. Niesyto (Hrsg.), Medienkompetenz und Medienbildung. Beiträge zu Schlüsselbegriffen der Medienpädagogik (S. 11-39). München: kopaed.

Vollbrecht, U./Wegener, C. (Hrsg.) (2010): Handbuch Mediensozialisation. Wiesbaden: VS Verlag.

Wagner, U. (Hrsg.) (2008): Medienhandeln in Hauptschulmilieus. Mediale Interaktion und Produktion als Bildungsressource. München: kopaed.

Wunden, W. (1994): Medienpädagogik als Beruf. Überlegungen zu einem Berufsbild „MedienpädagogIn". In: S. Hiegemann/W. H. Swoboda (Hrsg.), Handbuch der Medienpädagogik (S. 325-337). Opladen: Leske + Budrich.

Bernhard Schmidt-Hertha und Rudolf Tippelt

Erwachsenen- und Weiterbildung: Sicherheit durch Qualitätsentwicklung?

1. Einleitung

In pädagogischen Diskursen kann der Begriff der Profession als nicht mehr ausreichend anschlussfähiges „Auslaufmodell" charakterisiert werden, wohingegen die Frage nach Professionalität und Professionalisierung in pädagogischen Feldern insgesamt und in der Erwachsenenbildung im Besonderen von gravierender Aktualität ist (vgl. Helsper/Tippelt 2011). Professionalität ist dabei einerseits verbunden mit den Erfordernissen gesellschaftlicher Arbeitsteilung und spezifischen Qualifikationsprogrammen, die im pädagogischen Feld zu einer zunehmenden Akademisierung geführt haben – wie dies in der Frühkindlichen Bildung derzeit zu beobachten ist und wie sie sich im Bereich der Erwachsenenbildung weitgehend durchgesetzt hat (vgl. WSF 2005). Gleichzeitig zeigt sich eine Diversifizierung und Ausdifferenzierung pädagogischer Handlungsfelder gerade im Weiterbildungsbereich sehr deutlich und trägt letztlich auch zu einer Fortführung der Heterogenität von Qualifikationswegen in der Erwachsenenbildung Tätiger bei (vgl. ebd.).

Andererseits kann Professionalität aus zivilgesellschaftlicher Perspektive über die Rekonstruktion der Handlungs- und Anforderungsstruktur pädagogischer Tätigkeit bestimmt werden (vgl. Helsper/Tippelt 2011), die sich auch auf die Mehrheit der im Weiterbildungsbereich pädagogisch Tätigen – die häufig prekär beschäftigten Honorarkräfte – sowie ehrenamtlich Tätige anwenden lässt (vgl. Nittel 2011). Aktuell wird in einem europäischen Projekt versucht, diese Anforderungen in einem gemeinsamen Kompetenzraster abzubilden, um, darauf aufbauend, Professionellen im Feld ein Instrument zur Erfassung und Überprüfung der eigenen Kompetenzen anzubieten (www.flexi-path.eu). Das Risiko, das dieses und ähnliche Projekte in sich tragen, ist die Delegation der Verantwortlichkeit für die professionelle (Weiter-) Qualifizierung an die Professionellen selbst, die so in die Rolle des Arbeitskraftunternehmers gedrängt werden (vgl. Dobischat/Fischell/Rosendahl 2010).

2. Professionalisierung und Professionelle in der Weiterbildung

Im Weiterbildungssektor sind verschiedene strukturelle Probleme und Schieflagen zu beobachten, die – zumindest für wesentliche Teile der Lehrenden im Feld – professionelles Handeln und insbesondere die weitere Professionalisierung erschweren. Das Professionelle Feld zeichnet sich nicht nur durch die starke Heterogenität hinsichtlich (Aus-)Bildungsbiographien, Berufsbild und tätigkeitsbezogener Motivation aus (vgl. von Hippel/Tippelt 2009; Tippelt/Buschle in Druck), sondern auch durch eine erhebliche Diskrepanz in den Arbeits- und Beschäftigungsbedingungen zwischen Festangestellten, Honorarkräften und Ehrenamtlichen sowie innerhalb dieser Gruppen (vgl. Dobischat/Fischell/Rosendahl 2009), die für einen nicht unerheblichen Teil der im Bereich Erwachsenenbildung Tätigen zu prekären Erwerbssituationen führen.

Dabei sind mindestens drei Gruppen von in der Erwachsenenbildung pädagogisch Tätigen zu differenzieren.

Erstens die sogenannten *HPM (hauptberufliche pädagogische Mitarbeiter)*, die sich überwiegend in relativ sicheren und angemessen entlohnten Beschäftigungsverhältnissen befinden, aber nur etwa 4% der pädagogisch Tätigen im Weiterbildungssektor abbilden. Ihr Aufgabenfeld hat sich in der Vergangenheit zunehmend um Aufgaben des Bildungsmanagements und der Bildungsorganisation erweitert, gleichzeitig ist die Anzahl der angebotenen Kurse und Unterrichtseinheiten pro HPM zwischen 2002 und 2009 um über 20% gewachsen (vgl. Weiß/Horn 2011), d.h. der Ausbau von Angebotsstrukturen und eine stagnierende Weiterbildungsaktivität (vgl. Rosenbladt/Bilger 2011, S. 28f.) ging nicht mit einem Abbau des festangestellten pädagogischen Personals einher, teilweise aber mit einer Umstrukturierung hin zu administrativen Aufgaben des Personal.

Zweitens wird die überwiegende Zahl von Kursen und Veranstaltungen von *Honorarkräften* gestaltet, die in unterschiedlichem Ausmaß auf die damit verbundenen Einkünfte angewiesen sind und deren Tätigkeit als Erwachsenenbildnerin bzw. Erwachsenenbildner hinsichtlich Umfang und Bezahlung stark variiert (vgl. WSF 2005; Kraft 2009). Es finden sich in diesem Segment einerseits Trainerinnen und Trainer mit sehr hohen Tagessätzen, andererseits Honorarkräfte, die trotz einer enormen Arbeitsbelastung nur minimale Einkommen erzielen und dabei das gesamte unternehmerische Risiko selbst tragen müssen. Besonders belastet sind hier diejenigen Honorarkräfte, die ihren Lebensunterhalt vollständig oder überwiegend aus der Lehrtätigkeit bestreiten müssen und gleichzeitig selbst für die eigene Weiterqualifizierung und Professionalisierung sorgen müssen (vgl. WSF 2005). Diese Teilgruppe ist vielfach im Bereich der öffentlich geförderten

Weiterbildung auf Grundlage des SGB II und SGB III tätig und war in besonderem Maße von den Hartz-Reformen und der damit verbundenen Reduzierung der Regelsätze für Lehrende in den geförderten Maßnahmen betroffen (vgl. Dobischat/Fischell/Rosendahl 2009).

Schließlich sind drittens die *ehrenamtlichen Dozentinnen und Dozenten* zu nennen, auf deren Mitarbeit insbesondere kleinere Bildungseinrichtungen im ländlichen Raum angewiesen sind. Da die Gruppe der ehrenamtlich Lehrenden von der Thematik Sicherheit des Beschäftigungsverhältnisses und Professionalisierung nur randständig betroffen sind, wird der Fokus im Weiteren auf die beiden anderen Gruppen von Erwachsenenbildnerinnen und Erwachsenenbildnern gerichtet, wenngleich hinsichtlich der Qualität von Lehr-Lern-Interaktionen alle drei Gruppen eine zentrale Rolle spielen.

3. Qualitätsentwicklung in der Weiterbildung

In der an eine bereits wesentlich ältere Debatte um Qualität und Qualitätssicherung in der Weiterbildung anknüpfende, nicht zuletzt aber von politischen und marktwirtschaftlichen Impulsen getragene Entwicklung hin zu einer nahezu flächendeckenden Etablierung von Qualitätsmanagementsystemen im Weiterbildungssektor, wird Qualität von einem Anspruch an professionelles Handeln zu einem zentralen Prinzip des Bildungsmanagements erhoben (vgl. Hartz/Meisel 2011, S. 17; Aust/Schmidt-Hertha 2012). Einerseits befördert Qualitätsmanagement die Sicherung und Weiterentwicklung von Qualität in Bildungseinrichtungen zur zentralen Leitungsaufgabe, die in alle organisationalen und pädagogischen Abläufe hineinwirkt (vgl. Zollondz 2002), andererseits ist diese Erweiterung des Qualitätsverständnisses mit dem Risiko verbunden, dass organisationale Strukturen und Prozesse zu sehr im Vordergrund stehen und dem Lehr-Lern-Geschehen selbst weniger Aufmerksamkeit zu Teil wird (vgl. Dobischat/Fischell/Rosendahl 2010). Gleichzeitig nehmen Qualitätsmanagementsysteme aber nicht nur Input-Faktoren in den Blick – wie z.B. die Qualifikation und die Kompetenzen der Lehrenden, die als Grundlage für qualitativ hochwertige Bildungsangebote gesehen werden – sondern auch Output-Faktoren, wie die Zufriedenheit der Lernenden (vgl. Schmidt-Hertha/Aust 2012).

Die vielfältigen, teilweise aus anderen Wirtschaftsbereichen übernommenen, teilweise eigens für den Weiterbildungssektor entwickelten Systeme des Qualitätsmanagements in der deutschen Weiterbildungslandschaft dienen sowohl als internes Steuerungsinstrument als auch zur Außendarstellung von Weiterbildungsanbietern auf einem unübersichtlichen Markt (vgl. Meisel 2008). Während für das interne Management jedoch einzelne Indikatoren und Anforderungsbereiche wesentlich sind, fokussiert sich die

Außenwahrnehmung – für öffentliche wie private Auftraggeber und Lernende – auf die mit Qualitätsmanagementsystemen verbundenen Zertifikate. Übersehen wird dabei leicht, dass diese Zertifizierungen lediglich die Einführung eines Qualitätsmonitoring dokumentieren (vgl. Hartz 2010), in der Regel aber nichts über die Erfüllung von Qualitätsstandards aussagen (vgl. auch Zollondz 2002). Gerade für die Lernenden selbst sind daher andere Wege der Qualitätsprüfung – wie z.B. Bildungstests (vgl. Töpper 2002) – ein wichtiger Beitrag zur Herstellung von Transparenz, da sie direkt die Lernenden adressieren und sich gleichzeitig der unmittelbaren Einflussnahme durch die Bildungsträger entziehen (vgl. Schmidt-Hertha 2011). Bildungstests nehmen allerdings die Qualität von Weiterbildungsangeboten in den Blick und weniger die institutionellen Strukturen des Anbieters.

Etwa vier Fünftel aller im Weiterbildungsmonitor erfassten Bildungseinrichtungen nutzten 2010 eine Form des systematischen Qualitätsmanagements, nur ein Fünftel konnte kein entsprechendes Zertifikat vorweisen. Dominant sind überregionale Modelle, allen voran die aus der Normierung industrieller Produktion abgeleitete DIN EN ISO 9000 ff, nach der 36% der Weiterbildungsanbieter zertifiziert sind. 10% arbeiten nach der lernerorientierten Qualitätstestierung (LQW), die eigens für den quartären Bildungssektor entwickelt wurde, und weitere 7% orientieren sich an dem von der European Foundation for Quality Management (EFQM) entwickelten System. Der Rest entfällt auf verschiedene regionale Zertifikate (12%), Qualitätsmanagementsysteme einzelner Weiterbildungsverbände (8%), Modelle anderer Verbände (7%) und nicht weiter spezifizierte Verfahren der Selbstevaluation (24%) (vgl. Weiland 2011). Differenzen zwischen den einzelnen Qualitätsmanagementmodellen finden sich weniger hinsichtlich der zentralen Bereiche, die als qualitätsrelevant identifiziert und adressiert werden (z.B. die Qualifikation des Personals), sondern in deren Spezifizierung und den Verfahren, die zum Qualitätsmonitoring eingesetzt werden (vgl. Kalman 2012). Während z.B. die DIN EN ISO 9000 ff primär auf externe Evaluationen zur Qualitätssicherung setzt, dominiert im EFQM-System die Selbstevaluation als zentrales Mittel des Monitorings. Im Rahmen von LQW werden beide Wege der Informationsgewinnung miteinander verknüpft. Gemeinsam ist allen drei genannten Modellen, dass sie primär über die Qualität von Prozessen in (Weiterbildungs-)Einrichtungen versuchen, die Rahmenbedingungen für Lehr-Lern-Prozesse zu optimieren (vgl. Hartz/Meisel 2011, S. 95). Die pädagogischen Fachkräfte und deren Qualifikation sind daher ein zentraler Baustein im Qualitätsentwicklungsprozess.

Mit der Etablierung von Qualitätsmanagement erweitert sich gleichzeitig das Anforderungs- und Aufgabenspektrum des hauptberuflichen Personals in der Weiterbildung. Erwachsenenbildnerinnen und Erwachsenenbildner sind aufgefordert, Verantwortung für die Qualität der Gestaltung von Lehr-Lern-Situationen zu übernehmen (vgl. Schmidt-Hertha 2011), wenngleich – in Abgrenzung zu anderen Dienstleistungen – die Qualität von Lehr-Lern-Prozessen primär als Ergebnis der Interaktion von Lehrenden und Lernenden unter spezifischen Rahmenbedingungen zu verstehen ist. Die Lernenden sind also als Co-Konstrukteure selbst an der Herstellung von Qualität beteiligt (vgl. Aust 2012). Der Umgang mit den daraus erwachsenden Grenzen der Planbarkeit von Lehr-Lern-Arrangements und der damit verbundenen Unsicherheit gehört entsprechend zu den grundlegenden Bestandteilen pädagogischer und insbesondere erwachsenenpädagogischer Professionalität (vgl. Peters 2004, S. 78; Tippelt 2011, S. 467).

4. Anforderungen an pädagogisches Personal und Personalentwicklung

Maßnahmen der Qualitätsentwicklung, z.B. die Einführung von Qualitätsmanagementsystemen, tangieren das pädagogische Personal und dessen Arbeitsbedingungen in zweierlei Hinsicht. Erstens werden in der Erwachsenenbildung Tätige im Rahmen von Qualitätsentwicklungsprozessen als wesentliche Ressource der jeweiligen Einrichtung begriffen, die Basis qualitativ ansprechender Angebote ist somit auch Gegenstand strategischer Planungen. Zweitens eröffnet sich durch die zunehmende Verbreitung von Qualitätsmanagementsystemen ein neues Tätigkeitfeld für Weiterbildnerinnen und Weiterbildner (vgl. Göhlich 2011), wobei bislang noch nicht klar abzusehen ist, inwieweit die damit verbundenen Aufgaben in den Arbeitsalltag der HPM integriert werden (job-enlargement) oder zur Ausbildung eines eigenständigen Berufsbildes führen (Spezialisierung). Auf beide Aspekte soll mit Bezug zur Frage der Beschäftigungssicherheit kurz eingegangen werden.

In allen auf dem Weiterbildungsmarkt führenden Qualitätsmanagementsystemen wird die Qualifikation des Personals als eine zentrale Ressource verstanden, was mit Anforderungen nicht nur an die Rekrutierung pädagogischer Fachkräfte, sondern auch an die Personalentwicklung in Weiterbildungseinrichtungen verbunden ist (vgl. Schmidt-Hertha/Aust 2012; von Hippel/Tippelt 2009). So nimmt z.B. die DIN ISO EN 9001 explizit die Weiterbildungsanbieter in die Pflicht, Weiterbildungsbedarfe der Lehrenden zu erheben und entsprechende Angebote vorzuhalten (vgl. Wuppertaler Kreis/CERTQUA 2006, S. 57f.), während die EFQM sogar eine grundlegende Verpflichtung zur Weiterentwicklung des pädagogischen Personals für die Weiterbildungsorganisationen formuliert (Zollondz 2006), die allerdings nur in der LQW explizit auch auf die neben- und freiberuflich arbeitenden Lehrenden ausgedehnt wird (vgl. Ehses/Zech 2002, S. 14). Neben der sicherlich eine Schlüsselrolle einnehmenden Qualifikation des pädagogischen Personals ergeben sich aus verschiedenen Qualitätsmanagementvorgaben auch Anforderungen hinsichtlich der Verbesserung von Arbeitsbedingungen, Forderungen nach den einer professionellen Tätigkeit angemessenen Handlungsfreiheiten und der Möglichkeit zum kontinuierlichen Austausch mit Kolleginnen und Kollegen (vgl. Zech 2005). Für die Beschäftigungssicherheit des hauptamtlichen pädagogischen Personals haben diese Forderungen zwar nur indirekte aber doch wesentliche Relevanz. Wenn die in den Qualitätsmanagementsystemen nahegelegte Sichtweise der pädagogischen Mitarbeiter als zentrale und langfristig zu entwickelnde Ressource ernst genommen wird, muss ein Bildungsträger ein starkes Interesse an einer langfristigen und kontinuierlichen Zusammenarbeit sowie an der Zufriedenheit der Fachkräfte haben.

Neben diesen Anforderungen bringt die von Bildungsträgern überwiegend wahrgenommene Notwendigkeit einer kontinuierlichen Qualitätsentwicklung neue Aufgabenfelder für Erwachsenenbildnerinnen und Erwachsenenbildner mit sich. Die Implementierung, Durchführung und Zertifizierung von Qualitätsmanagement erfordert entsprechend qualifizierte Akteure, die Verantwortung für Qualitätsentwicklungsprozesse und deren Monitoring übernehmen – sei es organisationsintern oder als Außenstehende (vgl. Schmidt-Hertha 2011). Die damit verbundenen zusätzlichen Aufgaben für das pädagogische Personal und für hauptberufliche Qualitätsbeauftragte in den Bildungseinrichtungen sind kontinuierlich anfallende und weitgehend konjunkturunabhängige Tätigkeiten, die nicht mit Modellen freiberuflicher Tätigkeit oder einer Beschäftigung auf Honorarbasis vereinbar sind, da sie ein hohes Maß an Vertrautheit mit den jeweiligen Organisationsstrukturen und deren Entwicklung voraussetzen. Daneben ergeben sich in Zertifizierungsagenturen neue Beschäftigungsfelder als Gutachtende oder Evaluierende, die neben umfassenden Kenntnissen im Bereich des Qualitätsmanagements (vgl. Hopbach 2008) auch ein hohes Maß an Vertrautheit mit den Strukturen des quartären Bildungssektors einfordern (vgl. Klopsch 2009, S. 118ff.). Eine genauere Betrachtung der Tätigkeitsfelder und Qualifikationsanforderungen von in Qualitätsagenturen Tätigen verweisen darauf, dass einerseits Professionelle mit einer akademischen pädagogischen Ausbildung in hohem Maße über die erforderlichen Kompetenzen verfügen (vgl. Schmidt-Hertha 2011) und diese Kompetenzen andererseits sehr viel Erfahrungswissen voraussetzen, das nicht in kurzfristigen Beschäftigungsverhältnissen entwickelt werden kann. Das Beschäftigungsfeld in Qualitäts- und Zertifizierungsagenturen dürfte zwar weniger von kurzfristigen Schwankungen in der Weiterbildungsbeteiligung und -finanzierung tangiert sein, ist aber dennoch nicht unabhängig von politischen Rahmenbedingungen, die erst die Voraussetzungen für die Entstehung dieses Tätigkeitsfelds geschaffen haben (vgl. Hartz 2008; Aust/Schmidt-Hertha 2012).

5. Konsequenzen für Professionalisierung

Im Hinblick auf die Entwicklung von Professionalität im Feld der Weiterbildung sind von den neuen Qualitätsregimen signifikante Impulse zu erwarten, deren Effekte letztlich aber in starkem Maße von finanziellen und politischen Rahmenbedingungen abhängen dürften. Einerseits erwachsen aus der Etablierung von Qualitätsmanagement neue Aufgaben für Professionelle oder auch neue Tätigkeitsfelder. Es dürfte aber schon aufgrund ihrer geringen institutionellen Einbindung für Honorarkräfte schwierig sein, diese Aufgaben zu übernehmen, sodass eine weitere Verlagerung des Aufgabenspektrums der HPM in Richtung Bildungsmanagement bzw. die Herausbildung organisationsinterner Qualitätssicherungsspezialisten wahrscheinlich erscheint.

Andererseits nehmen alle verbreiteten Qualitätsmanagementsysteme die in Weiterbildungseinrichtungen Tätigen und insbesondere die Lehrenden als einen zentralen Baustein in der Qualitätsentwicklung in den Blick, wenngleich bei manchen Modellen gerade die große Zahl der Honorarkräfte, die häufiger unter prekären Arbeitsbedingungen leiden, Gefahr laufen, nicht in die Qualitätsentwicklungsprozesse einbezogen zu werden. Im Zentrum der Aufmerksamkeit stehen Qualifikation und Weiterbildung des pädagogischen Stammpersonals als Schlüsselgröße für die Schaffung einer lernförderlichen Umgebung. Allerdings verweist eine kürzlich abgeschlossene Studie des QBB darauf, dass gerade soziale Kompetenzen und die Arbeitsmotivation der Lehrenden einen wesentlichen Effekt auf den Lern- und Transfererfolg der Teilnehmenden haben (vgl. Reimann 2012). Ferner finden sich empirische Hinweise auf einen negativen Effekt von zu hoher Leistungsmotivation und Zielorientierung der Lehrenden (vgl. ebd.), die Folge eines hohen beruflichen Erfolgsdrucks auf einem sehr unsicheren Arbeitsmarkt sein könnten. Insofern ist eine nachhaltige Qualitätsentwicklung nicht nur auf qualifizierte Lehrende angewiesen, sondern auch auf Mitarbeiter, die ohne Existenzängste und übermäßigen Leistungsdruck sich auf ihre pädagogische Tätigkeit konzentrieren können. Entsprechend wäre über eine stärkere Berücksichtigung der Arbeitsbedingungen aller Lehrenden als Qualitätskriterium in den einschlägigen Anforderungskatalogen nachzudenken.

Literatur

Aust, K. (2012): Einflussfaktoren auf die Qualität von Weiterbildung – Ergebnisse der Teilnehmendenbefragung. In: Töpper, A. (Hrsg.): Qualität von Bildungsmaßnahmen. Einflussfaktoren und Qualitätsmanagement im Spiegel empirischer Befunde (S. 101-112). Bielefeld: wbv.

Aust, K./Schmidt-Hertha, B. (2012): Qualitätsmanagement als Steuerungsinstrument im Weiterbildungsbereich. In: Report. Zeitschrift für Weiterbildungsforschung 2/35, 43-55.

Buschle, C./Tippelt, R. (in Druck): Multiprofessionalität, Diversifizierung und Höherqualifizierung als Herausforderungen pädagogischer Professionalität.

Dobischat, R./Fischell, M./Rosendahl, A. (2009): Beschäftigung in der Weiterbildung. Prekäre Beschäftigung als Ergebnis einer Polarisierung in der Weiterbildungsbranche? Gutachten im Auftrag der Max-Traeger-Stiftung. Essen 2009.

Dobischat, R./Fischell, M./Rosendahl, A. (2010): Professionalität bei prekärer Beschäftigung? Weiterbildung als Beruf im Spannungsfeld von professionellem Anspruch und Destabilisierung im Erwerbsverlauf. In: Bolder, A./Epping, R./Klein, R./Reutter, G./Seiverth, A. (Hrsg.), Neue Lebenslaufregimes – neue Konzepte der Bildung Erwachsener? (S. 163-182). Wiesbaden: VS Verlag.

Ehses, C./Zech, R. (2002): Projekt Lernerorientierte Qualitätstestierung in Weiterbildungsnetzwerken im Rahmen des BLK-Modellversuchsprogramms „Lebenslanges Lernen". Abschlussbericht. Zugriff am 19.09.2011 unter http://www.die-bonn.de/lll/laender/Zwischenberichte/Abschlussbericht%20LQW.pdf

Göhlich, M. (2011): Reflexionsarbeit als pädagogisches Handlungsfeld. Zur Professionalisierung der Reflexion und zur Expansion von Reflexionsprofessionellen in Supervision, Coaching und Organisationsberatung. In: Helsper, W./Tippelt, R. (Hrsg.), Pädagogische Professionalität, Zeitschrift für Pädagogik, 57. Beiheft, Weinheim: Beltz, 138-152.

Hartz, S. (2010): Qualitätssicherung in der Erwachsenenbildung. Weinheim: Juventa.

Hartz, S./Meisel, K. (2011): Qualitätsmanagement. Studientexte für Erwachsenenbildung (3. Auf.). Bielefeld: Bertelsmann.

Helsper, W./Tippelt, R. (2011): Ende der Profession und Professionalisierung ohne Ende? Zwischenbilanz einer unabgeschlossenen Diskussion. In: Helsper, W./Tippelt, R.: Pädagogische Professionalität. Zeitschrift für Pädagogik, 57. Beiheft, 268-288.

Hippel, A. von/Tippelt, R. (Hrsg.) (2009): Fortbildung der Weiterbildner/innen. Eine Analyse der Interessen und Bedarfe aus verschiedenen Perspektiven. Weinheim: Beltz.

Hopbach, A. (2008): Qualitätsanforderungen an Akkreditierungsagenturen. In: W. Benz/J. Kohler/K. Landfried (Hrsg.), Handbuch Qualität in Studium und Lehre. [Teil] F. Akkreditierung und weitere Formen der Qualitätszertifizierung. Grundlagen und Elementarzwecke der Akkreditierung, F 1.5 (S. 1-20). Berlin: Raabe.

Kalman, M. (2012): Qualitätsmanagement und Einflussfaktoren: Möglichkeiten und Grenzen der Steuerung. In: Töpper, A. (Hrsg.): Qualität von Bildungsmaßnahmen. Einflussfaktoren und Qualitätsmanagement im Spiegel empirischer Befunde (S. 133-164). Bielefeld: wbv.

Klopsch, B. (2009): Fremdevaluation im Rahmen der Qualitätsentwicklung und -sicherung. Frankfurt a.M. u.a.: Peter Lang.

Kraft, S. (2009): Berufsfeld Weiterbildung. In: Tippelt, R./von Hippel, A. (Hrsg.): Handbuch Erwachsenenbildung/Weiterbildung (3. überarb., erw. Auf., S. 427-436). Wiesbaden: VS Verlag.

Meisel, K. (2008): Qualitätsmanagement und Qualitätsentwicklung in der Weiterbildung. In: Klieme, E./Tippelt, R. (Hrsg.), Qualitätssicherung im Bildungssystem – eine Bilanz. 53. Beiheft der Zeitschrift für Pädagogik (S. 108-121). Weinheim: Beltz.

Nittel, D. (2011): Von der Profession zur sozialen Welt pädagogisch Tätiger? Vorarbeiten zu einer komparativ angelegten Empirie pädagogischer Arbeit. In: Helsper, W./Tippelt, R. (Hrsg.), Pädagogische Professionalität. Beiheft der Zeitschrift für Pädagogik (S. 40-59). Weinheim: Beltz.

Peters, R. (2004): Erwachsenenbildungs-Professionalität: Ansprüche und Realitäten. Bielefeld: wbv.

Reimann, G. (2012): Trainer/innen als Schlüssel für Qualität. In: Töpper, A. (Hrsg.): Qualität von Bildungsmaßnahmen. Einflussfaktoren und Qualitätsmanagement im Spiegel empirischer Befunde (S. 89-100). Bielefeld: wbv.

Rosenbladt, B. von/Bilger, F. (2011): Weiterbildungsbeteiligung – und welche Lernaktivitäten stehen dahinter. In: Rosenbladt, B. von/Bilger, F. (Hrsg.): Weiterbildungsbeteiligung 2010. Trends und Analysen auf Basis des deutschen AES (S. 23-48). Bielefeld: wbv.

Schmidt-Hertha, B. (2011): Qualitätsentwicklung und Zertifizierung: Ein neues professionelles Feld? In: Helsper, W./Tippelt, R. (Hrsg.), Pädagogische Professionalität. Beiheft der Zeitschrift für Pädagogik (S. 153-166). Weinheim: Beltz.

Schmidt-Hertha, B./Aust, K. (2012): Weiterbildung des pädagogischen Personals als Anforderung des Qualitätsmanagements. In: Der pädagogische Blick 1/2012, 30-41.

Tippelt, R. (2011): Institutionenforschung in der Erwachsenenbildung/Weiterbildung. In: Tippelt, R./von Hippel (Hrsg.), Handbuch Erwachsenenbildung/Weiterbildung (5. Aufl., S. 453-471). Wiesbaden: VS-Verlag.

Töpper, A. (2002): Bildungstests als Element der Qualitätssicherung in der Weiterbildung. In: Heinold-Krug, E./Meisel, K. (Hrsg.), Qualität entwickeln – Weiterbildung gestalten. Handlungsfelder der Qualitätsentwicklung (S. 105-114). Bielefeld: Bertelsmann.

Weiland, M. (2011): Wie verbreitet sind Qualitätsmanagement und formale Anerkennungen bei Weiterbildungsanbietern? Zugriff am 10.01.2013 unter: http://www.die-bonn.de/doks/2011-qualitaetsmanagement-01.pdf

Weiß, C./Horn, H. (2011): Weiterbildungsstatistik im Verbund 2009 – Kompakt. Zugriff am 06.07.2012 unter www.die-bonn.de/doks/2011-weiterbildungsstatistik-01.pdf

WSF Wirtschafts- und Sozialforschung (Hrsg.) (2005): Erhebung zur beruflichen und sozialen Lage von Lehrenden in Weiterbildungseinrichtungen, Kerpen.

Wuppertaler Kreis e.V./CERTQUA (2006): Qualitätsmanagement und Zertifizierung in Bildungsorganisationen auf der Basis des internationalen Standards DIN EN ISO 9001:2000 (2. Aufl.). Augsburg: Ziel.

Zech, R. (2005): Lernerorientierte Qualitätstestierung in der Weiterbildung. LQW 2. Das Handbuch (3. Aufl.). Hannover: Expressum.

Zollondz, H.-D. (2002): Grundlagen Qualitätsmanagement. Einführung in Geschichte, Begriffe, Systeme und Konzepte. München: Oldenbourg.

Kapitel III
Prekarisierung pädagogischer Beschäftigungsverhältnisse

Helga Spindler

Schlecht bezahlt und befristet

Arbeitsrechtliche Deregulierung im
staatlich finanzierten pädagogischen
und sozialen Arbeitsmarkt

Bildung, Weiterbildung sowie Befähigung und Förderung durch moderne soziale Dienstleistungen stehen auf der politischen Agenda weit oben. Leider erodieren gleichzeitig die Arbeitsbedingungen für die Beschäftigten in diesen Bereichen erheblich. Der Forschungsstand über diese Entwicklung ist zudem unbefriedigend. Die Fachkräfte sind in der Praxis schwer zu organisieren und werden in der Ausbildung zu wenig darauf vorbereitet, auf welche Arbeitsbedingungen sie treffen. Die wichtigsten arbeitsrechtlichen Deregulierungsfelder, die sich in Folge öffentlicher Auftragsverfahren oder Sparpolitik entwickelt haben, werden vorgestellt.

1. Heterogenes Feld – zersplitterte Akteure – heterogene Bedingungen

Die Prekarisierung im pädagogischen Alltag zu erfassen, ist dadurch erschwert, dass die drei Berufsfelder: Schule, Erwachsenen- und Weiterbildung und Soziale Arbeit/Sozialpädagogik sehr heterogen sind.

Es gibt aber keinen Grund, die Entwicklung affirmativ nur zu beschreiben und sich nur individuelle Anpassungsstrategien zu überlegen, statt auch die berufspolitische Perspektive und Argumente für eine Stabilisierung der Rahmenbedingungen für diese Berufe zu entwickeln. Prekarisierung in den genannten Berufsfeldern ist kein Phänomen, das vom Himmel gefallen ist, kein Automatismus der sich aus der Globalisierung oder der ökonomischen Strukturierung pädagogischer Dienstleistungen ergeben muss, sondern gerade in diesem Berufsfeld eine politisch gestaltete und gestaltbare Entwicklung, auf die die Profession bisher nicht adäquat reagiert hat. Sie hat damit auch eine normative und eine berufs- und standespolitische Seite.

Die Prekarisierung geht dabei mit einer eigentlich erfreulichen Entwicklung einher: der Erweiterung pädagogischer, sozialarbeiterischer Angebote über die klassische Schule oder das klassische Jugendamt hinaus. Einen materialreichen Überblick über den gewachsenen Dienstleistungssektor mit Vorschlägen zu verbesserten Rahmenbedingungen gibt die Broschüre: Wandel gestalten – Wirtschaft und Arbeit im Umbruch (ver.di Bundesvorstand August 2011). Dabei treten dann pädagogische und soziale Dienstleister aber nicht nur in der öffentlichen oder gar verbeamteten Festanstellung auf, sondern zunehmend auch in der Anstellung bei beauftragten Trägern oder als Selbstständige (Honorarkräfte). Auf die Festangestellten in Schulen, Behörden oder bei großen sozialen Verbänden konzentrierte sich aber die gewerkschaftliche und verbandliche Vertretung zunächst – falls sich die sehr zersplitterte Berufsgruppe überhaupt organisiert hat. Die Vertretung der außerschulischen Bildung und sozialen Arbeit teilen sich mindestens zwei Gewerkschaften, GEW und ver.di, als Teilbereiche auf. Bei der Sozialen Arbeit kommt der Berufsverband DBSH mit seiner gewerkschaftlichen Funktion hinzu, außerdem existieren noch kleinere Berufs- und Fachverbände. Und hinzu kommt, dass viele berufliche Aktivitäten bei kirchlichen Institutionen angelagert sind, die eigenes Arbeitsrecht haben. (Zu der zersplitterten Arbeitgeber- und Tariflandschaft: Kühnlein/Stefaniak/Wohlfahrt 2011; Wohlfahrt 2012, S. 134f.)

Mit der Erweiterung der Angebote und den vielfältigeren Organisationsformen fand allerdings gleichzeitig eine Deregulierung und eine ordnungspolitische Kehrtwende des Staates statt, der als öffentlicher Auftraggeber das Feld maßgeblich gestaltet. Das hat die Berufsgruppe unvorbereitet getroffen und ihr Arbeitsfeld zum Experimentierfeld primitivster Wettbewerbsideologie gemacht (ein früher Überblick bei Kühnlein/Wohlfahrt 2006. Vgl. auch Schweitzer 2006 und vor allem Seithe 2012). Dass die ganze Sache auch noch einen Genderaspekt hat – in den Berufsfeldern finden sich häufig Frauen, was dazu führt, dass individuell und strukturell ein Zuverdienermodell prägend einwirkt (Spindler 2010; Bahl/Staab 2010; Gottschall 2008) –, kann hier nicht weiter vertieft werden.

Nach wie vor darauf vertrauend, durch den Tarifvertrag des öffentlichen Dienstes sozusagen als Leitwährung geschützt zu sein, finden sich die neuen, ausgegliederten Anstellungsträger nicht nur tarifungebunden, sondern auch einem Ausschreibungs- und Vergabeverfahren ausgesetzt, in dem der Hauptabnehmer ihrer Leistungen gnadenlos den Preis der meist akademischen Dienstleistungen gedrückt hat. Der Staat hat hier, wie die Wirtschaftswissenschaften durchaus erfassen, ein so genanntes Monopson. Das ist auf der Nachfrageseite das Gegenstück zum Monopol auf der Anbieterseite. So wie bei einem Monopol ordnungspolitische Regulierung notwendig ist, um Machtmissbrauch zu vermeiden, wäre dies hier auch notwendig, wurde aber von der Politik unterlassen: Der Gärtner hat sich sozusagen zum Bock gemacht und behauptet einfach nur, das sei marktwirtschaftlicher Wettbewerb.

Während nun aber im Wettbewerb besonders übel beleumundete Teilnehmer, wie z.B. die Leiharbeit oder manche Discounter, sich inzwischen genötigt sehen, ihren Ruf zu verbessern und sich tendenziell der Equal pay-Regel anschließen oder Tarifverträge geradezu fordern, gilt der staatliche Arbeitgeber – und davon abgeleitet eben auch der staatliche Auftraggeber – immer noch als Hüter von fairen Arbeitsbedingungen. Das stimmt aber nicht mehr. Er schafft bereits schlechtere Arbeitsbedingungen als in der Leiharbeit, stiftet zum systematischen Unterlaufen arbeitsrechtlichen Schutzes an, ohne jedoch auf solch geschlossenen, organisierten Widerstand und öffentliche Kritik zu treffen wie die Leiharbeit.

Das lässt sich durch eine Gewerkschaft alleine oder einen Spartentarifvertrag, etwa für berufliche Weiterbildung, überhaupt nicht eindämmen, da ist Zusammenarbeit über die Einsatzfelder hinweg gefordert. Hinzu kommt, dass staatliche Behörden schon selbst systematisch mit Mitarbeitern zweiter Klasse arbeiten: selbst nur noch befristet anstellen oder direkt Aufträge an unterbezahlte Selbstständige vergeben.

Es gibt eigentlich in der letzten Zeit keine größere politische Bildungsinitiative, die nicht augenzwinkernd auf prekäre Beschäftigungsformen setzt. Sie sind notorisch unterfinanziert, wie etwa das Beispiel Ganztagsschule zeigt: statt reguläre Kräfte dauerhaft anzustellen, wird mit prekären Verhältnissen gearbeitet, Minijobs, und eben Selbstständigen und Befristungen. In den schlimmsten Beispielen sind gar keine Gelder eingeplant und man kalkuliert mit Ehrenamtlichen und Ein-Euro-Jobbern (Privatisierungsreport 2011). Selbst der im Schwerpunkt nur an pädagogischen Fragen interessierte Ganztagsschulverband kann die in den Bundesländern auch noch unterschiedlichen Deregulierungspraktiken nicht leugnen (vgl. Wurzbacher in: Junge Welt vom 25.1.2011). Und das alles existiert neben den nach wie vor regulär Beschäftigten in einer Schule.

2. Anforderungen an Forschung und Ausbildung

Das birgt die Gefahr, dass das Problem gerade auch in der empirischen Bestandsaufnahme in Durchschnittswerten untergeht, denn es stehen in der Gesamtbetrachtung immer reguläre Verhältnisse neben den prekären, weshalb auch Lohnstatistiken mit Vorsicht zu genießen sind (vgl. Projekt Lohnspiegel 2012), zumal sie die Selbstständigen nicht erfassen.

Forschung muss sich, um das Problem für die Berufe trennscharf zu beleuchten, auf die verbindenden Glieder des Problems konzentrieren:

- Pädagogische, soziale und pädagogisch orientierte betreuende Arbeit (also z.B. nicht Pflege, aber Soziale Arbeit in der Pflege, nicht Schulkantine, aber Kochkurs in der schulischen Nachmittagsbetreuung);
- ein staatlicher Auftraggeber, entweder als direkter Anstellungsträger, aber nicht im regulärem Vollzeit- oder Teilzeitverhältnis, oder als Auftraggeber für Selbstständige, oder
- ein staatlicher Auftraggeber, der ebenfalls zur Erfüllung einer gesetzlich vorgegebenen Aufgabe (Schule, Weiterbildung, Jugendhilfe) Dritte einschaltet, die als Anstellungsträger fungieren oder mit den staatlichen Mitteln ihrerseits Selbstständige beauftragen.

Wie schwierig ein solcher Forschungsansatz sein kann, skizzieren schon Bahl und Staab, die allgemein das Problem der unklaren und variablen Tätigkeitsprofile und Zertifikate in Dienstleistungsbereichen beobachten, ohne allerdings den pädagogischen Bereich und den speziellen staatlichen Akteur ins Auge zu nehmen (Bahl/Staab 2010). Gerade die mit der Erweiterung verschwommener werdenden Tätigkeitsprofile machen dem Feld zu schaffen. Während in der Pflege und der Sozialen Arbeit bisher schon die Überschneidung mit und die Ersetzung durch familiäre, ehrenamtliche und geförderte Tätigkeit bekannt ist, entwickelt sich das Arbeitsfeld Schule inzwischen auch immer mehr in diese Richtung (vgl. Privatisierungsreport 2011, S. 10, 13f., 28f., 41f.). Mitbetroffen ist die Soziale Arbeit auch von parallelen Entwicklungen in der Kranken- und Pflegeversicherung. Starke Überschneidungen ergeben sich wegen des staatlichen Auftraggebers zur Forschung zum dritten Sektor (Dathe/Hohendanner/Priller 2009), die aber umfassender die sozialen und nicht vollständig die pädagogischen Dienstleistungen erfasst und sich noch spezifischer mit dem Einsatz von geförderter Beschäftigung (Ein-Euro-Jobs, Bürgerarbeit und weitere Programme, dazu Dathe 2011) auseinandersetzen muss, was hier ebenfalls nicht weiter verfolgt wird.

Was die Ausbildung von Pädagogen und Sozialarbeitern an der Hochschule angeht, rächt es sich, allenfalls die betriebswirtschaftliche oder die empirische Seite der Berufsausübung in die Ausbildung aufzunehmen, aber nicht die arbeitsrechtliche, ordnungspolitische, normative Seite. Und selbst hier reicht nicht alleine die Fachvertretung im Arbeitsrecht, sondern sie muss die qualitative Sicherung der pädagogischen Dienstleistung zum Gegenstand haben und nicht auf Drittmittelfinanzierung angewiesen sein, wie etwa das ausgesprochen drittmittelstarke Zentrum für Arbeitsbeziehungen und Arbeitsrecht (ZAAR) an der Uni München, das mit immer wieder neuen Tipps aufwartet, wie die „Last der Stammarbeitsverhältnisse" durch Leiharbeit und Werkverträge gemildert werden kann. Doch ganz ohne Juristen geht es nicht. In der Sozialen Arbeit gibt es schon zu wenige Fachbereiche, die sich hier Mitarbeiter leisten, im weiteren pädagogischen Bereich gibt es überhaupt keine. Das rächt sich an den Absolventen, die unvorbereitet mit fragwürdigen Praktiken konfrontiert werden oder in Leitungsfunktionen unbekümmert mit fragwürdigen Beschäftigungsformen hantieren.

Es fehlen Juristen, Verwaltungswissenschaftler und Ökonomen als Hauptamtler, die diese Entwicklungen nicht gottgegeben hinnehmen oder gar vorantreiben, sondern kritisch untersuchen und gestaltend Alternativen entwickeln. Und es ist eine Aufgabe der Hochschule, das in Zusammenarbeit mit Fachverbänden, Arbeitgebern und Gewerkschaften zu ihrem Thema in Forschung und Lehre zu machen, wenn sie junge Menschen in diese Berufe entlässt (so auch Kerig 2007, S. 40 f.). Die bisherige Arbeitsteilung, den Gewerkschaften und Fachverbänden den unübersichtlichen Kampf in den kommunal und länderspezifisch organisierten Arbeitsmärkten zu überlassen, und ansonsten auf individuelle Bewältigungsstrategien der Absolventen zu vertrauen (Eichinger 2009) und sich an der Hochschule nur auf inhaltliche Themen, Organisation von Projekten und Evaluierung zu konzentrieren, sollte aufgegeben werden.

Die Schwerpunkte der Entwicklung sollen hier verdeutlicht werden.

3. Die Wirkung öffentlicher Ausschreibungen und Vergabeverfahren

Besonders in der Weiterbildung und der Arbeitsförderung haben die Vergabepraktiken u. a. den Erfolg, dass die Arbeitsbedingungen der Dienstleister schon so sind wie in einem drittklassigen Hinterhofbetrieb. Das Schwarzbuch Weiterbildung gibt hier einen ersten Einblick (vgl. Schwarzbuch Weiterbildung 2010).

Und der Geschäftsführer eines langjährigen Trägers beruflicher Weiterbildung hat es ganz konkret vorgerechnet: Während 2003 die staatlichen Leistungen noch eine Entlohnung des akademischen Personals in der Bandbreite von 2500 Euro bis 2800 Euro brutto zuließen, mussten bis 2005 die kalkulierten Bruttogehälter auf etwa 1540 Euro gesenkt werden – sonst hatte man überhaupt keine Chance im Vergabeverfahren mehr und hätte alle Mitarbeiter entlassen müssen. Die härtesten Konkurrenten in diesem reinen Preiswettbewerb kalkulierten bereits mit 1000 Euro pro Monat für Weiterbildungskräfte (Kerig 2007, ein weiteres Beispiel auch in: Schwarzbuch Weiterbildung 2010, S. 17-20. Völpel berichtet von nur noch 1.200 bis 1.500 Euro Bruttoverdiensten), die sie bei Abgabe des Angebots im Regelfall noch nicht unter Vertrag hatten, sondern nach dem Zuschlag aus den entlassenen Kräften der unterlegenen Mitbewerber rekrutierten, die sich als

Arbeitslose diesen Bedingungen unter staatlichem Druck auch noch unterwerfen mussten (vgl. Völpel in: taz vom 04.07.2011). Diese Vorgänge sind bekannt, aber keiner, am wenigsten die Politik, will das ändern. Im Gegenteil, etwa bei den angeblich so wichtigen Integrationskursen für Migranten läuft es ähnlich ab (Schwarzbuch 2, 2012, dazu Wurzbacher in: Junge Welt vom 06.10.2012). Dort stellt das Bundesamt für Migration und Flüchtlinge pro Teilnehmer und Unterrichtsstunde schlicht nur 2.35 Euro bereit und wundert sich dann, dass häufig nur ca. 15 Euro pro Stunde an die oft freiberuflichen Lehrkräfte gezahlt werden (zur Faktenlage vgl. BT Drucksache 17/1536 S. 6f.; Bebenburg in: Frankfurter Rundschau online vom 16.07.2011). Die Branche hofft immer noch, dass sie durch einen allgemeinen Mindestlohn von 12.60 Euro pro Stunde für Akademiker in dem (Pseudo-)Wettbewerb, den eine Sozialleistungsbehörde bei ihr inszeniert, ein bisschen vor sich selbst geschützt wird. Dieser Stundenlohn entspricht pro Monat bei 39 Wochenstunden 2129.40 Euro brutto; was das Studium nicht richtig lohnend macht. Die AWO fordert inzwischen mit Presseerklärung vom 6.3.2012 einen allgemeinverbindlichen Branchentarifvertrag Sozialwesen, um diesen Wettbewerb über Niedriglöhne einzudämmen (vgl. auch Wohlfahrt 2012), dem sie sich lange selbst kritiklos unterworfen hat (vgl. Wurzbacher in: Junge Welt vom 26.02.2007).

Selbst der Leiter der Behörde, der Manager Frank Jürgen Weise, der eigentlich keine besondere Verbundenheit zum Sozialstaat oder zur Gemeinwohlorientierung öffentlicher Aufgaben erkennen lässt und jedes Ansinnen der Politik effizient ausführt, hat auf der ConSozial 2005 wörtlich ausgeführt: „Das System der Ausschreibungen ist für mich überhaupt nicht geeignet um Dienstleistungsbeziehungen aufzuarbeiten. […] Wo sind bitte die Juristen, die uns das System einer europäischen Ausschreibung so gestaltet haben, dass eine Dienstleistung, die eigentlich auf Vertrauen beruht, also vielleicht über drei, vier Jahre laufen muss und erst dann abgerechnet werden kann – dass so etwas nicht möglich ist, sondern dass wir Dienstleistungen wie Bleistifte ausschreiben müssen. […] Als Unternehmer habe ich mir folgende Fragen immer zum Maßstab gemacht: Kann ich denen vertrauen, haben sie Arbeitskräfte im Tarifvertrag von denen ich weiß, dass sie dabei bleiben? Haben sie eine Entwicklungsabteilung und sind deshalb etwas teurer als andere. Nach dem Verfahren, das uns die Juristen vorgeben, geht das nicht." (zitiert nach Kerig 2007, S. 37)

Es scheint, als wirke ein seine eigenen Bedingungen automatisch zersetzendes System, das selbst von gutwilligen Akteuren nicht aufgehalten werden kann. Das stimmt aber nicht und es sind nicht die Juristen, es ist die Politik und der Gesetzgeber, – vor allem der rot-grüne –, die das gesetzlich so geregelt haben und nicht korrigieren wollen, weder im nationalen noch im Europarecht, obwohl es möglich wäre und wie die Beispiele gerade der skandinavischen Länder zeigen, auch möglich ist.[1]

Die Zersplitterung des Feldes kann man zudem recht anschaulich an dem jahrelangen Kampf um einen Mindestlohn in der Weiterbildungsbranche verdeutlichen. Normalerweise werden in Deutschland bisher Mindestlöhne in Bereichen angewendet, die durch starken Druck ausländischer Niedriganbieter (Bauwirtschaft, Pflege) oder durch nichtakademische, einfache Dienstleistungen geprägt sind (Wäschereien, Gebäudereiniger, Entsorger, Postzusteller). Bei der Weiterbildung handelt es sich aber um akademische Dienstleistungen, die einzig und allein durch die staatliche Auftragsvergabe innerhalb weniger Jahre in eine ausweglose Zwangssituation getrieben wurden. Zwar haben die Mitglieder des Bundesverbands der Träger beruflicher Bildung (BBB) inzwischen sowohl mit ver.di als auch mit der GEW einen für einen derartigen Mindestlohn notwendigen Tarifvertrag geschlossen (Diese und weitere aktuelle Informationen über www.netz werk-weiterbildung.de). Der gilt für 11.000 Beschäftigte der Mitgliedsbetriebe. Je nachdem welche Weiterbildungsangebote in anderen Bereichen man mitzählt, sind in der Branche aber zwischen 28.000 und 150.000 Beschäftigte tätig, was dem Tarifvertrag kaum die für die Festlegung eines Mindestlohns erforderliche Geltung für mindestens 50% der Branche verschafft und die Festlegung sehr lange verzögert hat (Zur typisch unübersichtlichen Faktenlage, wie viele Beschäftigte überhaupt einzubeziehen sind vgl. BT Drucksache 17/2809; s. auch Völpel in: taz vom 9.4.2012).

Wer hier nicht verbindliche Personalstrukturen schafft, eine Regulierung, die Einsatz und Quote von Fachpersonal mit regulärem Verdienst umfasst, zersetzt die Fachstandards, zerstört Kontinuität und demoralisiert die Fachkräfte. Die angemessene Bewertung von Fachleistungsstunden und – spezifisch für den pädagogischen Bereich – auch des Vor- und Nachbereitungsaufwands muss begründet und verbindlich geregelt werden. Zu fordern wäre zudem, dass der Staat, in allen Bereichen, in denen er gesetzlich vorgesehene Daueraufgaben erfüllt, wieder in eigener Regie eine gewisse

---

[1] Die skandinavischen Länder zeichnen sich dadurch aus, dass viel mehr Dienstleistungen durch regulär Beschäftigte im öffentlichen Dienst erbracht werden, was die Arbeitsbedingungen stabilisiert, aber den staatlichen Beschäftigungsanteil erheblich höher werden lässt als in Deutschland und höhere öffentliche Einnahmen voraussetzt. Eine Verfechterin dieser Strategie ist etwa Cornelia Heintze: Der aufhaltbare Abstieg in die polarisierte Ungleichheitsgesellschaft – Deutschlands magersüchtiger Staat und die skandinavische Alternative 2008 (Online Fassung); Dies.: Staatliche Infrastruktur für professionelle soziale Dienstleistungen: ein deutsch-skandinavischer Vergleich, in: Zinn Karl Georg u.a., Das nordische Modell – eine Alternative ?, Supplement der Zeitschrift Sozialismus 5/2009 Hamburg VSA 2009 .

Anzahl von Einrichtungen vorhält, in denen er mit festangestellten Beschäftigten wieder die volle arbeitsrechtliche Verantwortung für die Durchführung übernimmt und sich der Aufgaben nicht durch eine von immer weniger eigener Fachkompetenz geprägte Vergabe entzieht.

4. Zersetzung der Arbeitsbedingungen

Die Prekarisierung wird konkret vorangetrieben durch arbeitsrechtliche Gestaltungsformen, in denen das Arbeitgeberrisiko einseitig und unbezahlt, bzw. ohne entsprechendes Entgelt auf Fachkräfte übertragen wird.

Zwar gehören dauerhafte Teilzeitverhältnisse im Prinzip nicht zu diesen Fällen; in bestimmten Ausformungen allerdings schon. Wenn z.B. die pädagogisch spezifische Vor- und Nachbereitungszeit einfach der Freizeit überantwortet wird und nur die reinen Unterrichtsstunden entgolten werden, dann kann das faktisch bis zu einer Halbierung des Lohns für den gesamten Arbeitsaufwand führen. Das gilt auch, wenn Aufträge auf Minijobs statt sozialversicherungspflichtige Teilzeit gesplittet werden. Stärker missbräuchlich ist die erzwungene, aber absehbar regelmäßig überschrittene Teilzeit- statt Vollzeitanstellung, die sog. „Plus x-Verträge", die sowohl von der Berliner Treberhilfe als auch der Berliner Behinderten-Assistenz bekannt wurden (vgl. Balcerowiak in: Junge Welt vom 9.6.2011 und Junge Welt vom 17.6.2011). Das ist eine Vertragsgestaltung, um das Risiko des unterschiedlichen Arbeitsanfalls auf die Arbeitnehmer zu übertragen, die damit trotz ständiger Vollzeitbereitschaft keine verlässliche Entlohnung erreichen können. In Berlin arbeiteten sich an dem Problem zeitweilig mehrere Gewerkschaften und der DBSH ab. Die Erfahrungen wurden jedoch nicht zentral aufgearbeitet und Gegenstrategien wurden nicht entwickelt. Dabei kann man doch vermuten, dass diese Gestaltung in einer zentralen Schulung für Geschäftsführer solcher Einrichtungen entwickelt wurde. Und der staatliche Auftraggeber – in diesem Fall war es der rot-rote Senat in Berlin – wies jede Verantwortlichkeit für die Entwicklung von sich und bedauerte, die Vergütungssätze nicht erhöhen zu können.

Einschlägig für das Feld sind die stark ausgeweiteten Befristungen. Auch das ist keine Praxis aus Hinterhofbetrieben, sondern sie werden sozusagen als Vorbild auch für die Gesetzgebung in Universitäten gepflegt, weit über die notwendige Nachwuchsförderung hinaus. Ihnen folgen die Bundesagentur für Arbeit und die Justizverwaltung NRW (vgl. Spindler 2011) mit exzessiven, inzwischen nur teilweise gerichtlich beanstandeten Befristungspraktiken. Selbst die Hälfte der 7.800 hauptamtlichen Mitarbeiter an Volkshochschulen arbeitete 2009 befristet (Erziehung und Wissenschaft 9/2011). Es geht hier darum, den Arbeitnehmer in seinem Grundrecht Art. 12 vor unkontrollierbarer Befristung zu schützen. Arbeitnehmer können keine Lebensplanung entwickeln, befinden sich praktisch in ständiger Probezeit und können häufig auch nur niedrigere Löhne aushandeln. Befristete Verträge liegen im Regelfall nur im Interesse des Arbeitgebers, befreien vom Beschäftigungsrisiko und hebeln den Kündigungsschutz aus. Trotzdem gibt es in § 14 TzBfG eine Reihe erlaubter Gründe für die Befristung und das wird im Feld übermäßig ausgenutzt.

Besonders übermäßig – auch im Vergleich zur Privatwirtschaft, ohne Leiharbeit – waren schon 2009 bei öffentlichen und gemeinnützigen Einrichtungen und bei sozialen Dienstleistungen zwischen 63 und 72 % aller Neueinstellungen befristet (Hohendanner 2010). Insgesamt werden 40 % aller befristeten Verträge in den sog. sozialen Dienstleistungen geschlossen, was zu dem Befund veranlasst: „Der Staat spielt demnach direkt als Arbeitgeber sowie indirekt in seiner Funktion als Geldgeber und Auftraggeber öffentlicher Dienstleistungen eine wichtige Rolle in der Verbreitung befristeter Verträge." (Hohendanner 2011) Eine Befragung bei Sozialarbeiter/innen in Berlin ergab noch höhere Werte: 82.2 % aller Neueinstellungen bei Freien Trägern und 60.5 % bei öffentlichen Trägern werden nach Angaben der Befragten „in der Regel" befristet eingestellt (Karges 2011).

Wenn Verwaltungen selbst nur befristet einstellen, können sie sich maximal zwei Jahre auf die Befristung ohne Sachgrund berufen. Gerade Schulverwaltungen experimentieren bei jungen Lehrern ohne Hemmungen damit, was etwa im Jahr 2008 besonders auffiel, als sich bundesweit 5.200 Vertretungslehrer in den Sommerferien arbeitslos melden mussten, weil die Befristungen jeweils mit Ferienbeginn endeten, wobei wegen der Anwartschaftszeiten nur wiederholt befristet Angestellte überhaupt berechtigt waren. Das kostete die Arbeitsverwaltung 15 Millionen Euro (Teure Saisonarbeiter bei: www.sueddeutsche.de/karriere/arbeitslose-lehrer-teure-saison arbeiter_1.384721 vom 11.12.2008) und leider hat das Bundesarbeitsgericht (BAG Urteil v. 19.12.2007 – 5 AZR 260/07) diese fragwürdige Praxis gebilligt, die später zwar etwas zurückgefahren wurde, aber nicht abgeschafft ist. (Ein Beispiel bei Schmoll in: FAZ vom 1.3.2012, und für die Ganztagsschule, Privatisierungsreport 2011).

Neben den Befristungen ohne Sachgrund sind es aber auch die bisher anerkannten Sachgründe, die das Problem verschärfen, weil sie jahrelange Kettenverträge für Mitarbeiter zulassen (dazu besonders Spindler 2011). Befristungen aus anerkannten Sachgründen sind häufig die Vertretungen wegen Elternzeit und Krankheit. In öffentlichen Einrichtungen wird häufig auch mit dem Sachgrund der begrenzten Haushaltsmittel gearbeitet. Die Rechtsprechung lässt hier allerdings nur Befristungen zu, wenn eine nachweisbar vorübergehende Aufgabe erledigt wird, was inflationäre Projekte ohne Anschlussperspektive begünstigt. Aber alleine die Ungewissheit über zukünftigen Beschäftigungsbedarf erlaubt es keinem öffentlichen Arbeitgeber nur befristet einzustellen, auch nicht der zuletzt wegen 5.000 Befristungen verurteilten Bundesagentur für Arbeit (BAG Urteil v. 17.3.2010 – 7 AZR 843/08).

Besonders tückisch ist der ungeschriebene, aber anerkannte Sachgrund: Finanzierung durch öffentliche Zuwendung, was wieder den Bogen zu den Vergabepraktiken schlägt. Der trifft besonders bei beauftragten Dritten zu, z. B. Vereinen für Schülerhilfen und eben wieder in der Weiterbildung und in der Familien- und Jugendhilfe. Darauf dürfte dann zurückzuführen sein, dass auch im 5. Jahr der Anstellung noch fast 40 % der Sozialarbeiter bei freien Trägern befristet angestellt sind (bei öffentlichen Trägern immerhin auch noch 23.5 %, was auf die anderen Sachgründe zurückzuführen ist (Karges 2011)). Sozialpolitisch wird das kaum diskutiert und die Rechtsprechung ist bisher widersprüchlich. Einerseits waren nach einem Urteil des BAG (vom 22.3.2000 –7 AZR 758/98) die jährlichen Befristungen von Schulhelferinnen unwirksam, weil die finanzielle Abhängigkeit des Vereins von Haushaltsmitteln des Landes nicht als Sachgrund gelten kann. Dies gilt nur, wenn die Beschäftigung von vornherein nur für ein begrenztes Projekt geplant ist, nicht aber, wenn die Maßnahme Teil einer Daueraufgabe des staatlichen Auftraggebers darstellt. Die Ungewissheit des Trägers, ob er einen Anschlussvertrag des Auftraggebers erhält, darf nicht auf die Arbeitnehmer abgewälzt werden. Wären die Schulhelfer/innen direkt beim Land angestellt, könnten sie auch nicht wirksam befristet werden.

Allerdings kommt es auf die Prognose am Anfang an. Dazu eine weitere Entscheidung des BAG (Urteil vom 11.2.2004 – 7 AZR 362/03).Wenn, wie bei einem Auftrag der Bundesagentur für Arbeit an eine Volkshochschule zur Durchführung von eigentlich dauerhaft anzubietenden Bildungsmaßnahmen, regelmäßig mehrwöchige Unterbrechungen zwischen den Aufträgen liegen, dann ist dies als Sachgrund für eine Befristung wegen vorübergehenden Mehrbedarfs anzuerkennen. Die Unterbrechungen waren schließlich schon bei Beginn vorauszusehen.

Also existiert doch kein echter Arbeitnehmerschutz – trotz Daueraufgabe! Doch selbst wenn man die Grundüberlegung durchhält, dass Daueraufgaben auch in Dauerarbeitsverhältnissen zu leisten sind, überwälzt die öffentliche Hand durch die jährliche Vergabe oder durch die oben beschriebenen Auftragsunterbrechungen das Risiko der Daueranstellung auf von ihr vollkommen abhängige Arbeitgeber, die meist keine Möglichkeit haben, ihrerseits das finanzielle Risiko abzufangen, weil eben kein Markt, sondern ein Monopson besteht (s.o.). Das kann also nicht die Lösung sein und entlässt nur den staatlichen Auftraggeber billig aus seiner gesetzlichen Verpflichtung.

Zu dem Komplex gehört auch die unterbezahlte und verdeckt abhängige Selbstständigkeit, die Honorartätigkeiten, wieder an Universitäten, in der Jugendhilfe, in der offenen Ganztagsschule etc., besonders notorisch aber an den Volkshochschulen (ein eindrucksvoller Bericht bei Schmidt in: Jungle World 20 vom 07.05.2006). Nicht die Selbstständigkeit an sich ist das Problem, aber diese Selbstständigen benötigen Honorarordnungen, die verbindlich sind, wie das bei Medizinern, Anwälten, Steuerberatern auch existiert. Gewerkschaften können hier nur bedingt unterstützen, weil sie keine potentiellen Arbeitgeber vertreten. Ohne Berufsverbände läuft hier nichts. Der DBSH hat deshalb 2008 ein Institut für Selbstständige in der Sozialen Arbeit gegründet. Ein Problem liegt in der Höhe des Honorars: anders als viele nicht ausgebildete Absolventen vermuten, kann man sich dabei nicht am vorgestellten Bruttolohn orientieren (oder gar am Nettolohn), sondern muss das volle Arbeitgeberrisiko finanzieren: Vorsorge für Krankheit, Alter und Auftragsschwankungen, Freistellung bei Krankheit und Urlaub und noch die Vor- und Nachbereitungszeit. Das heißt, das Honorar muss mehr als das Doppelte eines vorgestellten Bruttostundenlohns umfassen und wer von seiner Tätigkeit dauerhaft existieren will, der kann nicht unter 45 Euro pro Stunde arbeiten, wie der DBSH 2009 in einer detaillierten Stundensatzberechnung dargelegt hat (www.dbsh-bund.de/ Berechnungsmodell.pdf und AFET Arbeitshilfe 2012). Das zweite Problem ist der Einsatz von nur scheinbar Selbstständigen für abhängige, weisungsgebundene Tätigkeit. Das führt zu Ansprüchen auf Daueranstellung (wie in der sozialpädagogischen Familienhilfe 1998 beim BAG erstritten) und zu Nachforderungen und Verfahren bezüglich der Sozialversicherungsbeiträge. Das trifft die Bundestagsverwaltung genauso wie jetzt die niedersächsischen Ganztagsschulen wegen ihrer Hilfskräfte (Privatisierungsreport 2011 und ein erster Fall aus NRW: Düsseldorf: Rechtsstreit um Ganztag, RP Online 19.7.2012)

Noch im begrenzten Umfang, aber durchaus erkennbar, wird bereits Leiharbeit mit schlechtesten Arbeitsbedingungen auch im pädagogischen Bereich eingesetzt. Hier fehlt es besonders an einem systematischen Überblick und man ist auf einzelne lokale Untersuchungen und Berichte angewiesen. In die Sozialarbeit schwappt dabei die Entwicklung aus dem Pflegebereich herüber, in dem bereits stark mit z. T. hauseigenen Leiharbeitsfirmen gearbeitet wird. Ein Beispiel für diese Entwicklung gibt etwa die AWO Westliches Westfalen, die hier durch besonders große Firmen bundesweit auffiel (Zankapfel Zeitarbeit, in: Wirtschaftswoche Nr. 47 (16.11. 2009), S. 52; H. Schumacher: Leiharbeit im OP-Saal, Wirtschaftswoche vom 24.6.2010). Auch die Universitätsklinik Essen betrieb fünf Jahre lang eine hauseigene Leiharbeitsfirma, die neben nichtärztlichen Kräften auch die Krankenhaussozialarbeit zu niedrigsten Löhnen beschäftigte. Erst massiver gewerkschaftlicher und politischer Widerstand und nicht etwa universitätsinterner Widerstand aus dem (mit-)betroffenen pädagogischen Fachbereich führte 2010 dazu, dass diese Praxis aufgegeben wurde (Szymaniak 2010). In der Behindertenarbeit sind Verleihpraktiken der Lebenshilfe (Amendt 2011) und der Caritas in Niedersachsen bekannt geworden (Breiholz 2011), wobei die Caritas die Praxis nach öffentlicher Kritik wieder aufgegeben hat (Nodes o.J.). Die Erweiterung vom zunächst nur geplanten Einsatz für Pflegekräfte auf den Schwerpunkt Sozialarbeit bei der caritaseigenen Firma „pro cura Service GmbH" in Berlin wurde vom DBSH dokumentiert (Nodes 2010), der auch einen ersten Überblick über die Verleihtätigkeit anderer Wohlfahrtsverbände erstellt hat. (Nodes o.J.)

Eine umfangreiche Untersuchung über die Nutzung von Leiharbeit in der Diakonie wurde gerade veröffentlicht (Dahme u.a. 2012).

Weiter geht es im pädagogischen Bereich im engeren Sinne. In Bochum existiert ein Dozentenpool mit über 300 pädagogischen Mitarbeitern, der an Bildungseinrichtungen – u.a. auch Berufsschulen – ausleiht.[2] Ähnliches scheint in etwas kleinerem Umfang die Extra-Personalservice GmbH in Hamburg zu betreiben (Amendt 2011). Vor allem an hessischen Schulen werden bereits in größerem Umfang Pädagogen als Leiharbeiter eingesetzt (Amendt 2011 und Privatisierungsreport), wobei sich auch die Frankfurter Goethe Universität mit ihrer Tochterfirma CampuService GmbH als Verleihfirma betätigt. Noch kein klarer Überblick besteht, ob und wie umfangreich im Kita-Bereich Leiharbeit praktiziert oder geplant wird.

5. Fazit

Die Lage ist beunruhigend unübersichtlich und in den untersuchten Bereichen treffen alle Strategien der Deregulierung ungebremst aufeinander. Das Problem wird zwar von vielen Akteuren inzwischen erkannt und es fehlt selbst auf Arbeitgeberseite nicht an Bekundung guten Willens. Aber die Lösung ist nach jahrelangem Wildwuchs und wegen der kleinteiligen Arbeitgeberstruktur nicht einfach. Erkennbar ist die gewerkschaftliche Strategie, die Arbeitgeber zu einheitlichen Tarifregelungen zusammen zu zwingen und besonders die zerklüftete Arbeitgeberlandschaft bei den kirchlichen Verbänden auch unter Verweis auf ethische Grundprinzipien zu einem

---

2 Diesen Hinweis verdanke ich einer kleinen qualitativen Untersuchung von Hohmann/Strzelcyk: Arbeitnehmerüberlassung – Chancen oder soziales Risiko? Arbeitnehmerüberlassung am Beispiel eines Sozialpädagogen, Hausarbeit im Masterstudiengang Soziale Arbeit, Essen 2011. Derartige Arbeiten sind übrigens nur nach einer berufsspezifisch ausgerichteten, intensiveren Beschäftigung mit arbeitsrechtlicher Thematik zu erwarten.

einheitlichen Vorgehen zu drängen. Nicht nur branchenspezifische Tarife, sondern selbst Mindestlöhne werden dadurch, wie sich in der Pflege gezeigt hat, jahrelang ausgebremst.

Jedoch, bei aller berechtigten Kritik an den Verbänden, darf nicht übersehen werden, dass sie dies nicht aus eigenem Antrieb entwickelt haben, sondern sich einer vom Gesetzgeber und den behördlichen Auftraggebern strategisch entwickelten Wettbewerbsdynamik untergeordnet haben und sich dabei mangels Erfahrung z.T. noch ungeschickter verhalten als manches Wirtschaftsunternehmen und sogar ihren Markenkern gefährdet haben. Dies alles geschah nur, weil die Auftraggeber ja tatsächlich schon mit Dumpingkonkurrenz drohen konnten. Diese einseitig inszenierte Wettbewerbssimulation bei staatlich verantworteten Daueraufgaben muss deshalb zumindest durch einen Ordnungsrahmen, der für den gesamten Vergabe- und Auftragsbereich wirkt, ergänzt werden. Hilfreich für diese Entwicklung wäre nach meiner Meinung, wenn die öffentlichen Auftraggeber – das sind Bildungs-, Jugend- und Sozialbehörden, und zwar nicht nur Kommunen, Länder, Arbeitsagenturen und Jobcenter, sondern auch Kranken- und Pflegekassen – in eigener Regie eine gewisse Quote von Einrichtungen vorhalten müssten, in denen sie mit festangestellten Beschäftigten wieder die volle arbeitsrechtliche Verantwortung für die Durchführung übernehmen müssten.

Literatur

AFET (2012): Bundesverband für Erziehungshilfe, AFET Arbeitshilfe Nr. 1/2012 AFET Modell der Fachleistungsstunden für ambulante Erziehungshilfe (www.afet-ev.de).
Amendt, J. (2011): Lehrkraft zu verleihen in: Erziehung und Wissenschaft, Heft 2, 26-27.
Bahl, F./Staab, P. (2010): Das Dienstleistungsproletariat. Mittelweg 36, Heft 6, 66-93.
Breiholz J. (2011): Die starken Frauen von Altenoythe. In: Mitbestimmung, Heft 1-2 (Schwerpunktheft zur Leiharbeit), 23-25.
Bundestags-Drucksache 17/1536 v. 30.4.2010: Antwort der Bundesregierung auf die Kleine Anfrage der Fraktion DIE LINKE: Andauernde unzureichende Bezahlung der Lehrkräfte in Integrationskursen.
Bundestags-Drucksache 17/2809 v. 28.8.2010: Antwort der Bundesregierung auf die Kleine Anfrage der Fraktion DIE LINKE : Mindestlohn und Mindeststandards in der Weiterbildung.
Dahme, H-J./Kühnlein, G./Stefaniak, A./Wohlfahrt, N. (2012): Leiharbeit und Ausgliederung in diakonischen Sozialunternehmen: Der „Dritte Weg" zwischen normativem Anspruch und sozialwirtschaftlicher Realität. Abschlussbericht. Hans Böckler Stiftung.
Dathe, D./Hohendanner, C./Priller, E. (2009): Wenig Licht , viel Schatten – der Dritte Sektor als arbeitsmarktpolitisches Experimentierfeld, Wissenschaftszentrum Berlin, WZ Brief Arbeit vom 3.10.2009.
Dathe, D. (2011): Der dritte Sektor als arbeitsmarktpolitisches Experimentierfeld. In: Stolz Willig/Christoforides (Hrsg.) Hauptsache billig? Prekarisierung der Arbeit in sozialen Berufen (S. 45- 66). Münster: Westfälisches Dampfboot.

Eichinger, U. (2009): Die Restrukturierung der Rahmenbedingungen Sozialer Arbeit aus der Beschäftigtenperspektive, Neue Praxis, Heft 9, 117-128.

Gottschall, K. (2008): Trotz Abschluss arm? Mangelnde Bildungsrenditen als Armutsrisiko. Vortragtext , Fachtagung der Bremischen Zentralstelle ZGF: Programmierte Frauenarmut? Armutsrisiken von Frauen im Lebensverlauf vom 17.6.2008.

Hohendanner, C. (2010): Unsichere Zeiten, unsichere Verträge, IAB Kurzbericht 14/2010.

Hohendanner, C. (2011): Aktuelle Zahlen zur Befristung von Arbeitsverträgen in Deutschland, Soziale Ordnung, 5. Ausgabe, 16.

Karges, R. (2011): Ergebnisse einer Online-Befragung zur Beschäftigungssituation von Sozialarbeitenden. Vortrag bei der Berliner Arbeitstagung „aufstehen, widersprechen, einmischen". Kritische Soziale Arbeit 17.-18.6.2011, PDF Dokument online.

Kühnlein, G./Wohlfahrt, N. (2006): Soziale Träger auf Niedriglohnkurs? Zur aktuellen Entwicklung der Arbeits- und Beschäftigungsbedingungen im Sozialsektor, WSI Mitteilungen Heft 7, 389-395.

Kühnlein, G./Stefaniak, A./Wohlfahrt, N. (2011): Wettbewerb in der Sozialwirtschaft – Auswirkung auf die tarifliche Entwicklung. In: Stolz Willig/Christoforides (Hrsg.) Hauptsache billig? Prekarisierung der Arbeit in sozialen Berufen (S. 144-162). Münster: Westfälisches Dampfboot.

Kerig, G. (2007): Entwicklung der Beschäftigungsverhältnisse in der Sozialen Arbeit aus Sicht der Träger. In: Enggruber/Mergner (Hrsg.): Lohndumping und neue Beschäftigungsbedingungen in der Sozialen Arbeit (S. 31-42). Berlin: Frank & Timme.

Nodes, W. (2010): Berliner Caritas: Sozialarbeit ist „Zeitarbeit" in: Forum Sozial, Newsletter, Ausgabe 4 /2010, 1-3.

Nodes, W. (o.J.): Wohlfahrtsverbände: Glaubwürdigkeit zu verleihen. Zugriff am 30.07.2011 unter http://www.dbsh.de/redsys/soztop/userpages/verleihwohlfahrt.html

Privatisierungsreport - 12, Die Heilsbringer kommen – zur schleichenden Deprofessionalisierung im Schulbereich, GEW Hauptvorstand, Frankfurt 2011 (www.gew-shop.de).

Projekt Lohnspiegel, Was verdienen Sozialpädagoginnen und Sozialpädagogen? Arbeitspapier 06/2012, WSI in der Hans Böckler Stiftung (www.lohnspiegel.de)

Schwarzbuch (2010): Beschäftigung in der Weiterbildung, GEW Hauptvorstand, Frankfurt (www.gew-shop.de).

Schwarzbuch 2 (2012): Arbeit in Integrationskursen, GEW Hauptvorstand , Frankfurt, (www.gew-shop.de).

Schweitzer, H. (2006): Sozialpleiten – nur Pech und Pannen, Sozialextra Heft 1, 8-13.

Seithe, M. (2012): Schwarzbuch Soziale Arbeit (2. Aufl.). Wiesbaden: VS Verlag für Sozialwissenschaften.

Spindler, H. (2010): Programmierte Frauenarmut, Vortragstext zur Veranstaltung: „Aufschwung auch für Frauen?" am 18.11.2010 in Düsseldorf , Homepage: www.uni-due.de/ edit/spindler/

Spindler, H. (2011): Verstoßen viele Befristungen in Deutschland gegen Europarecht ?-Folgen für die soziale Arbeit. In: Forum sozial, Heft 2, 46- 49.

Szymaniak, P. (2010): Das Ende der Billiglöhne am Klinikum in Essen http://www.derwesten.de/staedte/essen/Das-Ende-der-Billiglöhne-am-Klinikum-in-Essen-id3953492.html

Wohlfahrt, N. (2012): Tarifpolitik im Sozialsektor: einige ordnungspolitische Anmerkungen. In: TuP Theorie und Praxis der Sozialarbeit, Heft 2, 132-139.

Norbert Wohlfahrt

Zur Qualität pädagogischer Beschäftigungsverhältnisse in der europäisierten Sozialwirtschaft

1. Zur Produktion von Prekarität in der Logik europäischer Sozialpolitik

Die Zunahme der (nicht-freiwilligen) Teilzeitarbeit, der Leiharbeit, der auf Werkvertragsbasis Arbeitenden, der Minijobs wie insbesondere aber auch die Zunahme derjenigen, die ganztägig unterhalb der Armutsgrenze arbeiten und darauf angewiesen sind, dass ihr Einkommen staatlicherseits auf das Niveau der gesetzlich garantierten Grundsicherung angehoben wird (die sog. Aufstocker), all das sind seit einigen Jahren Indikatoren dafür, dass das Sozialmodell der Europäischen Union von wachsenden sozialen und wirtschaftlichen Gegensätzen bestimmt ist. Deren Folgen werden seit einiger Zeit als Prekarität oder Exklusion beschrieben (Dörre/Castel 2009, Häußermann u.a. 2004).

Die Ursache für diese Entwicklung liegt wesentlich im Um- und Rückbau des Sozialstaats in den Staaten der Europäischen Union. Dieser folgt der Logik des Standortwettbewerbs, wobei dienstleistungsstrategisch dabei auch die Produktionsformen sozialer Dienste und damit der sozialen Berufe den Regeln des Wettbewerbs unterliegen sollen und einen Beitrag zum gesamtwirtschaftlichen Wachstum liefern sollen (vgl. Dahme/Wohlfahrt 2012).

Es ist deshalb unerlässlich, die Rolle der EU näher zu betrachten, die sich seit Ende der 1990er Jahre dem Ziel verpflichtet hat, die EU zu einem auf dem Weltmarkt konkurrenzfähigen Wirtschaftsraum fort zu entwickeln (Lissabon-Erklärung von 2000), was nicht nur über die Förderung von wirtschaftlicher Innovation, sondern vor allem auch über die Senkung der Lohn- und Arbeitskosten wie der Sozialausgaben funktioniert. Die rasante Ausdehnung des sog. Niedriglohnsektors in Deutschland und anderswo kann als „Erfolg" dieser seit Ende der 1990er Jahre verfolgten EU-Politik (Flexicurity-Politik) betrachtet werden (Armutsniveau als Standortvorteil und Lohnkostensubventionierung über die sozialen Sicherungssysteme), während die weitgesteckten Ziele, wie die, Europa zum dynamischsten Wirtschaftsraum zu entwickeln, vorerst mit der Finanzkrise ihr Ende gefunden haben. Die Bemühungen, die Beschäftigungsverhältnisse so zu gestalten, dass Europa wettbewerbsfähig bleibt, gehen jedoch auch in der Krise unvermindert weiter. Hinzu kommt, dass denjenigen EU-Mitgliedern, denen durch Rating-Agenturen und Finanzmärkte mangelnde Wettbewerbsfähigkeit attestiert wird, der Eintritt in den Prozess nachholender Wettbewerbsfähigkeit über den Kreditmechanismus aufgeherrscht wird, mit dem Ziel, auch an der Peripherie Produktionsbedingungen zu schaffen, die Investitionen durch wirtschaftskonforme Rahmenbedingungen mit sich bringen. Es ist offenkundig, dass dieser den gesamten Wirtschaftssektor umwälzende Prozess auch die sozialen Dienste und die pädagogischen Berufsfelder insgesamt nicht außen vor lässt, sondern vielmehr die dort herrschenden sozialstaatlichen Regulierungen einer gründlichen Revision unterwirft.

Sozialpolitik und soziale Dienstleistungspolitik waren lange Zeit nationalstaatliche Angelegenheit, was zur Ausbildung ganz unterschiedlicher wohlfahrtsstaatlicher Regime geführt hat (vgl. Esping-Andersen 1990). Mit der Vorbereitung und Schaffung der Euro-Zone (seit 2002) wurde immer deutlicher, dass die Konstrukteure mit der Einführung des Euros auch eine Vereinheitlichung der europäischen Sozialmodelle ins Auge gefasst hatten, auch wenn das bis heute nicht überall gelang.[1] Die jüngsten Entwicklungen deuten jedoch an, dass auch von denjenigen Ländern, die in der Euro-Zone verbleiben wollen, entscheidende Weichenstellungen erwartet werden, die die Pfadabhängigkeit der staatlichen und wohlfahrtsstaatlichen Entwicklungen durchbrechen sollen (durch Privatisierung, Stellenabbau im Öffentlichen Sektor, Neujustierung von Mindestlöhnen u. ä.). Dass das Ziel der Entwicklung eines europäischen Sozialmodells durch die EU nicht gleichzusetzen ist mit der Einführung einer EU-weiten Sozialpolitik oder vereinheitlichter wohlfahrtsstaatlicher Arrangements, war von Anfang klar, denn Dezentralisierung und Wettbewerb waren die tragenden Säulen des europäischen Prozesses, denn letztendlich ist der Standortwettbewerb politökonomischer Gründungsmythos und praktischer Transmissionsriemen der EU.

Auch die auf die Lissabon-Erklärung zurückgehenden Entscheidungen zur Restrukturierung der sozialen Sicherungssysteme im Sinne der Flexicurity-Strategie der EU waren nicht davon bestimmt, den europäischen Part-

---

1 Diese Ungleichzeitigkeit ist insbesondere mit Blick auf die Staaten an der Peripherie der Euro-Zone zu beobachten.

nern an der Peripherie die Einführung eines Sozialstaats kontinentaleuropäischer Prägung abzuverlangen. Die sog. Modernisierung der Sozialsysteme und der darauf aufbauenden Sicherungssysteme zielte auf die Einleitung eines Umbaus der Sozialstaaten in den wohlfahrtsstaatlich fortgeschrittenen EU-Ländern, der, wenn schon kein „race to the bottom", so doch einen entscheidenden Beitrag zur Stabilisierung der Sozialausgaben wie zur Senkung der sozialstaatlich bedingten Lohnnebenkosten darstellen sollte (vgl. Dingeldey/Rothgang 2009). Die Schaffung eines europäischen Sozialmodells ist davon getragen, entsprechend der europäischen Wettbewerbsphilosophie, eine „Sozialpolitik für den Markt" (Homann/Pies 1996), eine produktivistische Sozialpolitik zu initiieren.

Die wohlfahrtsstaatlichen Entwicklungen seit Mitte der 1990er Jahre haben ein Modernisierungsleitbild entstehen lassen, das sich in den Kernländern auch bereits durchgesetzt hat: In Staat und Gesellschaft werden auf verschiedensten Ebenen Markt- und Wettbewerbselemente eingebaut, um deren Effizienz angesichts der Globalisierung und des europäischen Standortwettbewerbes zu steigern. Der Umbau des Sozialstaates erfolgt dabei nach den gleichen Vorlagen, die auch den aus dem New Public Management entstammenden Umbaufolien in der öffentlichen Verwaltung zugrunde liegen. Die Wettbewerbsphilosophie wird seitdem über die Wirtschaft hinaus auch auf andere gesellschaftliche Bereiche ausgedehnt (z.B. die Öffentliche Verwaltung, das Bildungssystem wie den Gesundheits- und Sozialsektor), um deren Effizienz zu steigern und um in nicht-ökonomischen Bereichen ökonomisches Denken zu verwurzeln.

In der Agenda 2010 (Nachtwey 2009; Hegelich u.a. 2011) werden die von der EU propagierten Zielvorstellungen, Europa zu einem „aktiven und dynamischen Wirtschaftsraum" zu machen, reproduziert und konkrete nationalstaatliche Modernisierungsmaßnahmen formuliert. Will man die Wettbewerbsfähigkeit der Nationalstaaten in der EU forciert fördern, um Europa bis 2010 – so die Zielsetzung der Lissabon-Erklärung des Europäischen Rates vom März 2000 – international zum führenden „wissensbasierten Wirtschaftsraum" zu machen, dann benötigt man eine sozialstaatliche Flankierung des entfesselten Wettbewerbs und seiner armutspolitischen Folgen. Ziel der Lissabon-Erklärung war es aber nicht, einen europäischen Sozialstaat oder europäische sozialstaatliche Standards zu schaffen, das bleibt weiterhin Aufgabe der Nationalstaaten. Gefordert wurde, dass die europäischen Wohlfahrtsstaaten ihre sozialen Sicherungssysteme so restrukturieren, dass „(a)lle in Europa lebenden Menschen (...) die Chance haben, sich an den gesellschaftlichen Wandel anzupassen" (EU Kommission). Die EU hat also vorgedacht, was nationale Sozialpolitik werden wird: der Umbau des „statuskonservierenden" zu einem „sozialinvestiven" Sozialstaat (Heinze 2003), der Bildung primär als beschäftigungsorientierte Ausbildung betrachtet, Beschäftigungsstrategien entwickelt, die „employability" der Bevölkerung und den „re-entry" arbeitslos Gewordener zum Primat der Politik erhebt. Aufgabe dieses Sozialstaates ist es dann, das dazu notwendige „Lebenslange Lernen" zu organisieren, also dasjenige Lernen, das der Verbesserung von Wissen, Qualifikationen und Kompetenzen dient und im Rahmen einer persönlichen, bürgerschaftlichen, sozialen bzw. beschäftigungsbezogenen Perspektive erfolgt. Da diese Programmatik in gleicher Weise formales, nonformales und informelles Lernen umfasst (Pongratz/Reichenbach/Wimmer (Hrsg.) 2007), werden alle Lernprozesse zu einer öffentlichen Angelegenheit, was nicht nur in Zumutungen gipfelt, wie denjenigen, sich marktfähig zu halten und sich im Gemeinwesen zivil zu verhalten, sondern auch der Forderung, sich darüber hinaus auch bürgerschaftlich zu engagieren, da zur neuen Sozialstaatsagenda auch Maßnahmen zur Bildung des „Effective Citizen" gehören. (vgl. Kommission Sozialpädagogik 2011). Paternalismus, Zwang und Strafen sowie Ausschluss von Leistungen (workfare) bilden die Grundlagen des angestrebten europäischen Sozialmodells, ebenso das zur Pflicht gewordene „lebenslange Lernen" (learnfare).

2. Das Europäische Sozialwirtschaftsmodell: Privatisierung und Wettbewerb

Die Produktionsbedingungen sozialer Berufe sind gegenwärtig in den europäischen (Kern)Ländern mit ausgebauter Wohlfahrtsstaatlichkeit durch „organisierten Wettbewerb" (Wegener 2002) bzw. Quasi-Wettbewerb (Flynn 2007; Pröller/Schedler 2005) geprägt. Die hier zugrunde liegende Restrukturierung der nationalen Sicherungssysteme auf der Basis von Markt- und Wettbewerbsprämissen und im Sinne des New Public Management lässt sich aber nicht ausschließlich durch die EU-Politik erklären. In Großbritannien und in den skandinavischen Ländern sind solche Restrukturierungsprozesse schon länger in Gang (vgl. z.B. Naschhold 1995, 1997; Clarke/Newman 1997; Naschold/Bogumil 2000; Jann u.a. 2004). Das angelsächsische Modell zur Reform des Wohlfahrtsstaates stand sogar Pate, und wurde in den 1990er Jahren von der EU adaptiert und in ihre Umbaukonzepte eingebaut, insbesondere auch in ihr Modell zur Regulierung der nationalen sozialen Dienstleistungspolitik in Europa.

Die aktuelle Weiterentwicklung der sozialen Dienstleistungserbringung zu einem System des organisierten Wettbewerbs in allen EU-Ländern ist Folge der EU-Politik zur Regulierung der sozialen Dienstleistungsproduktion. Mit Inkrafttreten des Europäischen Binnenmarktes am 1.3.1993 wurden die EU-Vorschriften über den freien Waren- und Dienstleistungsverkehr national verbindlich und führten in verschiedenen Bereichen der Daseinsvorsorge (z.B. Telekommunikation, Verkehr, Energie, Soziale Dienste) zu Deregulierungs- und Liberalisierungsprozessen. Die von der EU vorgegebene wettbewerbliche Rahmenordnung wurde auch in Teilsektoren des Dienstleistungsbereiches etabliert, insbesondere wenn dort Gelder der europäischen Strukturfonds zur Finanzierung sozialer Arbeit zum Einsatz kommen (beispielsweise in der Jugendberufshilfe und Schulsozialarbeit). Die Vergabe von Mitteln aus den europäischen Strukturfonds an freie Träger erfolgt nach einer wettbewerblich organisierten Ausschreibung und ist auch mit der Etablierung eines Überprüfungssystems zur Kontrolle der Leistungseffizienz der Leistungserbringer verbunden. Die Verpflichtung zur Ausschreibung ist gekoppelt an die Pflicht, das günstigste Angebot auszuwählen und Leistungsverträge auszuhandeln. Leistungsverträge eröffnen die Möglichkeit für den Leistungserbringer, erzielte Überschüsse auch zur strategischen Entwicklung des eigenen Unternehmens einzusetzen. Der Leistungserbringer kann – anders als im Rahmen der alten nationalen Ordnungsstrukturen – nach kaufmännischen Gesichtspunkten die Höhe der Entgelte kalkulieren und dabei Kosten und Aufwendungen, wie z.B. Rücklagen und Eigenkapitalverzinsung, in Rechnung stellen. Da es sich nach EU-Recht bei den erbrachten Leistungen um Dienstleistungen handelt, wird der Träger sozialer Maßnahmen Leistungserbringer und Wirtschaftssubjekt und damit grundsätzlich umsatzsteuerpflichtig. Soziale Dienstleistungen sind nach EU-Recht Leistungen gegen Entgelt und somit Teil des Wirtschaftslebens, die nicht nur sozialpolitischen Zwecken dienen, sondern auch als Geschäftstätigkeit mit dem Ziel der Kostendeckung angesehen werden müssen. Die damit verbundene Logik, soziale Dienstleistungserbringung auf der Basis von Leistungsvereinbarungen bzw. -verträgen (durch Kontraktmanagement) zu organisieren, ist seit den 1990er Jahren zu einem durchgängigen Strukturprinzip sozialer Dienstleistungsproduktion geworden.

Die öffentliche Daseinsvorsorge – einschließlich der öffentlich erbrachten und/oder finanzierten sozialen Dienste – ist seit Inkrafttreten des Europäischen Binnenmarktes Objekt europäischer Liberalisierungs- und Privatisierungsprozesse. Das europäische Wettbewerbs- und Beihilferecht sind die Instrumente, mit denen Leistungen der öffentlichen Daseinsvorsorge darauf hin überprüft werden, ob sie privatisierbar sind. Ziel der EU ist es, immer mehr Bereiche der Daseinsvorsorge dem Markt zu überantworten. Die EU setzt die Politik fort, die die europäischen Staaten mit der Privatisierung ihrer Stromversorgung, Verkehrsinfrastruktur, Rundfunk- und Fernsehhoheit, Telekommunikation und sonstiger Infrastruktureinrichtungen selber begonnen haben. Das Wettbewerbsrecht unterscheidet, ob Güter oder Dienstleistungen „wirtschaftlichen" oder „nichtwirtschaftlichen" Charakter haben. „Dienstleistungen von allgemeinem wirtschaftlichen Interesse" (Artikel 86.2 EGV) sind wirtschaftliche Tätigkeiten, „die von den Mitgliedstaaten oder der

Gemeinschaft mit besonderen Gemeinwohlverpflichtungen verbunden werden und für die das Kriterium gilt, dass sie im Interesse der Allgemeinheit erbracht werden" (EU 2003, S. 8). Im Grünbuch zu Dienstleistungen von Allgemeinem Interesse der Kommission wird ausdrücklich darauf aufmerksam gemacht, dass wirtschaftliche Tätigkeiten mit Gemeinwohlbezug, aber auch soziale Dienste, Veränderungen unterworfen sind und deren nichtwirtschaftlicher Charakter deshalb nicht statisch festgeschrieben werden können. Deshalb können „Aufgaben, die per se dem Staat vorbehalten sind, Leistungen wie die Volksbildung oder die mit der Pflichtmitgliedschaft verbundenen Grundversorgungssysteme der sozialen Sicherheit und eine Reihe von Tätigkeiten, die von Organisationen ausgeübt werden, die hauptsächlich soziale Aufgaben erfüllen" zu einem späteren Zeitpunkt auch wirtschaftlichen Charakter bekommen. Die Kommission lehnt es deshalb ab, ein „endgültiges A-priori-Verzeichnis sämtlicher Dienstleistungen von allgemeinem Interesse aufzustellen, die als ‚nichtwirtschaftlich' anzusehen sind" (EU 2003, S. 17).

Das europäische Wettbewerbsrecht, das zunehmend mehr Bereiche der Daseinsvorsorge regulieren will, ist das wichtigste Instrument, das gegenwärtig Einfluss auf die Produktionsbedingungen sozialer Dienste in Europa ausübt: Ausschreibungsverfahren bei der Vergabe kommunaler Versorgungsaufträge, die Regulierung der Dienstleistungserbringung mittels Kontraktmanagement, die Finanzierung der Leistungserbringung auf der Basis von Messung von Leistungsparameter, die Entwicklung und Durchsetzung wirkungsorientierter Interventionsformen (best practice, Zertifizierung von Interventionsansätzen, regelmäßige Evaluierung) u.a. sind Folge und Bestandteil neuer Produktionsbedingungen in der sozialen Arbeit.

Die zentralen strukturellen und prozeduralen Elemente des neuen Produktionsmodells (Kontraktmanagement, Budgetierung, Trennung von Gewährleistungs- und Durchführungsfunktion, Benchmarking und Controlling) konstituieren einen Managerialismus in der Steuerung sozialer Dienste, der soziale Berufe als ausführende Funktionen eines staatlich definierten Versorgungsmanagements begreift.

Die „Managerialisierung" sozialer Dienstleistungsproduktion in Europa trägt auch dazu bei, dass vor allem in den sozialen Professionen (Sozialarbeit, Sozialpädagogik) ein Trend zunehmender sozialpolitischer Instrumentalisierung sozialer Berufe registrierbar ist, der sich dadurch kennzeichnet, dass die Dienstleistungserbringung sich in Arbeit steuernde und Arbeit erbringende Berufe aufteilt. Wenn es sich dabei um professionalisierte Berufe handelt, führt diese Entwicklung gewöhnlich auf der eine Seite zu einem job enrichment und einem job enlargement auf der anderen Seite. Insgesamt ist die soziale Dienstleistungsentwicklung davon bestimmt, dass die Einkommen der Fachkräfte wie der sie unterstützenden Hilfsberufe stagnieren oder sinken (bei gleichzeitig steigenden Anforderungen an die Tätigkeiten).

Der Wandel der Beschäftigungsverhältnisse wie der Arbeitsorganisation in den sozialen Diensten, der durch die europäische Regulierungspolitik, wenn nicht ausgelöst, so doch verstärkt wurde, hat seit geraumer Zeit auch die Entlohnungsregel in der sozialen Arbeit verändert (vgl. Dahme/Trube/ Wohlfahrt 2007). Diese in Deutschland beobachtbaren Entwicklungen sind anschlussfähig an internationale Trends: In fast allen fortgeschrittenen Wohlfahrtsstaaten Europas lässt sich beobachten, dass es zu stetig steigenden Anforderungen an die sozialen Dienstleistungserbringung kommt (bis hin zur Akademisierung vieler sozialer Berufe), allerdings bei kontinuierlich sinkendem Einkommen der Beschäftigten. Dieser „Holzweg in die Dienstleistungsgesellschaft" (Lehndorff 2002) wird in der Bundesrepublik gegenwärtig mit Blick auf den Fachkräftemangel intensiv diskutiert. Neuere Daten zeigen, dass diese Entwicklung dahingehend verstanden werden muss, den sozialen Dienstleistungssektor als Teil des Niedriglohnsektors zu betrachten (vgl. Stolz-Willig/Christoforidis 2011). Der soziale Dienstleistungssektor mit seinen sinkenden Einkommen trägt dazu bei, die Bundesrepublik als Wettbewerbsstandort zu stärken, da sinkende oder stagnierende Einkommen die Sozialsysteme wie auch das für den Sozialstaat zu verausgabende Steueraufkommen entlastet. Da soziale Dienstleistungsberufe europaweit fast überwiegend Frauenberufe sind, trifft die negative Einkommensentwicklung vor allem Frauen. Der Wandel der Produktionsbedingungen für die sozialen Dienste im deutschen sozialen Dienstleistungssektor hat demnach auch genderbezogene Auswirkungen, da er dazu beiträgt, dass der für soziale Berufe in Europa typische gender pay gap (Grimshaw/Rubery 2001) sich auch in der Bundesrepublik eher verfestigt als dass er abgebaut wird.

Der Wettbewerbsrahmen im sozialen Dienstleistungssektor hat auch Auswirkungen auf die Qualität pädagogischer Berufe: Mit der Etablierung des wettbewerblichen Ordnungsrahmens im deutschen Sozial- und Gesundheitssektor vor mehr als 20 Jahren – mit dem offiziellen Ziel, die Allokationseffizienz des sozialen Dienstleistungssektors zu steigern (so damals bspw. das Gutachten der Monopolkommission zur Reorganisation des Gesundheits- und Sozialwesens) – haben sich die Produktionsbedingungen sozialer Arbeit drastisch verändert. Die mit dem Ordnungsmodell Korporatismus – das gut 40 Jahre lang die soziale Arbeit reguliert hat – zusammenhängenden Produktionsbedingungen (Subsidiarität und partnerschaftliche Zusammenarbeit, Beteiligung der Kirchen und Wohlfahrtsverbände an der Politikformulierung, Kostenerstattungsprinzip, (relativ) konfliktfreie Arbeitgeber-Arbeitnehmer-Beziehungen, Wohlfahrtsverbände als sozialpolitische Interessenverbände mit advokatorischer Funktion, Orientierung der Einrichtungen und Träger am Tarif des öffentlichen Dienstes, fachliche Selbststeuerung der sozialen Berufe) sind durch andere Produktionsbedingungen ersetzt worden, die das Wettbewerbsmodell mit sich bringt. Die Umstellung der

Finanzierung sozialer Arbeit von retrospektiven auf prospektive Entgelte bspw. hat nicht nur die Vermarktlichung und die Verbetriebswirtschaftlichung des sozialen Dienstleistungssektors stark vorangetrieben (was von Anfang an Absicht war), sondern auch die Arbeitsbedingungen in den zu Sozialbetrieben gewordenen Einrichtungen zum Nachteil der beschäftigten Fachkräfte so nachhaltig verändert, dass sich die Schlussfolgerung aufdrängt, dass die Allokationseffizienz und Effizienzorientierung sozialer Dienste und der sozialen Arbeit vor allem eine Maßnahme des Kostenmanagements im Sozialsektor darstellt. Die Unterfinanzierung sozialer Dienste und die Kostenkonkurrenz sind seitdem konstitutive Merkmale des neuen wettbewerblichen Ordnungsrahmens. Die oben angesprochene Verwandlung des sozialen Dienstleistungssektors in einen Niedriglohnsektor mit den damit verbundenen Prekarisierungstendenzen in der sozialen Arbeit ist demnach kein Betriebsunfall der Sozialpolitik oder des Managements in den Sozialbetrieben, sondern Folge einer politisch gewollten und forciert durchgesetzten Kostendämpfungsstrategie, die wiederum kompatibel mit den Zielen der EU ist (http://www.socialnet.de/rezensionen/123 92.php).

3. Zur Entwicklung der Qualität pädagogischer Berufe in der Sozialwirtschaft

Die neue wettbewerbliche Ordnungsstruktur hat auch Auswirkungen auf die Organisation sozialer Dienste: Neue wettbewerbsorientierte lokale Finanzierungsregeln, ein umfängliches Berichtswesen, die Einführung von Qualitätsmanagementsystemen in ihren Einrichtungen, ein verschärfter Kostenwettbewerb unter den Leistungserbringern und als Folge davon neue Entlohnungsregeln für die Mitarbeiter und Mitarbeiterinnen der Leistungserbringer u.ä. haben sich im sozialen Dienstleistungssektor mittlerweile flächendeckend etabliert und verändern nicht nur das Verhältnis zwischen Kostenträgern und Leistungserbringern, sondern haben auch gravierende Auswirkungen auf die Organisation der Arbeit bei den Leistungserbringern selbst. Deren Organisationsformen und Strukturen der Arbeitserledigung werden sich – trotz angeblicher Werteorientierung – immer ähnlicher. „Structure follows function", so könnte man die durch die neue Sozialpolitik und Steuerungsphilosophie ausgelöste Nivellierung der Leistungserbringung und -organisation beschreiben (vgl. Manderscheid 2005). Leistungskontrollen, wirkungsorientierte Entgelte, Evaluation und Controlling im Rahmen des kommunalen Strategischen Managements stärken merklich die öffentlichen Träger und verstärken den vom Kontraktmanagement eingeleiteten Prozess, das Verhältnis von öffentlichen und privaten Trägern durch die Etablierung eines Monitoring des Leistungsgeschehens zu transformieren. Dabei reagieren die Träger und Einrichtungen der neu entstandenen Sozialwirtschaft mit unterschiedlichen Strategien auf die zunehmende Wettbewerbssituation: Mit der Erhöhung der Fallzahlen können sie ihre wirtschaftliche Leistungsfähigkeit unter Beweis stellen. Mit der Fokussierung auf bestimmte – noch aktivierungsfähige – Klienten können vorgegebene Quoten erfüllt werden, das Verfolgen öffentlichkeitswirksamer Marketing-Strategien erhöht die Legitimation des eigenen Auftrags, auch die Expansion auf andere europäische Sozialmärkte oder die laufende Optimierung der eigenen organisationsspezifischen Leistungen gehört zum Setting des angestrebten Wachstums der Branche Sozialwirtschaft. Besonders im Fokus steht aber die Verbilligung des Personals, das angesichts der hohen Personalkostenanteile in der Sozialwirtschaft zum Dauerprogramm geraten ist und erhebliche Folgen für die Beschäftigungsverhältnisse mit sich bringt. Angesichts der begrenzten (technischen) Rationalisierungsmöglichkeiten sozialer Dienstleistungserbringung erscheint es deshalb wenig verwunderlich, dass der Preis- und Kostenwettbewerb über andere, sich überlappende Wege ausgetragen (wird):

- Einsatz von gering qualifiziertem Personal (Hilfskräfte) und Beschäftigten auf Minijob-Basis,
- Personalreduktion, Absenkung der Personalschlüssel und
- Effektivierung und Flexibilisierung von Arbeitsorganisation und Arbeitszeiten und eine Absenkung von Entgelten (Nodes/Wohlfahrt 2012).

Die Privatisierung sozialer und pflegerischer Dienstleistungen, also ihr Betrieb außerhalb kommunaler und wohlfahrtsverbandlicher Strukturen, nimmt zu. Ihr Anteil beträgt bei Pflegediensten 59.9%, bei Pflegeheimen 39.2%, bei Reha und Vorsorge 56.2% und bei Kindergärten 14.6% (für weitere Bereiche der Jugendhilfe fehlen entsprechende Angaben).

Stand	Sektor	Gesamtanzahl	Öffentlich	Privat	Freigemeinnützig
2007	Ambulante Pflegedienste	11.529	1,7%	59,9%	38,5%
2007	Pflegeheime	11.029	5,8%	39,2%	55,1%
2008	Reha und Vorsorge	1.239	17,8%	56,2%	26,0%
2008	Krankenhäuser	2.083	31,9%	30,6%	37,5%
	davon allgemeine Krankenhäuser	1.781	32,1%	30,2%	37,8%
2009	Kindergärten	50.299	34,3%	14,6%	51,1%

Quellen: Destatis (Gesundheitsberichterstattung des Bundes, Kinder- und Jugendstatistik), Krankenhausstatistik, Gesamtstatistik 2006 der BAGFW entnommen aus: Deutsche Bank Research.

4. Schlussbemerkung

Das Europäische Wettbewerbsrecht hat europaweit zu einer ausgeprägten manageriellen Steuerung der sozialen Berufe geführt. Der in allen OECD-Staaten beobachtbare Trend, soziale Berufe wirkungsorientiert und mittels Kontraktmanagement zu steuern, ist inzwischen elementar. Managerielle Steuerung der sozialen Berufe in Europa ist angelagert zwischen den Polen Wirkungsorientierung und Kostenmanagement und hat dazu beigetragen, dass fast überall neue Trägerstrukturen entstanden sind, d.h. neben traditionellen Trägern, wie Kommunen und Wohlfahrtsverbänden, sich überall zunehmend privat-gewerbliche Träger etabliert haben und die Leistungserbringung durch öffentliche Träger stark rückläufig ist. Die Europäische Politik, die Selbstverantwortung des Einzelnen wie der Bürger in sozialpolitischen Angelegenheiten zu betonen, ist mittlerweile in vielen Ländern der EU angekommen und bestimmt – mit unterschiedlicher Ausprägung – die nationale sozialpolitische Programmatik. Politische Programme, wie Bürgerschaftliches Engagement (Deutschland), Big Society (Großbritannien) oder das „zorgzame samenleving" (Niederlande) sind Anzeichen dafür, dass der Sozialstaat in verschiedenen europäischen Ländern stark in Richtung Eigenverantwortung umgebaut wird, wobei man diesen Umbau, bei dem gleichzeitigen Abbau oder dem Einfrieren professioneller Leistungen, gewöhnlich unter Reaktivierung der zu aktivierenden Ressourcen des Gemeinwesens und der Bürgergesellschaft gestaltet. Die Folgen für die sozialen Berufe sind gravierend und weisen in eine zunehmende sozialpolitische Instrumentalisierung sozialer Berufe.

Die jetzt schon stark ausgeprägte Konvergenz im System der sozialen Dienstleistungsproduktion stellt sowohl für die Disziplin wie für die Profession der Sozialen Arbeit eine große Herausforderung dar, denn Soziale Arbeit lässt sich nicht mehr allein professionstheoretisch bestimmen. Die Konvergenztendenzen in der sozialen Dienstleistungsproduktion in Europa sind immer stärker von sozialpolitischen Zielsetzungen und Arrangements, nationalen Trägerstrukturen, der Organisationspolitik von Einrichtungsträgern und ihren Verbänden, der Motivation des Personals und den in der Sozialen Arbeit vorherrschenden Tarifstrukturen bestimmt und abhängig. Die sozialpolitische Instrumentalisierung Sozialer Arbeit überall in Europa legt die Schwächen und (theoretischen) Defizite des Professionalisierungsdiskurses offen, der versucht, mit normativen Konzepten den genannten Erosionstendenzen entgegen zu wirken. Die Idee einer Stabilisierung und Optimierung öffentlicher Sozial- und Bildungsleistungen als Voraussetzung professionellen Handelns kontrastiert mit dem „Holzweg in die Dienstleistungsgesellschaft", in dem die funktionale Steuerung sozialer Berufe dazu führen soll, dass diese billig und berechenbar ihren sozialstaatlichen Auftrag erfüllen.

Literatur

Clarke, J./Newman, J. (1997): The Managerial State. Power, Politics and Ideologies in the Remaking of Social Welfare. London: SAGE Publications Ltd.

Clausen, J.-J. (2011): „Community Care" oder „Enabling Community"? Der steinige Weg der Behindertenhilfe in die Kommune, in: Dahme, H.-J./Wohlfahrt, N. (Hrsg.), Handbuch Kommunale Sozialpolitik (S. 254-268). Wiesbaden: VS Verlag.

Dahme, H.-J./Wohlfahrt, N. (Hrsg.) (2000): Netzwerkökonomie im Wohlfahrtsstaat, Berlin: Edition Sigma.

Dahme, H.-J./Trube, A./Wohlfahrt, N. (Hrsg.) (2007): Arbeit in sozialen Diensten: Flexibel und schlecht bezahlt? Baltmannsweiler. Schneider Verlag Hohengehren.

Dahme, H.-J./Wohlfahrt, N. (2012): Produktionsbedingungen sozialer Arbeit in internationaler Perspektive: Analysen und Länderreports, Baltmannsweiler: Schneider Verlag Hohengehren.

Dathe, D. (2011): Der dritte Sektor als arbeitsmarktpolitisches Experimentierfeld. In: Stolz-Willig, B./Christoforidis, J. (Hrsg.). Hauptsache Billig? Prekarisierung der Arbeit in den Sozialen Berufen (S. 45-66). Münster: Westfälisches Dampfboot.

Dingeldey, I./Rothgang, H. (Hrsg.) (2009): Governance Of Welfare State Reform. A Cross National and Cross Sectoral Comparison of Policy and Politics. Cheltenham: Canadian Public Administration.

Dörre, K./Castel, R. (Hrsg.) (2009): Prekarität, Abstieg, Ausgrenzung. Die soziale Frage am Beginn des 21. Jahrhundert. Frankfurt/M.: Campus Verlag.

Esping-Andersen, G. (1990): The Three Worlds of Welfare Capitalism. Cambridge: Princeton Univ Pr.

Europäische Union (2003): Grünbuch der Dienstleistungen von allgemeinem Interesse, Brüssel.

Flynn, N. (2007): Public Sector Management (5th edition). London: Sage Publications Ltd.

Fuchs, T. (2011): Arbeit – Prekarität – Gesundheit: Arbeitsqualität und Gesundheitsempfinden aus Sicht von Beschäftigten in verschiedenen sozialen Berufsfeldern. In: Stolz-Willig, B./Christoforidis, J. (Hrsg.). Hauptsache Billig? Prekarisierung der Arbeit in den Sozialen Berufen (S. 25-44). Münster: Westfälisches Dampfboot.

Grimshaw, D./Rubery, J. (2001): The Gender Pay Gap: A Research Review (Equal Opportunities Commission – European Work and Employment Research Center. Manchester: Equal Opportunities Commission.

Häußermann, H./Kronauer, M./Siebel, W. (Hrsg.) (2004): An den Rändern der Städte: Armut und Ausgrenzung. Frankfurt/M.: Suhrkamp Verlag.

Hegelich, S./Knollmann, D./Kuhlmann, J. (2011): Agenda 2010, Strategien-Entscheidungen-Konsequenzen. Wiesbaden: VS Verlag für Sozialwissenschaften.

Heinze, R. G. (2003): Vom statuskonservierenden zum sozialinvestiven Sozialstaat (Vortrag bei der Tagung „Zukunft der sozialen Demokratie" der Friederich-Ebert-Stiftung in Bad Münstereifel 29.9.-05.10.2003).

Homann, K./Pies, I. (1996): Sozialpolitik für den Markt. Theoretische Perspektiven konstitutioneller Ökonomik. In: Pies, I./Leschke, M. (Hrsg.). James Buchanans konstitutionelle Ökonomik (S. 203-239). Tübingen: Mohr Siebeck.

Jann, W. u.a. (2004): Statusreport Verwaltungsreform. Eine Zwischenbilanz nach zehn Jahren. Berlin: Edition Sigma.

Kommission Sozialpädagogik (Hrsg.) (2011): Bildung des Effective Citizen. Sozialpädagogik auf dem Weg zu einem neuen Sozialentwurf. Weinheim: Beltz Juventa.

Lehndorff, St. (2002): Auf dem Holzweg in die Dienstleistungsgesellschaft? Gute Dienstleistungsarbeit als Politikum. In: WSI-Mitteilungen, H. 9, 491-497.

Manderscheid, H. (2005). Wie wirken sich Markt und Wettbewerb auf Selbst- und Fremdbild und auf Aufbau- und Ablaufstrukturen verbandlicher Caritas aus? Beobachtungen und Anmerkungen aus der Praxis. In: Gabriel, K./Ritter, K. (Hrsg.), Solidarität und Markt. Die Rolle der kirchlichen Diakonie im modernen Sozialstaat (S. 178-191). Freiburg: Lambertus-Verlag.

Nachtwey, O. (2009): Marktsozialdemokratie. Die Transformation von SPD und Labour Party. Wiesbaden: VS Verlag.

Naschold, F. (1995): Ergebnissteuerung, Wettbewerb, Qualitätspolitik. Entwicklungspfade des öffentlichen Sektors in Europa. Berlin: Edition Sigma.

Naschold, F. (1997): Umstrukturierung der Gemeindeverwaltung: eine international vergleichende Zwischenbilanz. In: Naschold, F./Oppen, M./Wegener, A. (Hrsg.). Innovative

Kommunen. Internationale Trends und deutsche Erfahrungen (S. 15-48). Stuttgart: Kohlhammer.

Naschold, F./Bogumil, J. (2000): Modernisierung des Staates. New Public Management in deutscher und internationaler Perspektive. Opladen: Leske + Budrich.

Nodes, W./Wohlfahrt, N. (2012): Produktionsbedingungen Sozialer Arbeit in Deutschland, in: Dahme, H.-J./Wohlfahrt, N. (Hrsg.), Produktionsbedingungen Sozialer Arbeit in internationaler Perspektive: Analysen und Länderreports, Baltmannsweiler: Schneider Verlag Hohengehren.

Proeller, I./Schedler, K. (2005): Verwaltung im Gewährleistungsstaat. In: Blanke u.a. (Hrsg.). Handbuch zur Verwaltungsreform (3. Aufl., S. 94-101). Wiesbaden. VS Verlag für Sozialwissenschaften.

Pongratz, L./Reichenbach, R./Wimmer, M. (Hrsg.) (2007): Bildung-Wissen-Kompetenz, Erlangen: Janus Presse.

Rhein, Th. (2011): Niedriglohnbeschäftigung in den sozialen Berufen. In: Stolz-Willig, B./Christoforidis, J. (Hrsg.). Hauptsache Billig? Prekarisierung der Arbeit in den Sozialen Berufen (S. 12-24). Münster: Westfälisches Dampfboot.

Schäper, S. (2010): Von der Anstalt zur „caring community" – Dezentralisierung und Kommunalisierung in der Behindertenhilfe, in: Dahme, H.-J./Wohlfahrt, N. (Hrsg.), 2010, Kommunalisierung und Dezentralisierung der Sozialpolitik (S. 79-91). Baltmannsweiler: Schneider Verlag Hohengehren.

Stolz-Willig, B./Christoforidis, J. (Hrsg.) (2011): Hauptsache Billig? Prekarisierung der Arbeit in den Sozialen Berufen. Münster: Westfälisches Dampfboot.

Wegener, A. (2002): Die Gestaltung kommunalen Wettbewerbs. Strategien in den USA, Großbritannien und Neuseeland. Berlin: Edition Sigma.

Joachim Rock

Prekäre Wohlfahrt: die dünne Patina des nationalen Sozialstaates

Mündigkeit und Selbstbestimmung sind nicht nur Ziele pädagogischen Handelns, sondern ein auf Emanzipation gerichtetes pädagogisches Handeln setzt beides voraus. Ausgreifende Prekarität (vgl. den Beitrag von Wohlfahrt in diesem Band) unterminiert dagegen den Kern pädagogischer Profession ebenso wie der Sozialen Arbeit insgesamt.

So wenig, wie dieser Befund rechtfertigungsbedürftig erscheint, so rechtfertigungsbedürftig scheint es, auf der Suche nach den Ursachen wachsender Unsicherheit über den nationalen Tellerrand zu blicken und in diesem Kontext den Einfluss der Europäischen Union auf die nationale Sozialpolitik in Deutschland zu thematisieren. Gehört eine selbstbestimmte Bildungs- und Sozialpolitik nicht zum Kern nationalstaatlicher Souveränität? Verfügt die Europäische Union nicht gerade deshalb bis heute über keine nennenswerten Kompetenzen in der Bildungs- und Sozialpolitik? Beide Thesen sind richtig, und doch kommt man nicht ohne Bezugnahme auf den europäischen Integrationsprozess aus, will man nicht ohne Not den Analyserahmen bis zur Untauglichkeit verengen. So formuliert Arnold Heidenheimer (1996, S. 586): „Bildungspolitik wurde lange Zeit als ein herausragender Prototyp eines ‚innenpolitischen' Aufgabenbereichs angesehen (...) Aber die Auswirkungen der Internationalisierung der Märkte für viele Güter wie auch der erleichterte Transfer von Dienstleistungen und Ausbildungsressourcen stellen nicht nur den Bestand der nationalen Grenzen, sondern auch die Haltbarkeit vieler begrifflicher Abgrenzungen in Frage." Aber auch das „Veralten des wohlfahrtsstaatlichen Arrangements" (Kaufmann 1997, S. 49) als Ausdruck und Ursache von sozialer Unsicherheit macht einen Blick auf die übergeordneten Rahmenbedingungen nationaler Sozialstaatlichkeit notwendig.

Mit drei Thesen soll in diesem Beitrag auf die Wechselwirkungen zwischen nationaler Sozial- und Bildungspolitik und dem europäischen Integrationsprozess hingewiesen werden. Diese ergeben sich aus einer eingeschränkten nationalstaatlichen Handlungsfähigkeit durch (1) die supranationale Regelungskompetenz der Europäischen Union und (2) die neue

Austeritätspolitik durch verfassungsmäßig verankerte Sparziele. Umgekehrt befördert die politisch betriebene Politik der Liberalisierung der Sozial- und Bildungspolitik eine stärkere Einflussnahme der europäischen Ebene.

1. Daseinsvorsorge war gestern: Die Erosion des nationalen Verteidigungsrings des Sozialstaates

Die Organisation des Sozial- und Bildungssystems ist bis heute ein Vorrecht des Nationalstaates. Gleichzeitig hat dessen Gestaltungsspielraum im europäischen Staatenverbund erheblich abgenommen, seit die Europäische Union – spätestens mit der im Jahresverlauf 2012 vollzogenen Etablierung einer europäischen Wirtschaftsregierung – einen die wirtschaftliche Handlungsfähigkeit der Mitgliedsländer prägenden Einfluss bekommen hat. Die Fähigkeit, durch das positive Setzen von Regeln Einfluss auf eine transnationale Wirtschaft nehmen zu können, diffundiert zusehends. Europa „fehlt die über die Wirtschaft hinausgreifende Kompetenz, den Mitgliedsstaaten, wiewohl ihr Charakter als Staaten eine Gesamtverantwortung impliziert, fehlt die Befugnis, in die wirtschaftsbezogenen, auf die Realisierung der vier Freiheiten der Marktbürger ausgerichtete EG-Regelungen einzugreifen. Damit ist die einstmals mühsam erkämpfte Einheit von Staatsraum, geregeltem Wirtschaftsraum und Sozialraum, eine Geschäftsgrundlage des modernen Wohlfahrtsstaates und sozialer Marktwirtschaft, aufgegeben" (Böckenförde 1999, S. 80).

Die Kompetenz zur Einflussnahme auf den sozialen Bereich ergibt sich dabei gleichsam durch die Hintertür. Die Europäische Union hat zwar keine eigenen sozialpolitischen Kompetenzen, verfügt jedoch sehr wohl über das Recht, die Wirtschafts- und Handelsbeziehungen in wettbewerblich strukturierten Märkten zu regeln. Eine wesentliche Grundlage dafür bietet das Wettbewerbs- und Beihilferecht, dass insbesondere in den Artikeln 107-109 des Vertrages über die Arbeitsweise der Europäischen Union (AEUV) enthalten ist. Zu den dadurch grundsätzlich der Kontrolle der Europäischen Kommission unterliegenden Bereichen zählen nahezu alle tatsächlichen oder potenziellen Wettbewerbsbeeinträchtigungen, insbesondere die staatliche Förderung gemeinnütziger oder öffentlicher Anbieter gegenüber gewinnorientierten Unternehmen (vgl. weiterführend Rock 2010). Während das Europäische Recht eine Fülle von Vorschriften enthält, die Deregulierung und Wettbewerb befördern, erweist es sich gegenüber Regelungen, die auf einen sozialen Ausgleich hinwirken, als nahezu völlig abstinent.

Durch die exekutivistische Struktur der Entscheidungsfindung und durch die Abstinenz des Vertragsrechts gegenüber positiven sozialen Normen war im Europäischen Vertragsrecht von Anfang an angelegt, dass das Fortschreiten des Integrationsprozesses nicht durch demokratische Entscheidungen oder die Forderungen nach sozialen Normsetzungen gehindert wurden: „Die Folge ist, daß auf der Ebene der EG ein Bereich von Marktwirtschaft pur entsteht, d. h. eine Emanzipation von der sozialen Marktwirtschaft" (Böckenförde 1999, S. 79). Diese Entwicklung hat bereits dazu geführt, dass die netzgebundene öffentliche Daseinsvorsorge weitgehend liberalisiert wurde: Telekommunikations- und Postdienste, die Bahn sowie die Strom- und Gasversorgung. Damit wurde der „äußere Verteidigungsring des Sozialstaates" (Leibfried 2001) zerstört. Das Bemühen um Deregulierung und Liberalisierung hat damit jedoch kein Ende gefunden.

Der Europäische Rat beschloss im März 2000 mit der sog. Lissabon-Strategie das ehrgeizige Ziel, Europa bis zum Jahr 2010 zum wettbewerbsfähigsten und dynamischsten wissensgestützten Wirtschaftsraum der Welt zu machen. Um dieses Ziel zu erreichen, wurden die Liberalisierungsbemühungen insgesamt verstärkt. Dabei standen gerade die Sozial-, Gesundheits- und Bildungsdienstleistungen im Fokus, zeichneten sich diese Bereiche des Dritten Sektors doch durch ein dynamisches Wachstum aus, in dem der wirtschaftliche Wettbewerb nach Auffassung der Europäischen Kommission viel zu wenig entwickelt war. Eine der Maßnahmen, um den grenzüberschreitenden Wettbewerb zu forcieren und nationale Qualitätsstandards auszuhebeln, war der 2004 vorgelegte Entwurf einer europäischen Dienstleistungsrichtlinie, die nach massiven öffentlichen Protesten erst in deutlich abgeschwächter Form 2006 verabschiedet wurde und bis Ende 2009 in den Mitgliedstaaten umgesetzt werden musste.

Obwohl die Ziele der Lissabon-Strategie bis 2010 nicht annähernd erreicht wurden, setzt die Europäische Kommission ihren auf Liberalisierung und Deregulierung gerichteten Kurs weiter fort. Mit der 2010 verabschiedeten und wiederum auf zehn Jahre angelegten Europa-2020-Strategie wird intelligentes, nachhaltiges und integratives Wachstum gefordert. Erreicht werden soll dies durch eine bessere Koordinierung der nationalen und europäischen Wirtschaft. Die Auswahl an wirkungsvollen Instrumenten zur Durchsetzung dieser Wettbewerbsstrategie hat sich im Zuge der Finanzkrise erheblich erweitert. Der europäische Raum ist „bereits so weit institutionalisiert und verrechtlicht, dass außerhalb der in ihm geltenden Gesetzmäßigkeiten keine Krisenlösungen mehr möglich sind. In diesem Sinne ist die Europäische Union die mächtige ‚Objektivation' einer aus historischer Erfahrung gespeisten Vorstellung geworden. Politik in Europa unterliegt seitdem einer strukturellen Pfadabhängigkeit" (Wirsching 2012, S. 407).

2. Von der Stabilität zur Austerität: der europäische Sozialstaat in der Abenddämmerung

Das Gesamtvolumen der Sozialleistungen in Deutschland hat in den vergangenen 20 Jahren zu keinem Zeitpunkt abgenommen, es ist – mehr oder weniger stetig – gewachsen. Über die sozial gerechte Verteilung der Ausgaben sagt diese Tatsache jedoch nichts, denn der Investitionsbedarf im Bereich der Bildungs- und Sozialpolitik ist auch künftig erheblich. Festzustellen ist, dass „besonders im Gesundheits- und Pflegebereich, aber auch im Schulwesen, der Jugendarbeit und Alterssicherung in den kommenden Jahren immense Mehrausgaben nötig sein werden, will man auch nur halbwegs den gegenwärtigen Standard halten" (Schneider/Woltering 2012, S. 103). Das aber steht im Widerspruch zu den, im Zuge der Finanzkrise geschaffenen, verbindlichen Vorgaben, die in den kommenden Jahren wirksam werden.

Zu Beginn der Finanzkrise reagierten fast alle Staaten der OECD mit einer Ausweitung der staatlichen Ausgaben, einerseits zur Rekapitalisierung des Banksektors, andererseits aber auch zur Stabilisierung der Sozialsysteme und zur Stimulierung gesamtwirtschaftlicher Nachfrage, z.B. in Deutschland durch die so genannte „Abwrackprämie" für Autos. Die vergangenen Jahre waren damit durch eine Stabilitätspolitik gekennzeichnet, um den Preis einer deutlich gewachsenen Staatsverschuldung. Diese Phase ist inzwischen beendet. Sowohl auf nationaler wie auch auf europäischer Ebene wird die Politik der Stabilität durch eine Politik der Austerität, der Enthaltsamkeit, abgelöst. Dieser Politikwechsel ist dauerhaft, denn ähnlich wie Odysseus, der sich am Mast seines Schiffes festbinden ließ, um nicht dem lockenden Gesang der Sirenen folgen zu können, haben sich deutsche und europäische Parlamentarier ihrerseits verfassungsmäßige Fesseln angelegt, um ihren eigenen Handlungsspielraum für die Zukunft drastisch zu begrenzen.

Zum 1. August 2009 wurde die sogenannte „Schuldenbremse" im Grundgesetz verankert. Sie bestimmt, dass der Bund ab 2016 und die Länder ab dem Jahr 2020 gezwungen sind, strukturelle Verschuldung zu begrenzen. Die Nettokreditaufnahme des Bundes wird dabei auf jährlich maximal 0.35 Prozent des Bruttoinlandsproduktes (BIP) – des Wertes aller im Jahr in Deutschland hergestellten Güter – begrenzt; die Länder dürfen ab dem Jahr 2020 keine neuen Schulden mehr aufnehmen. Ausnahmen sind nur im Fall einer Naturkatastrophe oder einer schweren Rezession vorgesehen, und auch das nur bei gleichzeitiger Tilgungsplanung für die Zukunft. Bei einem BIP von 2.57 Billionen Euro im Jahr 2011, dem eine Verschuldung von 2.03 Billionen Euro (und da sind die überwiegend als Bürgschaften – möglichen künftigen Zahlungsverpflichtungen – enthaltenen Kosten der Finanzkrise noch gar nicht enthalten) gegenübersteht, entspräche das einer maximal zulässigen zusätzlichen Kreditaufnahme des Bundes von weniger als 9 Milliarden Euro im Jahr. Im gesamtwirtschaftlichen Rahmen betrachtet ist das nicht sonderlich viel, so betragen z.B. die Ausgaben der Rentenversicherung bereits 240 Milliarden Euro jährlich.

Mit der Einführung der Schuldenbremse haben die Parlamente ihr vornehmstes Recht – das Budgetrecht – in einer Art und Weise limitiert, die die Gestaltungsmöglichkeiten der „öffentlichen Hand" extrem einschränkt. Dass es sich in diesem Zusammenhang verbietet, in Zukunft noch von einem finanziellen „Spielraum" zu sprechen, zeigt sich mit Blick auf die bereits bestehenden zukünftigen Zahlungsverpflichtungen. So betragen die im Oktober 2012 bereits eingegangenen deutschen Zahlungsgarantien aus dem ESM und seinen Vorläufern EFSF insgesamt über 400 Milliarden Euro. Alle diese Garantien sind bislang uneingelöst. Das bedeutet, dass jede fällig werdende Milliarde angesichts der begrenzten Handlungsfähigkeit durch die Schuldenbremse entweder durch höhere Steuereinnahmen oder durch eine Kürzung staatlicher Ausgaben an anderer Stelle refinanziert werden muss. Da das Volumen der Steuereinnahmen bei „nur" etwa 250 Milliarden Euro jährlich liegt und es derzeit keine Mehrheiten für eine stärkere Besteuerung von Unternehmen, hohen Einkommen oder privatem Vermögen gibt, impliziert die Schuldenbremse in den kommenden Jahren einen garantierten Sozialabbau in noch nicht kalkulierbarem Ausmaß.

Auch auf europäischer und internationaler Ebene sind – maßgeblich durch den Druck Deutschlands – Regelungen geschaffen worden, die auf die Begrenzung von Ausgaben zielen. Dazu zählt etwa der am 13. Dezember 2011 in Kraft getretene „Sixpack". Mit diesem Begriff werden sechs legislative Maßnahmen der Europäischen Union zusammengefasst, mit denen die bisherigen Regelungen zur Stabilitäts- und Wachstumspolitik reformiert und verschärft wurden. Unter Androhung erheblicher Sanktionszahlungen werden die Mitgliedsländer dabei u.a. verpflichtet, ihre Schulden sukzessive unter den Wert von 60 Prozent des BIP zu senken. Die Kontrollmechanismen werden gleichzeitig erweitert und verstärkt. Während diese Regelungen supranational für alle Mitgliedstaaten gelten, haben darüber hinaus 25 Mitgliedstaaten ein zwischenstaatliches Übereinkommen geschlossen. Mit diesem „Vertrag über Stabilität, Koordinierung und Steuerung in der Wirtschafts- und Währungsunion" (SKS-Vertrag), der in der Regel kurz als Fiskalpakt bezeichnet wird, verpflichten sich die teilnehmenden Staaten zur verbindlichen Einführung einer Schuldenbremse und zur Konsolidierung ihrer öffentlichen Haushalte. Diese sollen ausgeglichen sein oder Überschüsse aufweisen, die jährliche Neuverschuldung darf 0.5 Prozent des nominalen BIP nicht übersteigen. Die Regelung erscheint auf Deutschland bezogen zwar lockerer als die dort bereits im Grundgesetz verankerte

Schuldenbremse. Tatsächlich jedoch gelang es Deutschland zwischen 2000 und 2010 lediglich in drei Jahren, eine Neuverschuldung von weniger als 0.5 Prozent des BIP zu erreichen. Nachdem zuletzt am 11. Oktober 2012 Frankreich und am 13. September 2012 Deutschland den Pakt ratifiziert haben, tritt der Fiskalpakt zum 1. Januar 2013 in Kraft.

Für den nationalen Sozialstaat sind das keine guten Nachrichten, weil die Höhe des nationalen Sozialbudgets künftig weitgehend unabhängig von der demokratischen Willensbildung in den einzelnen Staaten bestimmt werden kann – und das wesentlich durch eine europäische Wirtschaftsregierung, die auf Konsolidierung und Austerität verpflichtet ist. Jens Weidmann, der Präsident der Bundesbank, hat die Konsequenzen am 14. Juni 2012 zusammengefasst: „In einem solchen Rahmen könnten Konsolidierungspfade durch die europäische Ebene sichergestellt werden, auch wenn sich hierfür keine Mehrheiten in dem jeweiligen nationalen Parlament finden sollte (…) Für den Fall, dass sich ein Land nicht an die Haushaltsregeln hält, ginge nationale Souveränität automatisch in dem Ausmaß auf die europäische Ebene über, dass dadurch die Einhaltung der Ziele gewährleistet werden kann (…) Denkbar wäre zum Beispiel das Reche, Steuererhöhungen oder proportionale Ausgabenkürzungen vorzunehmen – und nicht bloß verlangen – zu können" (zitiert nach Streck 2012, S. 23).

Der Direktor des Max-Planck-Institutes für Gesellschaftsforschung, Wolfgang Streeck (2012, S. 23), hat die Folgen in einem knappen Befund skizziert: „Damit verwandelt sich der europäische Wohlfahrtsstaat in einen in internationale Disziplin eingebundenen Konsolidierungsstaat (…) Konsolidierung wird dabei vor allem durch Ausgabenkürzungen stattfinden (…) Die Festlegung der kapitalistischen Demokratien auf ein neoliberales Zurückschneiden des Staates gestaltet nicht nur die Besteuerung, sondern auch die Staatstätigkeit degressiver, im Sinne von immer weniger von oben nach unten umverteilend."

3. Bildung auf dem Markt – Reduzierte Teilhabe im Gewährleistungsstaat

Der Rückzug des Staates der Daseinsvorsorge aus seiner Leistungsverantwortung und seine Transformation zum Gewährleistungsstaat sind dennoch nicht durch Sachzwänge des europäischen Integrationsprozesses induziert. Er verstärkt und beschleunigt jedoch Entwicklungen, die auf nationaler Ebene eingeleitet worden sind: „Seit den 80er Jahren haben sich marktliche Elemente in der bundesdeutschen Sozialpolitik ebenso wie in anderen OECD-Staaten deutlich verstärkt. Unter Wohlfahrtsmärkten können alle marktförmigen wirtschaftlichen Strukturen verstanden werden, die auf die Produktion und Verteilung von Gütern und Diensten gerichtet sind, die traditionell unter dem Schutz des Sozialstaats stehen oder standen und als Märkte weiterhin einer spezifischen Regulation unterliegen" (Nullmeier 2004, S. 495).

Mit diesem Prozess erfolgt eine Transformation des „klassischen" Sozialstaates zum Gewährleistungsstaat. „Der Staat (einschließlich seiner Untergliederungen) sieht in immer weiteren Bereichen (vornehmlich der Daseinsvorsorge) davon ab, die ihm obliegenden Aufgaben selbst wahrzunehmen, sondern ermöglicht Privaten im Rahmen hoheitlich gesetzter regulativer Vorgaben (z.B. Zielsetzungen, Verfahrensregeln, Organisationsmodellen) die Aufgabenerledigung" (Schoch 2008, S. 241).

Dieser Wandel ist folgenreich, für die Betroffenen, für die bisherigen Träger sozialer Leistungen und für die weitere Konfiguration sozial- und bildungspolitischer Rahmenbedingungen, weil er u.a. zur Stärkung gewinnorientierter Angebote gegenüber öffentlichen Angeboten oder solchen gemeinnütziger privater Träger – etwa von Elternvereinigungen – beiträgt. Der Rechtswissenschaftler Volker Neumann hat diesen Prozess der Marktschaffung als Midas-Prinzip bezeichnet: dem Mythos nach gewährte Dionysos König Midas den Wunsch, dass alles, was er berührt, zu Gold wird. In ähnlicher Weise führt die Monetarisierung eines sozialpolitischen Bereichs zu einem weitreichenden Wandel. Indem der Staat neue Märkte für Sozial- und Bildungsdienstleistungen schafft und in diesen einen Preiswettbewerb fördert, wird der europarechtliche Zugriff auf das deutsche Sozial- und Bildungssystem befördert. Die Ökonomisierung des Sozialen und damit des Bildungs- wie Sozialbereich nimmt zu.

Welche Folgen das für die pädagogischen Arbeitsfelder haben kann, kann für den Bereich der Sozialen Arbeit beispielhaft an der rückwirkend zum 1. Januar 2011 erfolgten Einführung des Bildungs- und Teilhabepaketes verdeutlicht werden. In seinem Urteil vom 9. Februar 2010 hatte das Bundesverfassungsgericht das bisherige Verfahren der Regelsatzbemessung für verfassungswidrig erklärt. Einer der maßgeblichen Gründe war dabei die unzureichende Berücksichtigung des Bildungs- und Teilhabebedarfs von Kindern und Jugendlichen. Das Bildungs- und Teilhabepaket war der Versuch der Bundesregierung, den Forderungen des Bundesverfassungsgerichts nachzukommen und dabei eine spezifische Form der Leistungserbringung zu schaffen. Das Paket besteht aus sechs zum Teil schon vorher bestehenden Leistungsformen, die besonderen Bildungs- und Teilhabebedarfen junger Menschen gerecht werden sollen. Die Leistungen beinhalten 1.) notwendige Lernförderung, 2.) einen Mittagessenszuschuss von 26 Euro monatlich, soweit Schule und Hort ein Mittagessen anbieten, 3.) die Übernahme der Kosten für Schulausflüge und Klassenfahrten, 4.) unter bestimmten Herausforderungen die Schülerbeförderung sowie 5.) ein in der

Regel als Geldleistung erbrachtes Schulbasispaket in Höhe von pauschal 100 Euro pro Schuljahr, aufgeteilt in zwei Tranchen von 70 bzw. 30 Euro zum Halbjahresbeginn und 6.) ein „Teilhabebudget" von bis zum 120 Euro im Jahr für die Teilnahme an sportlichen oder kulturellen Aktivitäten.

An Stelle der Ausweitung schulischer Angebote oder der Stärkung offener Strukturen der öffentlichen und freien Jugendhilfe vor Ort schuf das Bildungs- und Teilhabepaket einen Teilhabemarkt, in dem die Betroffenen durch Budgets oder restriktiv ausgestaltete Sachleistungsansprüche gezwungen sind, sich notwendige Leistungen am Markt einzukaufen. Das Leistungsangebot ist dabei regional ganz unterschiedlich gestaltet, was durch den Rückzug des Staates auf eine Gewährleistungsverantwortung noch verstärkt wird. Eine staatliche Infrastrukturverantwortung ist danach nicht mehr vorgesehen. Gleichzeitig fördern die eingeführten Teilhabebudgets eine Ökonomisierung der Leistungserbringung, beispielsweise in dem vormals kostenfreie Angebote in kostenpflichtige Angebote umgewandelt wurden, um die entsprechenden Gelder „abzuschöpfen".[1]

---

1 Auch materiell führte das Bildungs- und Teilhabepaket keineswegs zu einer Verbesserung der Situation der Betroffenen. Die im Gesetzgebungsverfahren kalkulierten zusätzlichen Leistungsausgaben von 600 Millionen Euro im Jahr wurden nicht annähernd in Förderleistungen investiert, da die Inanspruchnahme auch aufgrund mangelnder Informationen und bürokratischer Hürden der Inanspruchnahme weit hinter den Erwartungen zurückblieb. Hinzu kam, dass die zusätzlichen Ausgaben für das Bildungs- und Teilhabepaket gleichzeitig mit seiner Einführung durch Kürzungen bei derselben Personengruppe an anderer Stelle mehrfach refinanziert wurden. So wurde mit der Einführung des Bildungs- und Teilhabepaketes der Grundbetrag des Elterngeldes für auf Leistungen der Sozialgesetzbücher II und XII angewiesene Familien angerechnet. Die betroffenen Familien verlieren dadurch monatlich 300 Euro. Insgesamt wurden Leistungen für diese Gruppe um 400 Millionen Euro jährlich reduziert. Weitere 200 Millionen Euro wurden mit dem Wegfall des Übergangszuschlages eingespart, durch den ehemals gut verdienende Personen beim Übergang von Arbeitslosengeld I in das Arbeitslosengeld II vorübergehend durch zusätzliche Leistungen von monatlich bis zu 160 Euro im ersten Bezugsjahr und bis zu 80 Euro im zweiten Bezugsjahr entlastet [?] wurden. Doch damit nicht genug: Die Streichung der Rentenbeiträge für Menschen im Rechtskreis des SGB II in Höhe von 40.80 Euro monatlich summiert sich bei den Betroffenen auf eine Leistungskürzung im Umfang von 1.8 Milliarden Euro. Darüber hinaus wurden die Leistungen zur Eingliederung in Arbeit nach dem SGB II mit der Umsetzung des Bildungs- und Teilhabepakets auf etwa 5 Milliarden Euro gekürzt. Die Liste lässt sich fortsetzen. Insgesamt überstiegen Kürzungen im Bereich des SGB II die materiellen Verbesserungen für Empfänger von Leistungen des gleichen Sozialgesetzbuches um ein Vielfaches. Prekarität hat Ursachen und Wirkung.

4. Heute am Abgrund – und morgen einen Schritt weiter?

„Wo aber Gefahr ist, wächst / das Rettende auch", heißt es in Hölderlins „Patmos". Besteht eine Alternative zur Politik nach dem Prinzip TINA, There Is No Alternative? Die Frage ist rhetorisch. Einen Fingerzeig in die richtige Richtung findet man sogar dort, wo man ihn kaum vermutet: in regierungsamtlichen Dokumenten. So schreibt das Bundesministerium für Arbeit und Soziales in seinem am 17. September 2012 veröffentlichten Entwurf eines Armuts- und Reichtumsberichts: „Die Bundesregierung prüft, ob und wie über die Progression in der Einkommensteuer hinaus privater Reichtum für die nachhaltige Finanzierung öffentlicher Aufgaben herangezogen werden kann" (BMAS 2012, XLII). Das gleichzeitige Wachstum von öffentlicher Armut und privater Wohlfahrt ist nicht gegeben, es hängt von Mehrheiten ab. Die gilt es zu verändern.

Ein anderer Fingerzeig betrifft die Frage, wie Entscheidungsprozesse zu organisieren sind, um das zu erreichen. Auch in diesem Fall ist eine Antwort schon formuliert, in den Schriften des katholischen Sozialethikers Oswald von Nell-Breuning (1962, S. 828), der das Subsidiaritätsprinzip nicht nur als Abwehrrecht, sondern auch als Verpflichtung formulierte: „Die Regierung hat für die Bevölkerung das zu besorgen, wonach die Leute ein Bedürfnis haben, was sie aber selbst überhaupt nicht tun können oder doch, auf sich selbst gestellt, nicht ebenso gut tun können. In all das, was die Leute ebenso gut selber tun können, hat die Regierung sich nicht einzumischen".

Prekarität ist ein Produkt gesellschaftlicher Verhältnisse, die der Veränderung zugänglich sind – und ihrer Veränderung bedürfen. Solange es an einer europäischen Öffentlichkeit fehlt, in der das Bewusstsein dafür gebildet werden kann, bleibt Selbstbestimmung ein Grundwert. An seiner Herstellung ist zu arbeiten.

Literatur

Bundesministerium für Arbeit und Soziales (BMAS, 2012): Lebenslagen in Deutschland. Entwurf des 4. Armuts- und Reichtumsberichts der Bundesregierung. Stand: 17.09.2012, 17:00 Uhr. Berlin.

Böckenförde, E.-W. (1999): Staat, Nation, Europa. Frankfurt am Main: Suhrkamp.

Heidenheimer, A. J. (1996): Bildungspolitik in der Bundesrepublik Deutschland, Japan und der Schweiz: „Innenpolitische" Staatsaufgaben im Wandel. In: Dieter Grimm (Hrsg.): Staatsaufgaben (S. 585-612). Frankfurt am Main: Suhrkamp.

Kaufmann, F.-X. (1997): Herausforderungen des Sozialstaates. Frankfurt am Main: Suhrkamp.

Leibfried, S. (2001): Über die Hinfälligkeit des Staates der Daseinsvorsorge. Thesen zur Zerstörung des äußeren Verteidigungsrings des Sozialstaates. In: Schader-Stiftung (Hrsg.): Die Zukunft der Daseinsvorsorge. Öffentliche Unternehmen im Wettbewerb. Darmstadt.

Möhring-Hesse, M. (2008): Verbetriebswirtschaftlichung und Verstaatlichung. Die Entwicklung der Sozialen Dienste und der Freien Wohlfahrtspflege. In: ZSR 54 (2008), Heft 2, 141-160.

Nell-Breuning, O. (1962): Subsidiaritätsprinzip: in Staatslexikon, Hrsg. Görres-Gesellschaft Freiburg.

Nullmeier, F. (2004): Vermarktlichung des Sozialstaats. In: WSI Mitteilungen, Heft 9/2004, 495-506.

Rock, J. (2010): Wohlfahrt im Wettbewerb. Europarecht kontra Daseinsvorsorge und soziale Dienste? Hamburg: VSA.

Rock, J. (2011): Vernachlässigte Fürsorge. Ein sozialpolitisches Lehrstück in drei Aufzügen, in: Frühe Kindheit, Heft 5/2011, 36-41.

Schneider, U./Woltering, C. (2012): Solidarisches Sanieren. In: Blätter für deutsche und internationale Politik, Heft 4/2012, 103-110.

Schoch, F. (2008): Gewährleistungsverwaltung: Stärkung der Privatrechtsgesellschaft? In: Neue Zeitschrift für Verwaltungsrecht 2008, 241-247.

Streeck, W. (2012): Das Ende der Nachkriegsdemokratie. In: Süddeutsche Zeitung vom 27.07.2012, 23.

Wirsching, A. (2012): Der Preis der Freiheit. Geschichte Europas in unserer Zeit. München: Beck.

Germo Zimmermann und Ernst-Ulrich Huster

Prekarität in der europäischen Armuts- und Sozialpolitik

Stärken und Schwächen des Inklusions-Ansatzes der EU über den Arbeitsmarkt

1. Armuts- und Sozialpolitik der Europäischen Union

Obwohl die Europäische Union vor allem eine wirtschafts- und währungspolitische Zielsetzung hatte und bis heute im Kern diese politischen Bereiche ausfüllt, gab es daneben immer wieder Ansätze, auch die soziale Komponente in den Blick zu nehmen. Die Sozialpolitik beschränkt sich bis heute im Wesentlichen aber immer noch auf ihre drei ältesten und wichtigsten Themenfelder: Die Absicherung der Freizügigkeit der Arbeitnehmer, der Politik zur Gleichstellung der Geschlechter und den Regelungen zum Arbeits- und Gesundheitsschutz für Arbeitnehmer. Nur in begrenztem Maße und erst seit den 1970er Jahren entwickelt sich auf EU-Ebene ein weiteres sozialpolitisches Arbeitsfeld, nämlich die Politik gegen Armut und soziale Ausgrenzung, ohne dass jedoch die Union bis heute seitens der Mitgliedstaaten relevante Kompetenzen in armutspolitisch bedeutenden Kernbereichen der Sozialpolitik eingeräumt bekommen hat (vgl. Benz 2012, S. 652f.).

1.1 Entstehung europäischer Armutspolitik: Die Armutsprogramme I-III (1975-1994)

Vor vierzig Jahren wurden die ersten armutspolitischen Aktivitäten auf EU-Ebene mit dem Ersten Sozialpolitischen Aktionsprogramm (1974-1976) der Europäischen Gemeinschaft eingeleitet:

- Im Fokus von „Armut I" (1975–1980) – als *„Programm von Modellvorhaben und Modellstudien zur Bekämpfung von Armut"* aufgelegt – stand die Erarbeitung einer Arbeitsdefinition von „Armut", mit dem Ziel erste transnationale Vergleiche durch nationale Berichte sowie die Bestands-

aufnahme von Armutsquoten als auch Strategien zur Armutsbekämpfung zu entwickeln.
- „Armut II" (1986–1989) – als *„Programm der Europäischen Gemeinschaften zur Bekämpfung der Armut"* entwickelt – konzentrierte sich auf die Untersuchung von Maßnahmen, die in vereinzelten Mitgliedsstaaten auf lokaler Ebene für bestimmte Zielgruppen entwickelt wurden.
- Armut III (1989–1994) – als „Mittelfristiges Aktionsprogramm der Gemeinschaft zur wirtschaftlichen und sozialen Eingliederung der am meisten benachteiligten Bevölkerungsgruppen" aufgelegt – führte die Arbeit auf lokaler Ebene weiter und forcierte den multidimensionalen Charakter von „Armut".
- Das für den Zeitraum von 1994–1999 vorgesehene „Mittelfristige Aktionsprogramm zur Bekämpfung der Ausgrenzung und Förderung der Solidarität: ein neues Programm zur Unterstützung und Anregung der Innovation" (Armut IV) wurde durch das Vereinigte Königreich und Deutschland per Klage vor dem Europäischen Gerichtshof aufgrund fehlender vertraglicher Grundlagen erfolgreich verhindert (vgl. Engels 2006, S. 10; Preunkert 2009, S. 92ff.).

Es war der Begriff „Armut", der die damals konservativ regierten Länder Großbritannien, Frankreich und Deutschland veranlasste, die Armutsprogramme nicht weiter fortzusetzen. Doch der Druck anderer Länder, die darauf insistierten, auf dem Gebiet des sozialen Zusammenhalts der Mitgliedsländer der Europäischen Union weiterzuarbeiten, führte dazu, dass über die Europäische Union neue Begrifflichkeiten auch in die jeweilige nationale Sozialpolitik- und Armutsdiskussion Eingang gefunden haben. Die im englischen und im französischen Sprachraum üblichen Begriffe der „social exclusion" bzw. „exclusion sociale" (Room 1997, S. 2ff.) traten, vom Gebrauch und vom Gewicht her, an die Stelle von „poverty" bzw. „pauvreté", ohne diese allerdings gänzlich zu verdrängen (vgl. Huster/Boeckh/Mogge-Grotjahn 2012, S. 13f.). Zusammenfassend haben die drei Armutsprogramme des vergangenen Jahrhunderts wesentliche Prinzipien der europäischen Armutspolitik geprägt: Neben der empirischen und definitorischen Erfassung von Armut mit mehrdimensionalem Charakter („soziale Ausgrenzung") sind v.a. die Betonung von Partizipation und Betroffenenbeteiligung sowie die Partnerschaft aller Akteure, die sich in der Vernetzung von Nicht-Regierungs-Organisationen (NRO) und Wissenschaftlern zeigt, bedeutend (vgl. Benz 2012, S. 653f.).

1.2 EU-Armutspolitik im 21. Jahrhundert: Von der Lissabon- zur EU-2020-Strategie

Zu Beginn des 21. Jahrhundert wurden auf Grundlage der europäischen Verträge von Amsterdam (1997), die die Bekämpfung von sozialer Ausgrenzung zu einem offiziellen europäischen Politikziel erhoben haben, eine globale Strategie zur Erreichung der strategischen Ziele der EU bis zum Jahre 2010 gefordert. Das als *„Lissabon-Strategie"* (2000–2010) verabschiedete Programm setzte sich zum Ziel

> „(…) die Union zum wettbewerbsfähigsten und dynamischsten wissensbasierten Wirtschaftsraum in der Welt zu machen – einem Wirtschaftsraum, der fähig ist, ein dauerhaftes Wirtschaftswachstum mit mehr und besseren Arbeitsplätzen und einem größeren sozialen Zusammenhalt zu erzielen. Zur Erreichung dieses Ziels bedarf es einer globalen Strategie, in deren Rahmen (…) die soziale Ausgrenzung zu bekämpfen ist" (Europäischer Rat 2000, S. 2).

Dieser Ansatz zielte also auf eine integrierte Strategie, innerhalb derer sozialpolitische Maßnahmen im Allgemeinen und armutspolitische im Besonderen Teil einer umfassenderen bildungs- und wissenschaftsgetragenen Wachstumspolitik sein sollten. Um diese Ziele zu erreichen, wurden jedoch keine umfassenden „harten" Steuerungs-Kompetenzen auf die EU übertragen, vielmehr waren „weiche" Instrumente im Rahmen der *„Offenen Methode der Koordinierung"* – kurz: „OMK" – vorgesehen, die durch eine Berichterstattung der Mitgliedsstaaten gegenseitiges Lernen anhand von „good practice" Beispielen ermöglichen will. Zudem werden durch die OMK sozialstatistische Vergleiche erbracht, die seitens der Mitglieder realisiert werden sollen und durch Benchmarks überprüft werden. Doch kaum war über das Vertragswerk von Amsterdam und die „Lissabon-Strategie" die Bekämpfung von sozialer Ausgrenzung zum Programm der Agenda 2010 erhoben worden,[1] bildete sich neuer Widerstand gegen diese – wie befürchtet – politisch prominente Schau auf Ausgrenzungsprozesse in den einzelnen Mitgliedstaaten. Die „revised Nice objectives" leiteten 2005 eine Kurskorrektur ein: Nunmehr sollten einerseits der Beitrag der Inklusions-

---

[1] Im nunmehr gültigen Vertrag von Lissabon ist dieses in Artikel 153 geregelt (vgl. Boeckh/Huster/Benz 2011). In Deutschland übernahm die damalige rot-grüne Bundesregierung diesen Begriff und verstand die von ihr eingeleitete grundlegende Reform der Arbeitsmarktpolitik (vulgo bekannt unter Hartz-Reformen) als Beitrag zur Erfüllung der europäischen Agenda-Ziele.

strategien zum Wirtschaftswachstum und andererseits der Beitrag des wirtschaftlichen Wachstums zum sozialen Zusammenhalt bzw. zur sozialen Inklusion im Zentrum stehen („Feeding in" – „Feeding out"). Im Kern ging es also um eine Politikfolgenabschätzung im Rahmen einer wachstumszentrierten Inklusionspolitik (vgl. Frazer/Marlier 2009).

Integraler Bestandteil der im Rahmen der Lissabon-Strategie beschlossenen Maßnahmen gegen soziale Ausgrenzung waren die so genannten „*Laeken-Indikatoren*", durch die sowohl der Ist-Zustand in den Mitgliedsländern vergleichbar als auch Fortschritte messbar gemacht werden sollten. Dabei kann seit 2004 mit dem „European Survey on Income and Living Conditions" (EU-SILC) auch auf zumindest weitgehend einheitlich erfasste Datensätze zurückgegriffen werden, die Längsschnittbetrachtungen erlauben. Der qualitative Unterschied zu einem einkommenszentrierten Armutsbegriff liegt dabei in der mehrdimensionalen Perspektive: Zu den Hauptindikatoren gehören neben der Armutsgefährdungsquote (60% des Median), der Quote dauerhafter Armutsgefährdung, der relativen Armutsgefährdungslücke und der Langzeitarbeitslosenquote auch einige, die nicht unmittelbar an der Einkommenshöhe oder Erwerbstätigkeit anknüpfen. Solche Indikatoren sind beispielsweise die Zahl der Schulabbrecher, die Quote all jener Haushalte mit „materiellen Entbehrungen"[2] oder die Betroffenheit von unzureichender medizinischer Versorgung (vgl. Europäische Kommission 2009, S. 17ff.). Ergänzend zu diesen primären Indikatoren, die bei den als am wichtigsten erachteten Gründen für soziale Ausgrenzung ansetzen, gibt es eine Reihe von sekundären Indikatoren. Diese bieten zusätzliche Details bzw. zeigen weitere Dimensionen der Ausgrenzungsproblematik auf, so etwa, indem auf andere Armutsrisikoschwellen zurückgegriffen wird oder Indikatoren zu Bildungsdefiziten verwendet werden (vgl. Europäische Kommission 2009, S. 15 u. 21ff.).[3] Bilanzierend musste die EU im Jahr 2010 allerdings feststellen, dass die ehrgeizigen Ziele der Lissabon-Strategie nicht erreicht wurden.

Inzwischen wurde die Lissabon-Strategie von dem auf zehn Jahre angelegten Programm „*Europa 2020*" abgelöst. Angestrebt werden ein intelligentes, nachhaltiges und integratives Wachstum (vgl. Europäische Kommission 2010). Intelligent steht dabei insbesondere für eine Förderung von Bildung und Forschung, nachhaltig für ökologische und integrativ für soziale Ziele,

---

2   Darunter wird das Unvermögen verstanden, bestimmte Dinge zu finanzieren, wie beispielsweise eine Waschmaschine, ein Telefon, ein Auto, eine einwöchige Urlaubsreise pro Jahr oder eine angemessen warme Wohnung (vgl. Europäische Kommission 2009, S. 19).

3   Den einzelnen Staaten steht es darüber hinaus frei, zusätzlich „tertiäre" Indikatoren zu verwenden, etwa umso nationale Besonderheiten besser darstellen zu können.

die durch fünf Hauptziele operationalisiert werden, darunter die Erhöhung der Beschäftigungsquote der 20- bis 64-Jährigen auf 75%, die Anhebung der Ausgaben für Forschung, Entwicklung und Innovationen auf 3% des BIP, die Verringerung der Schulabbrecherquote auf unter 10% und die Steigerung des Anteils der 30- bis 34-Jährigen mit abgeschlossener Hochschulbildung auf mindestens 40% sowie die Verringerung der Zahl der von Armut und sozialer Ausgrenzung betroffenen oder bedrohten Menschen um mindestens 20 Millionen. Mit „Europa 2020" einigten sich die EU-Mitgliedsstaaten in Bezug auf Armut erstmalig auf konkrete Reduktionsziele, gleichwohl fallen die Kernziele der EU-2020-Strategie deutlich verhaltener aus als die der Lissabon-Strategie. So taucht bspw. das übergeordnete Ziel „wettbewerbsfähigster Wirtschaftsraum der Welt" zu werden nicht mehr auf (vgl. Boeckh/Huster/Benz 2011, S. 381).

Trotzdem hält die EU – bei allen Modifikationen – an dem in Artikel 3 der gemeinsamen Bestimmungen des Vertrages über die Europäische Union (2010) gesetzten Ziel fest:

„Ziel der Union ist es, den Frieden, ihre Werte und das Wohlergehen ihrer Völker zu fördern. (…) Sie bekämpft soziale Ausgrenzung und Diskriminierungen und fördert soziale Gerechtigkeit und sozialen Schutz (…) Sie fördert den wirtschaftlichen, sozialen und territorialen Zusammenhalt und die Solidarität zwischen den Mitgliedstaaten" (Amt für Veröffentlichungen der Europäischen Union 2010, Art. 3).

1.3 Folgen: „Weiche Steuerung" und die „Offene Methode der Koordinierung" (OMK)

Als Handlungsoptionen stehen der europäischen Armutspolitik vier systematische Handlungsfelder zur Verfügung (vgl. ausführlich Benz 2012, S. 655):

1. **Information:** Empirische Untersuchungen zur Armutslage der EU, „good practice" Beispiele der Mitgliedsstaaten und innovative sowie bewährte Verfahren und Maßnahmen zur Bekämpfung von sozialer Ausgrenzung werden durch ein umfassendes Informations- und Berichtwesen den Mitgliedstaaten zur Verfügung gestellt.

2. **Recht:** Obwohl in anderen Politikbereichen (z.B. Steuerpolitik) rechtliche Normierungen auf EU-Ebene vollzogen wurden und der Vertrag zur Arbeitsweise der EU (AEUV) mit Art. 153 grundsätzlich die Möglichkeit bietet, EU-weite Beschlüsse zu Mindestvorschriften auch für den

Bereich der Systeme der sozialen Sicherheit zu fassen, bleiben faktisch auch aufgrund der Einstimmigkeitsregelung die armutswirksamen sozialpolitischen Rechtsentscheidungen dem Rahmen der nationalen Politik vorbehalten.

3. **Geld:** Materielle Unterstützung für armutspolitisch-relevante Projekte ist innerhalb der EU bisweilen von geringer faktischer Bedeutung (wenngleich die Förderprogramme Armut I-III durch konkrete finanzielle Ausstattung profitieren konnten) und beschränkt sich derzeit meist auf die Förderung von europäischen Netzwerken und Wissenschaftlern als auch von so genannten Leuchtturmprojekten.

4. **Zielvereinbarungen:** Als letzte Handlungsoption europäischer Armuts- und Sozialpolitik sind die Vereinbarung von Zielen zu nennen, bei der die EU auch mit fachpolitischen Gremien (wie z.B. dem European Anti Poverty Network „EAPN") als auch nationalen Betroffenen- und Nicht-Regierungs-Organisationen sowie den Kirchen und Gewerkschaften zusammen arbeitet. Durch die mit der Lissabon-Strategie etablierte OMK werden somit Ziele, Empfehlungen und Leitlinien formuliert und gleichfalls effektiv überwacht.

Im Bereich der Armuts- und Sozialpolitik haben sich v.a. die Handlungsoptionen der Information (1) und Zielvereinbarung (4) als Formen der „weichen Steuerung" („soft law") durchsetzen können. Gerade die OMK wurde genutzt, um Politik zur Bekämpfung von Armut und sozialer Ausgrenzung voran zu treiben: So werden gemeinsame Ziele vereinbart, EU-weite Indikatoren zur Messung von Fortschritten im Kampf gegen Armut entwickelt, mehrjährige Nationale Aktionspläne für Soziale Inklusion (in denen die nationalen Regierungen ihren Beitrag und ihre Strategie zur Bekämpfung von Armut und sozialer Exklusion darstellen) erarbeitet sowie ein gemeinsamer Bericht zum Sozialschutz und zur sozialen Inklusion durch die Europäische Kommission erstellt. Die bereits oben erwähnte Stärkung der Netzwerke durch ein mehrjähriges EU-Programm, das die Zusammenarbeit der Mitgliedsstaaten und Informationsaustausch untereinander fördern soll, eröffnet zudem eine neue politische Arena des Diskurses (vgl. Boeckh/Huster/Benz 2011, S. 411).

2. Stärken und Schwächen der EU-Strategien im aktivierenden Sozialstaat

2.1 Auswirkung europäischer Armutspolitik auf die nationalen Sozialpolitiken

Die Grundsatzentscheidung, die Ausgestaltung von Sozialstaatlichkeit in der nationalen Kompetenz zu belassen – gemeinsame Beschlüsse bedürfen hier der Einstimmigkeit –, gleichwohl aber im Rahmen der OMK Folgen nationaler Sozialpolitik zu beobachten und in einem Benchmarking-Prozess zu bewerten, führt zu zwei gegensätzlichen Prozessen: Zum einen wird der nationale soziale Zusammenhalt Gegenstand *europäischer* Beobachtung, zum anderen sucht *nationale* Politik – mal stärker, mal schwächer – unter Adaptation der europäischen Terminologie letztlich doch nach eigenen, in ihrer jeweiligen Tradition verhafteten Lösungsansätzen sozialer Konfliktlagen. Gleichwohl findet im politischen, sozialen und wissenschaftlichen Rahmen eine Auseinandersetzung um eben diese Problemfelder statt:

- Soziale Eingliederung vor allem derjenigen, die am weitesten vom Arbeitsmarkt entfernt sind;
- Zugang aller zu den für sie wichtigen sozialen Diensten (also neben monetären Hilfen auch Unterstützungsleistungen etwa durch Beratung, Betreuung, Erziehung, Pflege u.a.m.);
- Hilfen gerade für diejenigen, die am meisten von Armut und sozialer Ausgrenzung betroffen sind;
- Verknüpfung von Wirtschaftswachstum, Beschäftigung und sozialer Inklusion;
- Fortschritte bei der Gleichstellung der Geschlechter.

Im Gegensatz zu dem früher eher widerständigen Verhältnis zwischen nationaler Politik in Deutschland und EG-Initiativen – im Rahmen der drei Armutsprogramme – beteiligt sich die nationale Politik an den seit dem Jahr 2000 entwickelten europäischen Initiativen. Allerdings bleibt der Widerspruch, dass konkrete politische Maßnahmen auf nationaler Ebene wenig Wirkungen entfalten. Die Beteiligung zeigt sich (ganz im Sinne der OMK) [4] etwa im Erstellen von „Nationalen Aktionsprogrammen zur Sozialen Eingliederung" (NAPincl.), in „Nationalen Reformprogrammen" (NRP) und in den „Nationalen Strategieberichten Sozialschutz und soziale Eingliederung"

---

[4] Eine kritische Auseinandersetzung zur Wirkungsweise der OMK auf die nationale Politik liefert Preunkert 2009.

(NSRSPSI). Die Ergebnisse fließen wiederum in Zusammenfassungen der EU-Kommission ein, so etwa in den „Joint Report on Social Protection and Social Inclusion 2010" (Europäische Kommission 2010). Auch im Rahmen des „mutual learning" beteiligen sich die nationalen Regierungen an Peer Reviews, die das Ziel verfolgen, „die Zusammenarbeit bei der Modernisierung des Sozialschutzes" sowie die „Bekämpfung von Armut und sozialer Ausgrenzung innerhalb der Europäischen Union zu fördern" (Europäische Kommission, o.J.). Zielvorstellung ist dabei, „dass nationale Divergenzen abgebaut und der europäische Integrationsprozess insgesamt auf ein höheres Wachstums- und Wohlfahrtsniveau gehoben werden kann" (Krause/Ritz 2006, S. 156f.).

Abb. 1: Struktur und Zugang der Freien Wohlfahrtspflege im Mehrebenensystem der EU am Beispiel des Diakonischen Werkes (vereinfacht)

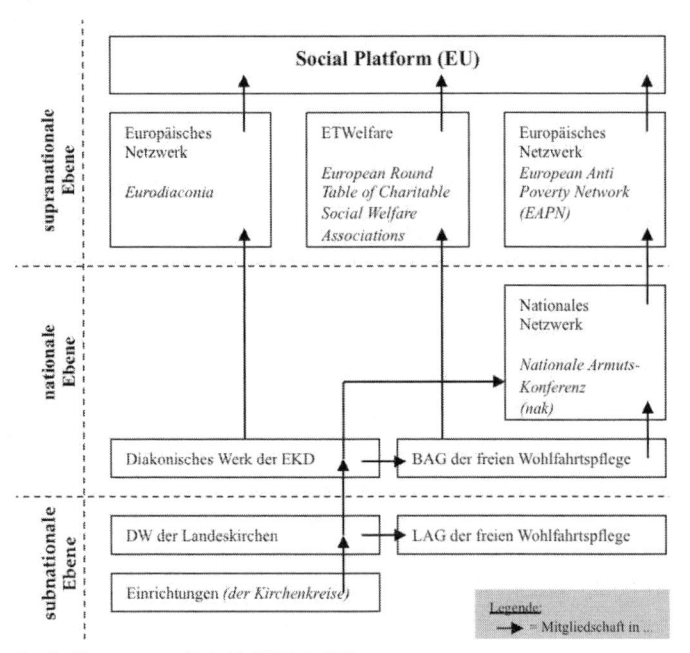

Quelle: Zimmermann/Boeckh 2012, S. 691.

Zudem haben nationale Interessenverbände, Nicht-Regierungs- und Betroffenenorganisationen sowie die Gewerkschaften und Kirchen als intermediäre Organisationen, die sich für eine politische Repräsentation von „schwachen sozialen Interessen" einsetzen, durch neue Arbeitsweisen (OMK) und Formen der Beteiligung („new-governance"-Ansätze) die Möglichkeit erhalten, professionelles Soziallobbying auf supranationaler Ebene der EU in Netzwerken (wie European Anti Poverty Network „EAPN" oder der transnationalen „social platform", die 1993 mit dem Ziel eine inklusive Gesellschaft zu errichten initiiert wurde) und runden Tischen (z.B. European Round Table of Charitable Social Welfare Associations „ETWelfare") unter Zuhilfenahme der eigenen Europabüros aktiv mitzugestalten.[5] Eine vereinfachte Struktur des Zugangs von NRO wie den Spitzenverbänden der freien Wohlfahrtspflege zum „sozialen Europa" verdeutlicht die Abbildung 1 am Beispiel des Diakonischen Werkes (s. S. 184).

2.2 Soziale Inklusion über den Arbeitsmarkt und aktivierende Sozialstaatspolitik

Über Informationsaustausch und gemeinsam vereinbarte Zielvorstellungen sollen die unterschiedlichen nationalen Sozialpolitiken einander angenähert werden, letztlich bleibt aber der nationale Sozialstaat unangetastet. Das gemeinsame Ziel einer „active inclusion" soll den sozialen Zusammenhalt in den Mitgliedstaaten stärken – und zwar über den Arbeitsmarkt! Im deutschen Sozialversicherungsstaat mit seinen vornehmlich kausal ausgerichteten Leistungen ist soziale Inklusion ohnehin in einem sehr starken Maße von der Integration in den Arbeitsmarkt abhängig. Durch den Übergang hin zum *aktivierenden Sozialstaat* mit seinem Grundsatz des „Forderns und Förderns" – keineswegs eine deutsche oder gar neue Erfindung – ist dieser Zusammenhang noch enger geworden. Eine solche Ausrichtung auf Beteiligung an der Erwerbsarbeit hat jedoch nur dann Sinn, wenn der Einzelne auch die Möglichkeit hat, durch seine Integration in den Arbeitsmarkt seinen Pflichten zu genügen.

Dies ist zum einen von der Lage am Arbeitsmarkt abhängig, denn der „fordernde Sozialstaat ist in sehr viel stärkerem Maße auf einen funktionierenden Arbeitsmarkt angewiesen als der fördernde" (Lahusen/Stark 2003, S. 371). Dieses kann nicht unabhängig von der Qualität und Dauerhaftigkeit der vermittelten Arbeitsplätze einfach als gegeben betrachtet werden (vgl. Mohr 2007, S. 70). So zeigt etwa das Beispiel der Leiharbeiter, dass die Beendigung von Arbeitslosigkeit nicht mit sozialer Inklusion gleichgesetzt werden darf. Dies gilt für den Niedriglohnsektor[6] insgesamt, bietet doch

---

5 Zur politischen Repräsentation schwacher sozialer Interessen im Mehrebenensystem der EU vgl. Zimmermann/Boeckh 2012.
6 Zur Messung von Armut bei Erwerbstätigen, resp. zur Bestimmung des Niedriglohnsektors vgl. Lohmann 2008, S. 91ff. (Kap. 4).

selbst Vollzeitarbeit für einen wachsenden Teil der Erwerbstätigen kein Einkommen oberhalb des ALG-II-Niveaus mehr. Diese Entwicklung der Armut trotz Erwerbsarbeit („working poor") hat sich in den vergangenen Jahren verschärft: Die Zahl der Niedriglohnbeschäftigten – bundeseinheitliche Niedriglohnschwelle – ist seit 1995 kontinuierlich gestiegen, von damals 5.59 Millionen auf 7.92 Millionen im Jahr 2010. Der Anteil die Niedriglohnbeschäftigten hat sich von 1995 mit 17.7% auf 24.2% im Jahr 2007 gesteigert und lag im Jahr 2010 bei 23.1%, d.h. knapp ein Viertel aller Beschäftigten befand sich damals im Niedriglohnbereich. Im Jahr 2010 haben 2.58 Millionen Personen in einer Vollzeitbeschäftigung bei einem Stundenlohn von weniger als 8.50 Euro gearbeitet, das waren 11.5% aller Vollzeitbeschäftigten (Kalina/Weinkopf 2012). Selbst wenn neoliberale Denkfabriken wie die „Initiative Neue Soziale Marktwirtschaft" (INSM) im Niedriglohnsektor ein „Sprungbrett in besser bezahlte Beschäftigung" zu sehen vermögen, bleibt doch das Faktum, dass in den prekären Arbeitsformen (Minijob, Leiharbeit etc.) des Sektors fast 80% der Beschäftigten niedrigere Löhne erhalten und so die Bezeichnung als „Sprungbrett in die Armut" (DGB) treffender anzusehen ist, denn selbst nach den sog. „Gutachten" der INSM haben 75% der Beschäftigten keine Aufstiegschancen.[7] Somit kann hier trotz einer Integration in den Arbeitsmarkt nur begrenzt von sozialer Inklusion gesprochen werden, besteht doch die Abhängigkeit von einer bedürftigkeitsabhängigen Grundsicherung weiter.

Zum anderen aber wird von dem Betroffenen gefordert, dass er selbst die Voraussetzung mitbringt, sich in den Arbeitsmarkt einzugliedern. Das heißt, dieses Konstrukt des „Forderns" setzt als Ausgangspunkt schon voraus, was eigentlich durch Fördern erst erreicht werden soll. Fördern beschränkt sich dann darauf, vermeintliche subjektive Hindernisse zu beseitigen:

> „In dieser Konstruktion ist der leistungsfähige, aber nicht leistungswillige Mensch unterstellt. Nur unter der Bedingung, dass die Personen, auf die sich die aktivierenden Hilfen richten, auch tatsächlich über die Kompetenzen und Ressourcen für aktive Bewältigungsstrategien verfügen, schafft eine solche Politik keine neuen Ungerechtigkeiten" (Wohlfahrt 2007, S. 19).

---

[7] Vgl. die beiden divergierenden Pressemitteilungen unter http://www.insm.de/insm/Presse/Pressemeldungen/Sprungbrett-Niedriglohn.html und http://www.dgb.de/presse/++co++0ec537f4-d2ff-11e0-4902-00188b4dc422 (Zugriff am 27.05.2012).

Bei einer aktivierenden Politik hat die schnelle Integration in den Arbeitsmarkt absolute Priorität. Damit besteht das Risiko, dass Maßnahmen auf die leichter vermittelbare Zielgruppe konzentriert werden, wohingegen Langzeitbezieher mit hohen Vermittlungshemmnissen vernachlässigt und „als hoffnungslose Fälle abgeschrieben" werden (Buhr 2008, S. 211). Gerhard Bäcker spricht von einem „institutionalisiertem creaming" (Becker/Neubauer 2012, S. 638) und beschreibt damit den Prozess, der sinngemäß das Herausfiltern und Nutzbarmachen der Fähigsten unter den Armen („creaming the poor", Kuhlmann 2010, S. 293) bezeichnet werden kann. Indem der Staat eine bestimmte Bevölkerungsgruppe faktisch als für den Arbeitsmarkt verloren aufgibt, sie dabei aber zugleich weiterhin jenen Mechanismen unterwirft, die soziale Inklusion hauptsächlich über Arbeitsmarktintegration herstellen wollen, wird ihre Exklusion geradezu zementiert.

2.3 Soziale Inklusion – ein übergreifendes Ziel?

Es gibt kein europäisches Sozialmodell, es zeichnet sich auch keines ab, denn Artikel 153 des Vertrages von Lissabon sieht ausdrücklich den „Ausschluss jeglicher Harmonisierung der Rechts- und Verwaltungsvorschriften der Mitgliedstaaten" auf dem Gebiet der Sozialen Inklusion vor (Boeckh/Huster/Benz 2011). Es wird vielmehr auf die weichen Steuerungsinstrumente verwiesen: Information und Zielvereinbarungen – letztere im allgemeinen Konsensverfahren. Zudem darf nicht übersehen werden, dass einkommensbezogene Inklusions-Indikatoren lediglich Ungleichheiten innerhalb der jeweiligen Länder widerspiegeln und nicht anzeigen, inwieweit sich die ökonomischen Lebensverhältnisse EU-weit annähern.

Trotz aller Unklarheit des Begriffs „Soziale Inklusion" geht von ihm eine strukturell finale Orientierung für die Sozialpolitik aus. Entscheidend ist für einen derartigen Politikansatz nicht das Warum (causa), sondern das Wohin (finis)! Des Weiteren bewirken der inzwischen breite Austausch von Informationen – Sozialstatistische Daten, Rechtsvergleiche (MISSOC), Parallelstrategien etwa zwischen Beschäftigung, Alterssicherung, Gesundheit/Pflege und Sozialer Inklusion – und die Verständigung auf Ziele in einem gewissen Zeitraum zweierlei: Einmal das allgemeine Agenda-Setting, also die wiederholte öffentliche Thematisierung, zum anderen die Möglichkeit, Politik im gesamteuropäischen Vergleich auf Effizienz und Zielerreichung(-sdefizite) hin zu untersuchen. Der gesamte Prozess ist nicht sanktionsbewehrt, aber auch nicht folgenlos.

3. Schlussbetrachtung und Ausblick: Soziale Inklusion als „Prüfnorm"

Es bleiben die wichtigen, eingangs zitierten Grundsatzforderungen: die soziale Eingliederung gerade derjenigen, die am weitesten vom Arbeitsmarkt entfernt sind, die Sicherstellung des Zugangs aller zu sozialen Diensten, die Suche nach Hilfen gerade für diejenigen, die am meisten von Armut und sozialer Ausgrenzung betroffen sind und die Politikfolgenabschätzung im Zusammenhang mit Wirtschaftswachstum, Beschäftigung sowie sozialer Inklusion. Es wird zugleich deutlich, dass der Inklusionsbegriff einen breiten Interpretationsspielraum zulässt, wie die Begriffe Arbeit, Armut, Alter und andere auch. Gleichwohl bietet diese Begrifflichkeit den Ansatzpunkt, ex negativo die Überwindung von sozialer Ausgrenzung als Ziel zu formulieren, auch wenn „Soziale Inklusion" sowohl als Ziel als auch als Prozess offenbleibt, offenbleiben muss. Denn diese Zielvorstellungen und die dahin führenden Schritte werden letztlich von sozialen und politischen Interessenträgern bestimmt, verworfen, ideologisch überhöht etc.

So sehr das Konzept der sozialen Inklusion auf ein breiteres, mehrdimensionales Verständnis von Armut abstellt, so wenig spiegelt sich dies oftmals in politischen Ansätzen wider, die - wie gezeigt - gerade im *aktivierenden Sozialversicherungsstaat*, ganz im Sinne von „Sozial ist, was Arbeit schafft"[8], vornehmlich darauf setzen, soziale Inklusion über die Integration in den Arbeitsmarkt zu erreichen. Dass Arbeitslosigkeit eine Hauptursache von Armut ist, kann nicht bestritten werden. Aber angesichts erheblicher Defizite an Arbeitsplätzen, noch dazu, wenn man den Maßstab anlegt, dass Erwerbsarbeit eine den Lebensunterhalt sichernde Entlohnung gewährleisten sollte, und angesichts der nach wie vor ethnisch und qualifikatorisch segmentierten Arbeitsmärkte fehlt ein Konzept sozialer Inklusion gerade für diejenigen, die am weitesten vom Arbeitsmarkt entfernt sind. Hier muss auch nach Lösungen außerhalb des - ersten - Arbeitsmarktes gesucht werden. Doch insgesamt gibt es nun ein ganzes Set von verbindlichen Indikatoren - auch wenn dieses noch nicht alle Dimensionen sozialer Ausgrenzung abdecken mag[9] -, um den Inklusionserfolg verschiedener Ansätze zu überprüfen, zu vergleichen und Kurskorrekturen einzufordern. Kurz gesagt, liegt die Stärke des Konzepts der sozialen Inklusion also in dessen Operationalisierung.

---

8 So z.B. der gemeinsame Beschluss der Präsidien der CDU/CSU (2003) unter www.cdu.de/tagesthema/beschluss_strukturreformen.pdf.
9 Darauf weisen Krause/Ritz 2006, S. 171, hin.

Hierin stecken Gefahren zugleich aber auch Chancen für pädagogische Berufe wie überhaupt für die Pädagogik. Risiken ergeben sich aus der Ausweitung einer „aktivierenden" Arbeitsmarktpolitik mit dem Ziel, Leistungsanbieter zu immer „kostengünstigeren" Angeboten zu treiben. Diese beeinträchtigt die Perspektiven für die Beschäftigten, aber auch für die Nutznießer etwa pädagogischer Interventionen, wird doch deren Qualität durch die damit verbundenen Diskontinuitäten und niedrigeren Standards sinken. Umgekehrt kann soziale Inklusion nicht – das hat die EU klarer erkannt als manche nationale Politik – über vorwiegend monetäre Leistungen erreicht werden: Den sozialen Diensten in ihrer gesamten Breite kommt dabei ein besonderes Gewicht zu, damit auch und gerade pädagogischen Berufen. Die EU zielt auf einen integrierten Ansatz, bindet ihn aber immer noch sehr stark an den Ersten Arbeitsmarkt. Es ist Aufgabe auch der Pädagogik, hierfür alternative Konzepte mit zu entwickeln, ohne deshalb den zentralen Stellenwert von Erwerbsarbeit zu vernachlässigen.

Auch wenn es in seiner mehrdimensionalen Perspektive dem komplexen Lebenslagenansatz ähnlich ist[10], kann daher von diesem Konzept in Deutschland eine weitere inhaltliche Füllung des Sozialstaatsverständnisses ausgehen. Der Staatsrechtler Helmut Ridder sprach dem Sozialstaatsgedanken im Grundgesetz die Aufgabe einer „Generalnorm" zu (Ridder 1975, S. 48); mit dem Zusatz „Soziale Integration" könnte diese präzisiert werden. Schon Ridder sah in dem Sozialstaatsbegriff mehr eine Prüfnorm für konkrete Politik, ohne dass sich daraus konkrete Ansprüche auf soziale Institute verfassungsrechtlich ableiten ließen. In diesem Sinne könnte der Inklusionsbegriff zur Prüfnorm werden, mittels derer Zwischenstufen und Ziele dieses Prozesses im Mainstreaming verfolgt werden. Wenn schon der konservative Bismarck mit der Sozialversicherung eine soziale und eine politische Inklusionsleistung verbunden hatte, dann wäre unter den politischen Bedingungen des 21. Jahrhunderts und angesichts der Folgen weitreichender sozialer und politischer Destabilisierungen, als Folge nationaler und internationaler Wirtschafts- und Finanztransaktionen, eine europäische Auffangstrategie wichtiger denn je. Diese wird zumindest jetzt nicht und auch nicht in absehbarer Zeit in einen europäischen Sozialstaat münden, könnte aber dazu führen, dass die weicheren Steuerungsinstrumente immer stärker und konsequenter angewendet werden. Und für eben diesen Prozess bietet das Konzept der sozialen Inklusion sicher einen handhabbaren Zugang.

---

10 Vgl. zur Abgrenzung Engels 2006.

Literatur

Amt für Veröffentlichungen der Europäischen Union (2010): Konsolidierte Fassungen des Vertrags über die Europäische Union und des Vertrags über die Arbeitsweise der Europäischen Union. In: Amtsblatt für die Europäische Union 53 (C 83/01).

Bäcker, G./Neubauer, J. (2012): Arbeitslosigkeit und Armut: Defizite von sozialer Sicherung und Arbeitsförderung. In: E.-U. Huster/J. Boeckh/H. Mogge-Grotjahn (Hrsg.) Handbuch Armut und Soziale Ausgrenzung (2. Aufl., S. 624-643). Wiesbaden: VS Verlag für Sozialwissenschaften.

Benz, B. (2012): Armutspolitik der Europäischen Union. In: E.-U. Huster/J. Boeckh/H. Mogge-Grotjahn (Hrsg.) Handbuch Armut und Soziale Ausgrenzung (2. Aufl., S. 644-662). Wiesbaden: VS Verlag für Sozialwissenschaften.

Boeckh, J./Huster, E.-U./Benz, B. (2011): Sozialpolitik in Deutschland. Eine systematische Einführung (3. Aufl.). Wiesbaden: VS Verlag für Sozialwissenschaften.

Buhr, P. (2008): Ausgrenzung, Entgrenzung, Aktivierung: Armut und Armutspolitik in Deutschland. In: R. Anhorn (Hrsg.) Sozialer Ausschluss und soziale Arbeit. Positionsbestimmungen einer kritischen Theorie und Praxis sozialer Arbeit (S. 199-218). Wiesbaden: VS Verlag für Sozialwissenschaften.

Engels, D. (2006): Lebenslagen und soziale Exklusion. Thesen zur Reformulierung des Lebenslagenkonzepts für die Sozialberichterstattung. Sozialer Fortschritt, 5, 109-117.

Europäische Kommission (2009): Portfolio of indicators for the monitoring of social protection and social inclusion. Zugriff am 26.04.2012 unter http://ec.europa.eu/social/BlobServlet?docId=3882&langId=en

Europäische Kommission (2010): Joint Report on Social Protection and Social Inclusion 2010. Zugriff am 26.04.2012 unter http://ec.europa.eu/social/BlobServlet?docId=4667&langId=en

Europäische Kommission (o.J.): Peer Review in Social Protection and Social Inclusion and Assessment in Social Inclusion. Zugriff am 26.04.2012 unter http://www.peer-review-social-inclusion.eu/peer-review-und-bewertung-im-bereich-soziale-eingliederung?set_language=de

Europäischer Rat (2000): Schlussfolgerungen des Vorsitzes. Europäischer Rat (Lissabon) 23. und 24. März 2000. Zugriff am 26.04.2012 unter www.bologna-berlin2003.de/pdf/BeschluesseDe.pdf

Frazer, H./Marlier, E. (2009): Assessment of the extent of synergies between growth and jobs policies and social inclusion policies across the EU as evidenced by the 2008-2010 National Reform Programmes: Key lessons, Synthesis Report. Zugriff am 26.04.2012 unter http://www.peer-review-social-inclusion.eu/network-of-independent-experts/2008/reports/2008-second-semester/synthesis-report-2nd-semester-2008

Huster, E.-U./Boeckh, J./Mogge-Grotjahn, H. (Hrsg.) (2012): Handbuch Armut und Soziale Ausgrenzung (2. Aufl.). Wiesbaden: VS Verlag für Sozialwissenschaften.

Kalina, T./Weinkopf, C. (2012): Niedriglohnbeschäftigung 2010: Fast jede/r Vierte arbeitet für Niedriglohn. Institut Arbeit und Qualifikation (IAQ) Report, 2012-01.

Krause, P./Ritz, D. (2006): EU-Indikatoren zur sozialen Inklusion in Deutschland. Vierteljahreshefte zur Wirtschaftsforschung, 75, 152-173.

Kuhlmann, C. (2010): Bildungsbenachteiligung in der europäischen Diskussion – Anregungen für Strategien gegen soziale Ausgrenzung. In: B. Benz/J. Boeckh/H. Mogge-Grotjahn (Hrsg.) Soziale Politik – Soziale Lage – Soziale Arbeit (S. 282-298). Wiesbaden: VS Verlag.

Lahusen, C./Stark, C. (2003): Integration: Vom fördernden und fordernden Wohlfahrtsstaat. In: S. Lessenich (Hrsg.), Wohlfahrtsstaatliche Grundbegriffe. Historische und aktuelle Diskurse (S. 353-372). Frankfurt a. M.: Campus.

Lohmann, H. (2008): Armut von Erwerbstätigen in europäischen Wohlfahrtsstaaten. Niedriglöhne, staatliche Transfers und die Rolle der Familie. Wiesbaden: VS Verlag für Sozialwissenschaften.

Mohr, K. (2007): Soziale Exklusion im Wohlfahrtsstaat. Arbeitslosensicherung und Sozialhilfe in Großbritannien und Deutschland. Wiesbaden: VS Verlag für Sozialwissenschaften.

Preunkert, J. (2009): Chancen für ein Soziales Europa? Die Offene Methode der Koordinierung als neue Regulierungsform. Wiesbaden: VS Verlag für Sozialwissenschaften.

Ridder, H. (1975): Die soziale Ordnung des Grundgesetzes. Leitfaden zu den Grundrechten einer demokratischen Verfassung. Opladen: Westdeutscher Verlag.

Room, G. J. (1997): Beyond the threshold. The measurement and analysis of social exclusion. Bristol: The Policy Press.

Wohlfahrt, N. (2007): Ausgrenzung durch Inklusionspolitiken. Ethik und Gesellschaft - Ökumenische Zeitschrift für Sozialethik, 1, 1-29.

Zimmermann, G./Boeckh, J. (2012): Politische Repräsentation schwacher sozialer Interessen. In: E.-U. Huster/J. Boeckh/H. Mogge-Grotjahn (Hrsg.) Handbuch Armut und Soziale Ausgrenzung (2. Aufl., S. 680-698). Wiesbaden: VS Verlag für Sozialwissenschaften.

Anna Rosendahl

Konsequenzen der Prekarisierung im pädagogischen Handeln

Die Weiterbildung im Zwiespalt zwischen positiver Bedeutungszuschreibung und realer Beschäftigungssituation

1. Einleitung

In zahlreichen politischen Verlautbarungen wird oftmals unter Verweis auf die volkswirtschaftliche Notwendigkeit eines lebenslangen Lernens gefordert, dass die Qualität der Weiterbildung insgesamt und speziell diejenige mit beruflichem Bezug verbessert und die Professionalität der dort Beschäftigten gesteigert werden müssten (BLK 2004; Europäische Kommission 2007; Forum Bildung 2001). Gleichzeitig wird, zumindest in wissenschaftlichen Kreisen, konstatiert, dass die Umsetzung dieser Forderungen maßgeblich von der je konkreten Beschäftigungssituation der in der Weiterbildung Tätigen abhängt (Kremer 2008; Lattke/Nuissl 2008). Verlässt man daher die proklamatorische Ebene und wendet sich den vorliegenden empirischen Studien zur realen Arbeitssituation in der Weiterbildungsbranche zu, weisen die Befunde auf äußerst heterogene Beschäftigungslagen und damit einhergehend auf uneinheitliche Ausgangsvoraussetzungen für die politisch postulierte Professionalitäts- und Qualitätsentwicklung hin (Dobischat/Fischell/Rosendahl 2009).

Im Folgenden wird der Forschungsstand zur Beschäftigungssituation in der Weiterbildung im bundesdeutschen Kontext ebenso wie erste daraus resultierende Konsequenzen für professionelles, qualitativ hochwertiges Weiterbildungshandeln vorgestellt. Dabei wird sich zeigen, dass die Beschäftigungs- und Einkommenslagen insbesondere von freiberuflich Lehrenden im öffentlich geförderten Weiterbildungsbereich oftmals Prekarisierungstendenzen erkennen lassen, von denen negative Wirkungen auf die Qualität und Professionalität ausgehen. Da dieses Ergebnis die Realisierung der an die Weiterbildung herangetragenen politischen Forderungen zumindest partiell in Frage stellt, werden im weiteren Text verschiedene, in

Wissenschaft und Praxis diskutierte sowie zukünftig denkbare Interventionsstrategien vorgestellt.

2. Beschäftigungssituation in der Weiterbildung

Bei näherer Betrachtung der vorliegenden empirischen Datenlage lässt sich feststellen, dass bislang eher vereinzelte, mehr oder weniger belastbare Befunde zur Beschäftigungssituation in der Weiterbildungsbranche vorliegen, was unter anderem den heterogenen Finanzierungs-, Anbieter-, Angebots- und Zielgruppenstrukturen als Ergebnis einer durch Pluralität, Marktorganisation und Subsidiarität gekennzeichneten Weiterbildungslandschaft geschuldet ist (vgl. Dobischat/Fischell/Rosendahl 2010 und 2011; Nittel 2011). Diese auch als „Entgrenzung" (Knoll 2002, S. 326) bezeichnete Diffusion der Weiterbildungslandschaft erschwert eine trennscharfe empirische Untersuchung des Beschäftigungsfeldes maßgeblich (vgl. Dobischat/ Fischell/Rosendahl 2010, S. 177f.). Angesichts des diffundierten Tätigkeitsfeldes verwundert es nicht, dass die aktuelle Grundgesamtheit zu allen in der betrieblichen und außerbetrieblichen Weiterbildung Tätigen und damit der Umfang des in diesem Bereich verfügbaren Arbeitskräftegesamtangebots unbekannt ist. Auch differenziert nach Tätigkeits- bzw. Aufgabenfeldern, die oftmals in die Bereiche Lehre, Verwaltung/Administration, Management/Leitung, Öffentlichkeitsarbeit/Marketing, Medien, Beratung und Programmplanung klassifiziert werden (vgl. Brater/Wagner 2008; Kraft 2009; Nuissl 2005; Wittwer 2006), ist eine zum Teil äußerst disparate Datensituation festzustellen (vgl. Fischell/Rosendahl 2012, S. 61). Belastbare empirische Befunde zur Beschäftigungssituation liegen ausschließlich für Lehrende in der außerbetrieblichen allgemeinen und beruflichen Weiterbildung vor (vgl. hierzu WSF 2005).

Nach Hochrechnungen aus dem Jahr 2005 arbeiten ca. zwei Drittel der insgesamt rund 650.000 Lehrenden begleitend zu einem Hauptberuf[1] in der Weiterbildung (WSF 2005). Dabei ist eine fachliche Qualifikationsvielfalt des Personals kennzeichnend, denn neben pädagogisch Qualifizierten finden sich diverse andere, überwiegend akademisch vorgebildete Fachkräfte. Diese Befunde implizieren, dass es sich bei der Weiterbildung offenbar nicht nur um ein stark durch NebenberuflerInnen durchsetztes, sondern obendrein um ein bezüglich des Berufszugangs kaum fachspezifisch regle-

---

1 Hauptberuflichkeit umfasst diejenigen, die in Weiterbildungseinrichtungen fest angestellt sind bzw. mit dieser Tätigkeit ihren Lebensunterhalt bestreiten (vgl. WSF 2005).

mentiertes Betätigungsfeld handelt. Ein weiteres Charakteristikum dieser Branche ist, dass ca. 150.000 der insgesamt ca. 240.500 „hauptamtlich" Lehrenden als freiberufliche Honorarlehrkräfte tätig sind, womit atypische Erwerbsarbeit und eine geringe Beschäftigungsstabilität den Regelfall bilden. Bezogen auf das Einkommen ist eine höchst vielfältige Beschäftigungssituation anzunehmen, denn sowohl gemessen am Stundensatz wie auch am monatlichen Haushaltsnettoeinkommen[2] zeigen sich beachtliche Unterschiede, die auf eine gespaltene Einkommenslage mit prekären Verhältnissen im einen Extrem und Spitzeneinkommen im anderen Extrem hindeuten (ebd.; Kraft 2009; Schulz-Oberschelp 2011). Dabei lässt sich stellenweise eine Wechselwirkung zwischen Einkommenshöhe und Vertragsstatus feststellen, denn hauptberufliche Honorarkräfte in der außerbetrieblichen Weiterbildung erzielen im Durchschnitt tendenziell niedrigere Einkommen als die Festangestellten (WSF 2005), wobei dies möglicherweise darauf zurückzuführen sein könnte, dass letztere oftmals auf Basis von oder aber in Anlehnung an Tarifverträge vergütet werden und es somit bei diesen eine kollektiv ausgehandelte Einkommensschutzgrenze nach unten geben könnte. Empirische Befunde, mit denen sich die Bedeutung von Tarifverträgen und kollektiven Interessenvertretungen in Bezug auf die Einkommenshöhen in der Weiterbildung belegen ließen, liegen bislang jedoch nicht vor.

Nach den Ursachen der Einkommensunterschiede gefragt, sind formale Qualifikationsniveaus vermutlich auszuschließen, denn unabhängig vom Weiterbildungssegment und Einkommen besitzen knapp 80 Prozent aller Lehrenden einen Hochschulabschluss (vgl. WSF 2005; Research voor Beleid/Plato 2008a und 2008b). In die gleiche Richtung weisen die Ergebnisse einer im Jahr 2011 durchgeführten Stellenanzeigenanalyse, die ergeben hat, dass ein Studienabschluss unabhängig vom Tätigkeitsfeld, Aufgabensegment und institutioneller Trägerschaft als Regelanforderung für eine Beschäftigung in der Weiterbildung gelten kann (Alfänger/Cywinski/Elias 2012[3]). Möglicherweise könnten jedoch individuelle Qualifikations- und Erwerbsprofile im Hinblick auf die erlernten Fachrichtungen bzw. Fachrichtungskombinationen, die Berufsbiografien ebenso wie individuelle Dispositionen, wie z.B. die Zielstrebigkeit und das berufliche Selbstverständnis, die Einkommensunterschiede erklären. Allerdings lässt sich auch dieser Zusammenhang nur mit ersten empirischen Hinweisen illustrieren (ebd.). Im

---

2 Das Haushaltsnettoeinkommen summiert sich aus sämtlichen Nettoeinkommen der in einem Haushalt zusammenlebenden Personen.
3 Dieser Beitrag wird demnächst unter dem Titel „Freiberuflichkeit in der Weiterbildung zwischen Prekarisierungsrisiken und Professionalisierungschancen – Eine traditionelle Beschäftigungsform im modernen Gewand" erscheinen.

Kontrast zu diesen, an individuellen bildungs- und berufsbiografischen Merkmalen und Motivlagen ansetzenden Erklärungen führen einige nicht repräsentative Befunde zu der Annahme, dass die Finanzierungsquelle der Weiterbildungsdienstleistungen und somit ein personenunabhängiges Strukturmerkmal einkommensdeterminierend wirken könnte (vgl. Research voor Beleid/Plato 2008a; Schlafgi/Sgier 2008; Dobischat/Fischell/Rosendahl 2009). So legen sowohl europäisch vergleichende Sekundäranalysen als auch eine national ausgerichtete explorative, empirisch nicht belastbare Kurzstudie[4] die Vermutung nahe, dass die Einkommen von Lehrenden in der öffentlich geförderten Weiterbildung weitaus niedriger ausfallen als in berufsbezogenen, privat und insbesondere betrieblich finanzierten Kontexten (ebd.). Festzustellen ist vor allem bei Honorarlehrkräften eine zum Teil prekäre Einkommenslage im öffentlich geförderten Weiterbildungsbereich, die obendrein durch die gesetzlichen Sozialversicherungskonditionen und somit abermals durch staatliches Rahmenhandeln verschärft werden, denn momentan unterliegen hauptberufliche Honorarlehrkräfte in der Weiterbildung einer Renten- und Krankenversicherungspflicht, wobei der Beitragssatz für Selbstständige an einer fiktiven, das reale Einkommen oft überschreitenden Höhe bemessen wird (vgl. Fischell/Rosendahl 2012, S. 62ff.). Die Kurzstudie hat ergeben, dass die Beitragszahlungen insbesondere solche Honorarlehrkräfte finanziell überfordern, die deutlich weniger als den fiktiv festgesetzten Einkommenssatz verdienen, weshalb diese zum Teil auf entsprechende Beitragszahlungen verzichten (vgl. Dobischat/Fischell/Rosendahl 2009).

Die beschriebenen, von den einzelnen Finanzierungssegmenten abhängigen Ausdifferenzierungstendenzen spiegeln sich auch auf der institutionellen Ebene der Weiterbildungsorganisationen wider. So lassen die repräsentativen wbmonitor-Umfragen bereits seit mehreren Jahren eine tendenziell schlechtere Geschäftslage bei solchen, überwiegend aus öffentlichen Mitteln finanzierten Anbietern erkennen, während sich überwiegend durch Teilnehmerbeiträge und Betriebe finanzierte Anbieter durch überdurchschnittlich positive Klimaindexwerte auszeichnen (vgl. Weiland 2011a und 2011b; BIBB 2010). Diese einem Spiegelbild gleichende wirtschaftliche Ausgangslage von Lehrenden und Anbieterorganisationen könnte bedeuten, dass prekäre Einkommen im Weiterbildungsbereich nicht unmittelbar auf eine beabsichtigte Niedriglohnpolitik der Beschäftigungsbetriebe zurückzuführen sind, sondern vielmehr mit der Investitionsbereitschaft der öffentlichen Hand zusammenhängen könnten.

---

4 Die Kurzstudie basiert auf 14 leitfadengestützten Experteninterviews.

Ergänzend zum Einkommen markieren die Dauer, der Umfang und die Konstanz der Beschäftigung wesentliche Kriterien zur Klassifizierung von Beschäftigungslagen. Die mit der WSF-Studie (2005) generierten Befunde zeigen, dass die Mehrheit der Lehrenden eine langjährige Berufserfahrung in der Weiterbildung im Schnitt von 13,3 Jahren vorweisen kann, was zunächst einmal als Indiz für eine hohe berufspraktische Routine als charakteristisches Merkmal von Professionen zu werten ist. Die Dauer der Weiterbildungstätigkeit scheint weder mit spezifischen Erwerbsformen, noch mit dem Auftragssegment zu korrelieren, denn über alle Gruppen hinweg weisen die Befragten eine vergleichsweise lange Branchenzugehörigkeit auf. Demgegenüber variiert der Beschäftigungsumfang ebenso wie die Konstanz der Beschäftigung insbesondere zwischen den vertraglichen Statusgruppen spürbar: Während Festangestellte gemessen am Arbeitszeitumfang und an der Konstanz des Beschäftigungsverhältnisses eine relativ hohe Stabilität aufweisen, deuten sich insbesondere bei den hauptberuflichen Honorarlehrkräften diskontinuierliche Arbeits- und Erwerbszeiten als Regelform an, die durch schwankende Wochenarbeitszeiten ebenso wie durch instabile Auftragslagen gekennzeichnet sind (ebd.).

3. Einkommenslagen als individueller Möglichkeitsraum für Professionalität und Qualität?!

Zur empirisch belastbaren Beantwortung der Frage, inwiefern sich die skizzierten heterogenen Beschäftigungs- und Einkommenslagen auf die Professionalität ebenso wie auf die Qualität der pädagogischen Arbeit auswirken, wäre ein multi-perspektivisches, repräsentatives Untersuchungsdesign unter Berücksichtigung aller an der Weiterbildung beteiligten Akteursgruppen erforderlich, denn nur dann könnte dem perspektivabhängigen Charakter von Qualität und Professionalität angemessen Rechnung getragen werden. Während empirische Informationen zur Einschätzung dieses Wirkungsdreiecks zwischen Beschäftigung, Qualität und Professionalität aus Perspektive der Teilnehmenden, der Finanziers und weitestgehend auch der Arbeitgeberinstitutionen in der Weiterbildung fehlen, liegen erste Erkenntnisse aus Sicht der Beschäftigten vor.

Die subjektiven Einschätzungen der Lehrenden zur Wechselwirkung zwischen Beschäftigungslage, Professionalität und subjektiv erlebter Qualität der Arbeitsleistung wurden erstmals im Jahr 2009 im Rahmen der oben bereits erwähnten explorativen Kurzstudie ermittelt (vgl. Dobischat/Fischell/Rosendahl 2009). Aus den Angaben der Befragten ist die Tendenz abzulesen, dass sich die von den Weiterbildungsfinanziers abhängigen Einkommensverhältnisse der Weiterbildner in unterschiedlichen Möglichkeiten zur

Teilnahme an beruflichen Anpassungsqualifizierungen widerspiegeln, was auf unterschiedliche Konditionen zum Aufbau und Erhalt von Professionalität als wichtiger Einflussfaktor auf die Arbeitsqualität hinweist. So berichten die Lehrenden in der betrieblich und privat-finanzierten, berufsbezogenen Weiterbildung, dass diese die eigene berufliche Weiterqualifizierung konsequent umsetzen, um die Qualität der Arbeitsleistung im Sinne der Arbeit-/Auftraggeber- und Teilnehmererwartungen zu garantieren und damit eine notwendige Bedingung für die Absicherung der zukünftigen Beschäftigungs- bzw. Auftragskontinuität einzulösen. In diesem Punkt deutet sich ein Qualitäts- und Professionalitätsverständnis an, das sich in erster Linie an den Erwartungen der Abnehmer der Dienstleistung ausrichtet, während eigene Ansprüche der Praktiker im Feld in den Hintergrund treten. Im Gegensatz zu denjenigen im Bereich der betrieblich finanzierten Weiterbildung berichtet insbesondere die Gruppe der in der öffentlich finanzierten Weiterbildung tätigen Honorarlehrkräfte von unzureichenden zeitlichen und finanziellen Handlungsspielräumen, um die ebenfalls für notwendig erachtete kontinuierliche Weiterqualifizierung zu realisieren. Die im öffentlich finanzierten Segment einkommensbedingt schwierige Ausgangslage birgt nach Angaben der Probanden erhebliche Gefahren für die Qualität der pädagogischen Arbeit. So wird von zeitlichen Engpässen berichtet, die durch Mehrfachbeschäftigung und verstärkt im Falle einer Qualifizierungsteilnahme entstehen und dazu führen, dass Lehrveranstaltungen nicht immer mit dem für optimal befundenen Arbeitszeitaufwand vor- und nachbereitet werden können. Zudem wird konstatiert, dass erforderliche Anpassungsqualifizierungen aufgrund der finanziell zuweilen untragbaren direkten und indirekten Kostenbelastung nicht umgesetzt werden, was wiederum als erhebliches Qualitätsrisiko in Bezug auf die Weiterbildungsdienstleistung eingestuft und im Falle einer für die Lehrtätigkeit verpflichtenden Mindestqualifizierung sogar als gravierendes Beschäftigungsrisiko gewertet wird (ebd.).

Die finanziellen Weiterbildungsbarrieren scheinen jedoch nicht nur auf die geringen Einkommen an sich zurückzuführen zu sein, sondern vielmehr ist anzunehmen, dass die Personalentwicklungsstrategie der Weiterbildungsanbieter verstärkend wirkt. So geht beispielsweise aus den Ergebnissen des wbmonitor hervor, dass Weiterbildungsanbieter die Qualifizierung und Qualifikation ihres Personals zwar als zentralen Wettbewerbsfaktor ansehen (vgl. Koschek/Feller 2009), diese die Honorarlehrkräfte jedoch faktisch weitaus seltener als Angestellte in Form von bezahlter Arbeitszeitfreistellung und/oder finanziellen Direktzahlungen bei der beruflichen (Weiter-)Qualifizierung unterstützen (vgl. BIBB/DIE 2008).

Aktuelle Umfragen bei Weiterbildungsanbietern deuten darauf hin, dass neben den skizzierten Qualifizierungsbarrieren auch von Qualitätsmanagement- und staatlich auferlegten Anerkennungsverfahren negative Wirkungen auf die Beschäftigungslage und die Qualität der pädagogischen Arbeit ausgehen. Zwar werden den Anerkennungsinstrumenten im öffentlich geförderten Weiterbildungsbereich positive Qualitätswirkungen im Hinblick auf die Prozessorganisation attestiert, gleichwohl werden diese als zu kosten- und zeitaufwändig beurteilt und obendrein werden diesen negative Auswirkungen auf die Arbeitsbelastung und die pädagogische Qualität bescheinigt (vgl. Ambos/Koschek/Schade/Weiland. 2010; Weiland 2011a). Diese Befunde lassen auf eine tendenziell konterkarierende Wirkung der von Seiten der öffentlichen Finanziers eingesetzten Anerkennungsverfahren schließen, denn diese eigentlich mit dem Ziel einer umfassenden Qualitätssicherung und -verbesserung eingesetzten Ansätze blenden offenbar die Beschäftigungsbedingungen des Personals als Qualitätsmerkmal aus und haben obendrein eine negative Wirkung auf die Qualität der pädagogischen Arbeit.

Zusammenfassend ist als Tendenz und in diesem Sinne vorläufiges Ergebnis festzuhalten, dass sowohl die Weiterbildungsbeschäftigten als auch die Anbieter einer hohen Qualifikation und Professionalität gleichermaßen eine wesentliche Bedeutung zur Sicherung der individuellen und institutionellen Beschäftigungs- und Marktfähigkeit attestieren. Dabei zeigt sich jedoch, dass insbesondere Honorarlehrkräfte eher selten an betrieblich finanzierten Qualifizierungsmaßnahmen partizipieren, weshalb die kontinuierliche Qualifikations- und Professionalitätsentwicklung von diesen eigenverantwortlich realisiert werden muss. Die in finanzieller Eigenleistung umzusetzende Qualifizierung stellt sich jedoch gerade im öffentlich geförderten Weiterbildungsbereich und der hier oftmals prekären Einkommensbedingungen als gravierendes Problem dar, welches aus Sicht der Betroffenen offenbar zu negativen Qualitätswirkungen führt. Als qualitätsgefährdend einzustufen sind des Weiteren die staatlich vorgeschriebenen Akkreditierungsverfahren, denn diese bewirken tendenziell eine Verschlechterung der Arbeitsbedingungen im Sinne von Arbeitsverdichtung und Aufgabenverbreiterung sowie eine negative Beeinträchtigung der pädagogischen Qualität. Angesichts dieser im öffentlich geförderten Weiterbildungsbereich im Hinblick auf Qualität und Professionalität bestehenden negativen Ausgangslage gilt es, im Folgenden die in Wissenschaft und Praxis in diesem Zusammenhang schwerpunktmäßig diskutierten Lösungsstrategien vorzustellen.

4. Strategien zur Vermeidung der Professionalitäts- und Qualitätsrisiken: Diskussionsschwerpunkte in Wissenschaft und Praxis

Vorliegende empirische Untersuchungen und Debatten in der erwachsenenpädagogischen Professionalitäts- und Professionalisierungsforschung konzentrieren sich primär auf Tätigkeits- und Aufgabenfelder, Berufsbezeichnungen, Aus- und Fortbildungswege sowie Qualifizierungsbedarfe des Personals in der Weiterbildung (vgl. Brater/Wagner 2008; Hippel/Tippelt 2009; Kraft 2006; Rebmann/Schlömer 2008). Dabei ist festzustellen, dass diese Thematiken bislang nur vereinzelt vor dem Hintergrund der Arbeitsbedingungen in der Weiterbildung sowie sich dort bietender struktureller Chancen und Risiken diskutiert werden (vgl. Fischell/Rosendahl 2012, S. 59f.). Zu beobachten ist, dass in den Debatten vornehmlich Professionskriterien fokussiert werden, die das individuelle Handeln und damit insbesondere die Ebene der Professionalität tangieren, während andere, vornehmlich in den 1970er und 1980er Jahren diskutierte berufsimmanente Merkmale einer Profession, wie die Reglementierung des Berufszugangs und seiner Ausübung, individuelle Autonomiespielräume, verbandliche Organisationsstrukturen, gesellschaftliches Prestige sowie das Vorliegen eines einheitlichen Berufsethos (vgl. Daheim 1970; Beck/Brater/Daheim 1980; Hartmann 1972), tendenziell ausgeblendet werden (vgl. Dobischat/Fischell/Rosendahl 2010, S. 177f.). Diese disziplinäre Distanz zu eher kollektiv angelegten Professionsmerkmalen liegt vermutlich daran, dass die zersplitterte Tätigkeitslandschaft, die mannigfaltige Qualifikationsstruktur ebenso wie der geringe berufsverbandliche und gewerkschaftliche Organisationsgrad der in der Weiterbildung Beschäftigten eine Ausrichtung auf einen gemeinsamen Bezugspunkt, von dem aus sich eine Weiterbildungsprofession identifizieren und/oder aufbauen ließe, nahezu unmöglich macht. Die aktuell beobachtbare Ausrichtung des wissenschaftlichen Diskurses auf das Konzept der Professionalität birgt jedoch die Gefahr, dass Individuen unabhängige, strukturelle Professionalisierungs- und Professionalitätsbarrieren aus dem Blick geraten und somit Forschungsarbeiten zu geeigneten Gegenstrategien ausbleiben. Ob die z.T. wissenschaftlich begleiteten Ansätze zur Verberuflichung des Feldes, wie beispielsweise die Einführung der bundesweit anerkannten Fortbildungsberufe zum/zur Geprüften Aus- und Weiterbildungspädagogen/Geprüften Aus- und Weiterbildungspädagogin und zum/zur Geprüften Berufspädagogen/Geprüften Berufspädagogin im Jahr 2009 (vgl. Brandt/Ernst 2008; BMBF 2010, S. 47), an den praktisch bestehenden Professionalitäts- und Qualitätsrisiken etwas ändern (können), ist ungewiss, denn derartige Initiativen beziehen sich auf die Ebene der Qualifikation und Qualifizierung. Sie berücksichtigen jedoch nicht die reale

Beschäftigungs- und Einkommenslage, die die Qualität und Professionalität des pädagogischen Handelns ebenso beeinflussen.

Anders als in der Forschung nimmt die Frage nach Interventionsstrategien und -maßnahmen zur Bekämpfung prekärer Beschäftigung in der Weiterbildung insbesondere in gewerkschaftspolitischen Diskursen eine wichtige Stellung ein. Neben der Einführung eines allgemein gültigen Mindestlohns für sozialversicherungspflichtig Angestellte im Bereich der durch das zweite und dritte Sozialgesetzbuch finanzierten Weiterbildung zum 01.08.2012 (vgl. Ernstberger/Rossmann 2012; Schaad 2008; ver.di 2012), finden sich Initiativen zur Verringerung der sozialen Risiken insbesondere für die große Gruppe der hauptberuflichen Honorarlehrkräfte (vgl. Weitkamp/Herdt 2003; Herdt 2003a und 2003b; Müller 2003; Feldmann 2003). Diese Debatten setzen allerdings nicht wie der Mindestlohn bei der Höhe der Bruttoeinkommen an, sondern rücken vielmehr die Sozialversicherungspflicht und die sich daraus ergebende Einkommensbelastung in den Mittelpunkt. In diesem Kontext werden beispielsweise die Regelungen der Berliner Volkshochschulen (VHS), die Zuschüsse zu den Sozialabgaben ihrer Honorarlehrkräfte vorsehen, als nachahmenswertes Modell propagiert (vgl. Odenwald 2010). Ebenfalls diskutiert werden Modelle in Anlehnung an die Künstlersozialkasse sowie verschiedenste Vorschläge zur Verminderung der Kranken- und Rentenversicherungssätze (vgl. Herdt 2003a und 2003b; Müller 2003; Fachinger/Frankus 2003). Ein weiterer Initiativstrang betrifft die Vertragsformen und hier eher rechtliche Fragen zum Thema Scheinselbstständigkeit, wenngleich anzumerken ist, dass bislang kaum bemerkenswerte Erfolge erzielt wurden (vgl. Dröll 2000; GEW 2001).

Jenseits einer Standardsetzung im Hinblick auf die Qualifikation der Beschäftigten wurden bislang weder von wissenschaftlicher Seite noch aus Sicht der Interessenvertretungen in ausreichendem Maße die aus professioneller Sicht an die Weiterbildung zu stellenden Qualitätsstandards sowie entsprechende Möglichkeiten ihrer allgemeinverbindlichen Durchsetzung thematisiert. Zwar ist die Sicherung, das Management und die Zertifizierung von Qualität in der Weiterbildung seit spätestens Mitte der 1990er Jahre ein Dauerthema, die diesbezüglich unternommenen Initiativen werden allerdings selten von Vertretern des Tätigkeitsfeldes, also von Weiterbildungsanbietern und dort Beschäftigten angestoßen. Bestehende Qualitätsmindestauflagen wurden vielmehr von Dritten, allen voran der Bundesagentur für Arbeit als wichtigem Finanzier, vorgegeben (vgl. Dobischat/Fischell/Rosendahl 2010; Knoll 2002). Hieraus resultiert eine in Abhängigkeit von den zahlenden Akteuren feststellbare Pluralität an Qualitätsstandards, die sich vornehmlich auf organisationale Facetten, die Lernergebnisse und die Wirtschaftlichkeit beziehen, jedoch die Arbeitsbedingungen des Personals ebenso wie die Lehr-Lern-Interaktion weitgehend ausklammern.

In der Ausarbeitung von professionellen Qualitätsstandards, die u. a. die Arbeits-, Qualifikations- und Einkommensbedingungen in der Weiterbildung betreffen, liegt jedoch ein zentrales, derzeit noch unzureichend bearbeitetes Themenfeld, mit dem sich sowohl die Praxis als auch die Wissenschaft im Kontext der Professionalisierungsdebatte zukünftig verstärkt auseinander setzen sollte.

Um dem Problem der unzureichenden Definitionsmacht des Feldes entgegenzuwirken, erscheint es für die wissenschaftliche Disziplin der Weiterbildung daher sinnvoll, die bestehende Abgrenzung von unterschiedlichen Forschungsarbeiten in den Themenbereichen der Professionalität, der Professionalisierung, des Qualitätsmanagements und den Beschäftigungsbedingungen sukzessiv abzubauen und stattdessen die skizzierte Wechselwirkung zwischen Arbeitsbedingungen, Qualität und Professionalität stärker in den Blick zu nehmen. Dies könnte nicht nur den in der Praxis agierenden Akteuren eine notwendige evidenzbasierte Argumentationsgrundlage im Kontext monetärer Verhandlungen bieten, sondern birgt obendrein die Chance, eine gemeinsam von Disziplin und Praxis ausgehende Dynamik in Gang zu setzen, an deren Ende die Formulierung kollektiv getragener Werte, Normen sowie (Qualitäts- und Beschäftigungs-)Standards stehen könnte. Ein so herauszubildender Normenrahmen könnte eine Identitätsgrundlage für die Professionsentwicklung darstellen und damit die bestehende Diffusionsproblematik abmildern.

5. Fazit

Wie die referierten empirischen Befunde deutlich machen, stellt sich die Weiterbildung gemessen an den Beschäftigungsbedingungen als heterogenes Tätigkeitsfeld und damit quasi als Spiegelbild der im Hinblick auf Angebote, Träger und Funktionskontexte bestehenden Pluralität der Weiterbildungslandschaft dar. Die vorliegenden, wenn auch zumeist noch kaum belastbaren empirischen Ergebnisse legen die Vermutung nahe, dass das Einkommen des Weiterbildungspersonals in gewisser Weise einen Spielraum absteckt, in dessen Rahmen die für die Qualität der pädagogischen Arbeit für wesentlich befundene Professionalitätsentwicklung im Sinne von Qualifizierung umgesetzt werden kann. Hierbei ist anzunehmen, dass die Höhe des Einkommens und damit die Größe des gesetzten Professionalitätsspielraums in erster Linie von den Weiterbildungsfinanziers und ihrer Zahlungsbereitschaft determiniert werden. Während in der öffentlich finanzierten Weiterbildung vergleichsweise niedrige Einkommen realisiert werden und sich insbesondere bei den hauptberuflichen Honorarlehrkräften eine Prekarisierungstendenz abzeichnet, eröffnen sich den Beschäftigten in der privat und insbesondere in der betrieblich finanzierten Weiterbildung attraktive Einkommensbedingungen und ausreichend Möglichkeiten und Chancen zur kontinuierlichen Professionalitätsentwicklung. Diese so geschaffenen einkommensbedingten Qualifizierungschancen und -barrieren beeinflussen die Qualität der pädagogischen Arbeit direkt und indirekt; direkt wirkt sich die Qualifizierungsteilnahme auf die Möglichkeiten zur anforderungsadäquaten Arbeitserledigung aus. Indirekt impliziert die Qualifizierungsteilnahme zumindest bei den Selbstständigen einen zeitweiligen Einkommensausfall, der durch Mehrarbeit kompensiert werden muss. Der Umfang der erforderlichen Mehrarbeit wiederum limitiert den Spielraum zur Vor- und Nachbereitung der Lehrveranstaltungen, die die Qualität der Lehre maßgeblich beeinträchtigen.

Die skizzierten Interdependenzen zwischen Einkommen, Professionalität und Qualität gestatten es, die im Titel dieses Beitrags benannten Konsequenzen der Prekarisierung auf pädagogisches Handeln im Feld der Weiterbildung konkreter zu bestimmen. So ist anzunehmen, dass es sich bei den beschriebenen Qualitätsauswirkungen um das Ergebnis einer Wirkungskette handelt, die im Finanzierungssegment sowie den dort realisierbaren Einkommen ihren Anfang nimmt und je nach individueller Verhandlungsmacht und persönlichen Lebensumständen zu unterschiedlichen Prekarisierungs-, Professionalitäts- und Qualitätsrisiken führt. Es ist zu vermuten, dass die Einkommenslage einen individuellen Handlungsspielraum schafft, in dessen Rahmen sich Professionalitätsentwicklung und pädagogische Qualität entfalten. Allerdings ist bislang ungewiss, welche Bedingungskonstellationen dazu führen, ob der Handlungsspielraum in eher förderlicher oder negativer Richtung ausgeschöpft wird. So ist beispielsweise ungeklärt, ob und inwieweit neben dem Einkommen weitere individuelle Bedingungen und Haltungen, wie z. B. persönliche Einstellungen und Lebenssituationen oder das professionelle Selbstverständnis, über die Qualitätsauswirkungen im pädagogischen Handeln in der Weiterbildung entscheiden. Ebenfalls ist die Nähe bzw. Distanz zwischen den Lehrenden, den Arbeit- und Auftraggebern sowie den Finanziers respektive der damit einhergehenden Risikowahrnehmung, im Falle schlechter Qualität negative Konsequenzen zu erfahren, als Einflussvariable bis dato nicht untersucht worden.

Diese und diverse andere offene Forschungsfragen gilt es, mithilfe belastbarer Empirie zu beantworten. Diesen Zweck verfolgt ein Promotionsprojekt[5], das aktuell mit finanzieller Unterstützung der Hans-Böckler-

---

5   Projekttitel: „Beschäftigte in der Weiterbildung im Spannungsfeld von Professionalisierungsdruck und fortschreitender Destabilisierungstendenz in den individuellen Erwerbsverläufen" (Laufzeit Oktober 2010 bis September 2013).

Stiftung am Fachgebiet Berufliche Aus- und Weiterbildung/Wirtschaftspädagogik der Universität Duisburg-Essen umgesetzt wird. Im Mittelpunkt des Vorhabens steht die Frage, inwiefern sich die Beschäftigungssituation des Weiterbildungspersonals zwischen den verschiedenen Weiterbildungsfinanzierungssegmenten tatsächlich unterscheidet, an welchen institutionellen und personenspezifischen Rahmenbedingungen dies liegen könnte und was für Wirkungen hiervon auf die Professionalisierung, die Professionalität und die subjektiv erlebte Arbeitsqualität ausgehen. Neben diesem, in erster Linie auf die Beschäftigten fokussierten Zugriff stellt sich die Frage, warum die Beschäftigungssituation zwischen den Finanzierungssegmenten differiert, wobei in diesem Fall ein empirischer Zugang über das Personal allein nicht ausreicht, sondern vielmehr eine Mehrebenenuntersuchung unter Berücksichtigung der verschiedenen am Weiterbildungsgeschehen mitwirkenden Instanzen und Akteure erforderlich ist.

Literatur

Alfänger, J./Cywinski, R./Elias, A. (2012): Freiberuflichkeit in der Weiterbildung zwischen Prekarisierungsrisiken und Professionalisierungschancen – Eine traditionelle Beschäftigungsform im modernen Gewand. Erscheint in Kürze.

Ambos, I./Koschek, S./Schade, H.-J./Weiland, M. (2010): wbmonitor Umfrage 2010: Wie regelt sich der Weiterbildungsmarkt? Zentrale Ergebnisse im Überblick. Bonn.

Beck, U./Brater, M./Daheim, H. (1980): Soziologie der Arbeit und der Berufe. Grundlagen, Problemfelder, Forschungsergebnisse. Hamburg: Rowohlt.

Brandt, H./Ernst, H. (2008): Qualifikationsbedarf des betrieblichen Bilungspersonals. Ergebnisse einer explorativen Studie. In: Berufsbildung in Wissenschaft und Praxis, (37) 6, 26-27.

Brater, M./Wagner, J. (2008): Qualifikationsbedarf des betrieblichen Bildungspersonals. Ergebnisse einer explorativen Studie. In: Berufsbildung in Wissenschaft und Praxis, 37 (6), 5-9.

Bundesinstitut für Berufsbildung (BIBB) (Hrsg.) (2010): Datenreport zum Berufsbildungsbericht 2010. Bonn. Zugriff am 23.06.2012 unter http://datenreport.bibb.de/a12voe_datenreport_bbb_2010.pdf

Bundesinstitut für Berufsbildung (BIBB)/Deutsches Institut für Erwachsenenbildung (DIE) (Hrsg.) (2010): Grundauszählung wbmonitor 2008. Bonn.

Bundesministerium für Bildung und Forschung (BMBF) (Hrsg.) (2010): Berufsbildungsbericht 2010. Bonn, Berlin.

Bund-Länder-Kommission für Bildungsplanung und Forschungsförderung (BLK) (Hrsg.) (2004): Strategie für Lebenslanges Lernen in der Bundesrepublik Deutschland. Bonn.

Daheim, H. (1970): Der Beruf in der modernen Gesellschaft. Versuch einer soziologischen Theorie beruflichen Handelns. Köln und Berlin: Kiepenheuer & Witsch.

Dobischat, R./Fischell, M./Rosendahl, A. (2009): Beschäftigung in der Weiterbildung. Prekäre Beschäftigung als Ergebnis einer Polarisierung in der Weiterbildungsbranche? Gutachten im Auftrag der Max-Traeger-Stiftung. Essen.

Dobischat, R./Fischell, M./Rosendahl, A. (2010): Professionalität bei prekärer Beschäftigung? Weiterbildung als Beruf im Spannungsfeld von professionellem Anspruch und Destabilisierungen im Erwerbsverlauf. In: A. Bolder/R. Epping/R. Klein/G. Reutter/ A. Seiverth (Hrsg.): Neues Lebenslaufregimes – neuen Konzepte der Bildung Erwachsener? (S. 163-181). Wiesbaden: VS Verlag.

Dobischat, R./Fischell, M./Rosendahl, A. (2011): Die Weiterbildungsbranche – ein Beispiel für die Etablierung prekärer Beschäftigungsformen. In: Denk-doch-mal. Onlinemagazin für Arbeit-Bildung-Gesellschaft (Netzwerk Gesellschaftsethik), H. 3. Zugriff am 05.07.2012 unter http://www.denk-doch-mal.de/sites/denk-doch-mal.de/files/Dobischatua.pdf

Dröll, H. (2000): Von der „Bekämpfung der Scheinselbständigkeit" zur Förderung der Selbständigkeit. In: Prekär, 1, 4.

Ernstberger, P./Rossmann, E. D. (2012): Arbeitgeber blockieren weiter Mindestlohn in der Weiterbildung. Pressemitteilung Nr. 551 der SPD Bundestagsfraktion vom 11.05.2012. Berlin.

Europäische Kommission (Hrsg.) (2007): Aktionsplan Erwachsenenbildung: Zum Lernen ist es nie zu spät. KOM(2007) 558. Brüssel.

Fachinger, U./Frankus, A. (2003): Die Entwicklung eines Konzepts zur sozialen Absicherung von selbstständig Erwerbstätigen am Beispiel Honorarlehrkräfte. In: Gewerkschaft Erziehung und Wissenschaft (Hrsg.): Selbstständig – aber sicher! Soziale Sicherung von Dozentinnen und Dozenten in der Weiterbildung (S. 24-26). Frankfurt a. M.: GEW.

Feldmann, G. (2003): Krankenversicherung für freiberufliche Lehrkräfte. In: Prekär, 8, 5.

Fischell, M./Rosendahl, A. (2012): Das Spannungsverhältnis zwischen Beschäftigungslage und Professionalisierung in der Weiterbildung. In: P. Ulmer/R. Weiß/A. Zöller (Hrsg.): Berufliches Bildungspersonal – Forschungsfragen und Qualifizierungskonzepte. (Berichte zur beruflichen Bildung, Schriftenreihe des Bundesinstituts für Berufsbildung Bonn, Bd. 11 der AGBFN). Bundesinstitut für Berufsbildung. Bielefeld: W. Bertelsmann Verlag, 59-75.

Forum Bildung (Hrsg.) (2001): Neue Lern- und Lehrkultur: Vorläufige Empfehlungen und Expertenbericht. Bonn.

Gewerkschaft Erziehung und Wissenschaft (GEW) (Hrsg.) (2001): Selbstständig – aber sicher! Soziale Sicherung von Dozentinnen und Dozenten in der Weiterbildung. Frankfurt a.M.: GEW.

Hartmann, H. (1972): Arbeit, Beruf, Profession. In: T. Luckmann/W. M. Sprondel (Hrsg.): Berufssoziologie (S. 36-52). Köln: Kiepenheuer & Witsch.

Herdt, U. (2003a): Die gesetzliche Rentenversicherungspflicht für Dozentinnen und Dozenten. Böse Überraschungen – kleine Erfolge und Hoffnung auf mittel- und langfristige Lösungen. In: Gewerkschaft Erziehung und Wissenschaft (Hrsg.): Selbstständig – aber sicher! Soziale Sicherung von Dozentinnen und Dozenten in der Weiterbildung (S. 20-23). Frankfurt a.M.: GEW.

Herdt, U. (2003b): Wie geht es weiter? Grundzüge eines Konzepts und Handlungskatalogs der GEW für die soziale Sicherung von Honorarlehrkräften. In: Gewerkschaft Erziehung und Wissenschaft (Hrsg.): Selbstständig – aber sicher! Soziale Sicherung von Dozentinnen und Dozenten in der Weiterbildung (S. 36-39). Frankfurt a.M.: GEW.

Hippel, A. von/Tippelt, R. (2009): Fortbildung der Weiterbildner/innen. Eine Analyse der Interessen und Bedarfe aus verschiedenen Perspektiven. Weinheim: Beltz.

Knoll, J. (2002): Professionalisierung der Weiterbildner - Irrungen und Wirrungen. In: Arbeitsgemeinschaft Betriebliche Weiterbildungsforschung e. V. (Hrsg.): Kompetenzentwicklung 2002 - Auf dem Weg zu einer neuen Lernkultur. Rückblick, Stand, Ausblick (S. 315-350). Münster: Waxmann.

Koscheck, S./Feller, G. (2009): wbmonitor Umfrage 2009: Aktuelle Strategien zum Erfolg. Bonn.

Kraft, S. (2006): Aufgaben und Tätigkeiten von Weiterbildner/inne/n - Herausforderungen und Perspektiven einer weiteren Professionalisierung in der Weiterbildung. Bonn. Zugriff am 09.10.2009 unter http://www.die-bonn.de/esprid/dokumente/doc-2006/kraft06_02.pdf

Kraft, S. (2009): Berufsfeld Weiterbildung. In: R. Tippelt/A. von Hippel (Hrsg.): Handbuch Erwachsenenbildung/Weiterbildung (3. überarb. erw. Aufl., S. 427-436). Wiesbaden: VS Verlag.

Kremer, M. (2008): Kompetenz des Bildungspersonals - Basis für die Qualität der beruflichen Bildung. In: Berufsbildung in Wissenschaft und Praxis, 27(6), 3-4.

Lattke, S./Nuissl, E. (2008): Qualifying Professionals for Adult Learning in Europe. In: Nuissl, E./Lattke, S. (Hrsg.): Qualifying adult learning professionals in Europe (S. 7-18). Bielefeld: W. Bertelsmann Verlag.

Müller, Inge (2003): Honorarlehrkräfte. Dringender Reformbedarf. In: Prekär, H. 10, 12.

Nittel, D. (2011): Die Erwachsenenbildner. In: T. Fuhr/P. Gonon/C. Hof (Hrsg.): Handbuch der Erziehungswissenschaft. Bd. 4 Erwachsenenbildung - Weiterbildung (S. 487-504). Paderborn u.a.: Schöningh.

Nuissl, E. (2005): Professionalisierung in Europa. In: Report Zeitschrift Weiterbildungsforschung, 28 (4), 47-56.

Odenwald, S. (2010): Skandalöse Beschäftigungsbedingungen in der Weiterbildung - Das kann so nicht weiter gehen! In: Gewerkschaft für Erziehung und Wissenschaft (GEW) (Hrsg.): Schwarzbuch - Beschäftigung in der Weiterbildung (S. 31-39). Frankfurt a.M.: GEW.

Rebmann, K./Schlömer, T. (2008): Qualifizierung und Professionalisierung des Aus- und Weiterbildungspersonals. In: Berufsbildung, 62 (111), 3-6.

Research voor Beleid/Plato (Hrsg.) (2008a): Alpine - Adult Learning Professions in Europe. A study of the current situation, trends and issues. Final report. Zoetermeer.

Research voor Beleid/Plato (Hrsg.) (2008b): VET trainers in public and private training institutions. Final report. Leiden, Zoetermeer.

Schaad, I. (2008): Druck aufrecht erhalten. In: Prekär, 1, 4.

Schläfli, A./Sgier, I. (2008): Situation in European Countries. In: E. Nuissl/S. Lattke (Hrsg.): Qualifying adult learning professionals in Europe (S. 111-120). Bielefeld: W. Bertelsmann Verlag.

Schulz-Oberschelp, Peter (2011): Honorare in der Weiterbildung. Zugriff am 08.06.2012 unter http://www.netzwerk-weiterbildung.info/upload/m4e0363234b3d3_verweis1.pdf

Vereinte Dienstleistungsgewerkschaft (ver.di) (Hrsg.) (2012): Weg frei für Mindestlohn in der Weiterbildung. Nachrichten vom 04.07.2012. Zugriff am 05.07.2012 unter http://www.verdi.de/themen/nachrichten/++co++85eb0bbe-c5d0-11e1-6206-0019b9e321cd

Weiland, M. (2011a): Wie verbreitet sind Qualitätsmanagement und formale Anerkennungen bei Weiterbildungsanbietern? In: DIE aktuell des Deutschen Instituts für Erwachsenenbildung. Bonn. Zugriff am 02.09.2011 unter http://www.die-bonn.de/doks/2011-qualitaetsmanagement-01.pdf

Weiland, M. (2011b):Anerkennungen und Zulassungen in der Weiterbildung. In: Bundesinstitut für Berufsbildung (BIBB) (Hrsg.): Datenreport zum Berufsbildungsbericht 2011. - Informationen und Analysen zur Entwicklung der beruflichen Bildung, Kap. B 2.1.2 (S. 318-326). Bonn.

Weitkamp, P./Herdt, U. (2003): Zuschusszahlungen von Volkshochschulen zur Sozialversicherung von Honorarlehrkräften – nachahmenswerte und weiter zu entwickelnde Beispiele. In: Gewerkschaft Erziehung und Wissenschaft (Hrsg.): Selbstständig – aber sicher! Soziale Sicherung von Dozentinnen und Dozenten in der Weiterbildung (S. 31-35). Frankfurt a.M.: GEW.

Wittwer, W. (2006): Die Aus- und Weiterbildner in außerschulischen Lernprozessen. In: R. Arnold/A. Lipsmeier (Hrsg.): Handbuch der Berufsbildung (S. 401-412). Opladen: VS Verlag.

WSF Wirtschafts- und Sozialforschung (Hrsg.) (2005): Erhebung zur beruflichen und sozialen Lage von Lehrenden in Weiterbildungseinrichtungen. Kerpen.

Andreas Keller

Gute Wissenschaft – gute Arbeit: zwei Seiten einer Medaille

Prekarisierung hochschulischer Arbeitsfelder

Pädagoginnen und Pädagogen, Sozialarbeiterinnen und Sozialarbeiter werden an Hochschulen ausgebildet – um dann nicht selten als hoch qualifizierte Fachkräfte in prekären Beschäftigungsverhältnissen beschäftigt zu werden. Gerade auch Bildungsarbeiterinnen und Bildungsarbeiter im tertiären Bildungssystem – Wissenschaftlerinnen und Wissenschaftler am Arbeitsplatz Hochschule – sind von atypischen bis prekären Beschäftigungsverhältnissen betroffen. Das ist vor dem Hintergrund bemerkenswert, dass von Hochschulen heute nicht nur „gute" und „bessere", sondern „exzellente" Leistungen erwartet werden (Banscherus/Himpele/Keller 2012). Die Qualität der von Lehrenden und Forschenden zu erbringenden Leistungen wird wohlwollend registriert, über die Qualität ihrer Beschäftigungsbedingungen und Berufsperspektiven wird hingegen geschwiegen. Wer sich mit der Qualität von Beschäftigungsbedingungen und Berufswegen der in Hochschule und Forschung tätigen Kolleginnen und Kollegen beschäftigt, wird feststellen, dass diese es mit äußerst heiklen, unsicheren – so die wörtliche Bedeutung des Begriffs „prekär" – Rahmenbedingungen zu tun haben.

1. Strukturdefizite von Karrierewegen und Beschäftigungsbedingungen

Im Vorwort der Bundesregierung zum Bundesbericht zur Förderung des wissenschaftlichen Nachwuchses von 2008 heißt es zutreffend: „In der Regel werden Nachwuchswissenschaftlerinnen und -wissenschaftler aber noch zu lange darüber im Unklaren gelassen, ob sie sich auf eine Karriere in Wissenschaft und Forschung dauerhaft einlassen können." (Deutscher Bundestag 2008, S. 6) Damit ist das zentrale Strukturdefizit der Karrierewege im deutschen Wissenschaftssystem benannt: Während die universitäre Personalstruktur in anderen Wissenschaftssystemen neben dem „Senior Staff" und dem „Assisting Staff" eine dritte Kategorie des „Junior Staff" aufweist – Wissenschaftlerinnen und Wissenschaftler, die keine Spitzenposition innehaben, aber gleichwohl selbstständig und in der Regel auf Dauer forschen und lehren –, gibt es diese Kategorie in Deutschland so gut wie überhaupt nicht (vgl. Abb. 1).

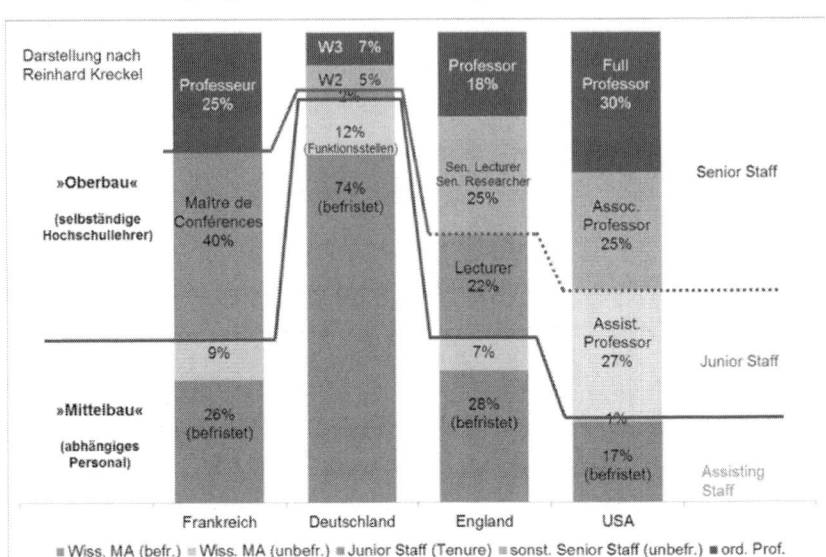

Abb. 1: Beschäftigungsformen im Hochschulsystem.

	Frankreich	Deutschland	England	USA	
»Oberbau« (selbständige Hochschullehrer)	Professeur 25% / Maître de Conférences 40%	W3 7% / W2 5% / 12% (Funktionsstellen) / 74% (befristet)	Professor 18% / Sen. Lecturer Sen. Researcher 25% / Lecturer 22%	Full Professor 30% / Assoc. Professor 25% / Assist. Professor 27%	Senior Staff
»Mittelbau« (abhängiges Personal)	9% / 26% (befristet)		7% / 28% (befristet)	1% / 17% (befristet)	Junior Staff / Assisting Staff

■ Wiss. MA (befr.) ■ Wiss. MA (unbefr.) ■ Junior Staff (Tenure) ■ sonst. Senior Staff (unbefr.) ■ ord. Prof.

Quelle: Kreckel 2011: 49.

Diesem Sonderweg entspricht das spezifische deutsche Verständnis des Begriffs „wissenschaftlicher Nachwuchs", das in anderen Sprachen keine Entsprechung hat und kaum übersetzbar ist. So ist auf der Internetseite der Hochschulrektorenkonferenz (HRK) zum Begriff „Wissenschaftlicher Nachwuchs" zu lesen: „Mit der Berufung auf eine Professur in einer Universität bzw. Fachhochschule oder mit dem Antritt einer (leitenden) Stellung mit wissenschaftlichem Profil außerhalb der Hochschulen wird die Qualifizierungsphase als ‚wissenschaftlicher Nachwuchs' erfolgreich beendet."[1] Das bedeutet: Wissenschaftlerinnen und Wissenschaftler können promoviert und habilitiert sein, sie mögen umfassende Erfahrungen in Forschung und Lehre nachweisen und über Jahre Drittmittel erfolgreich eingeworben haben – aus Sicht der HRK handelt es sich bei ihnen immer noch um „Nachwuchs". An

---

1 www.hrk.de/de/home/1242_1201.php (11.07.2012).

einer deutschen Universität können Wissenschaftlerinnen und Wissenschaftler den Status des „wissenschaftlichen Nachwuchses" nur verlassen, indem sie entweder Professorin oder Professor werden oder die Universität verlassen. Anders als in Frankreich, Großbritannien, den USA und vielen anderen Ländern ist es eben nicht möglich, an der Universität zu bleiben und, ohne auf eine Professur berufen zu werden, auf Dauer selbstständig Wissenschaft als Beruf auszuüben. Die Karrierewege sind eindimensional auf die Übernahme einer Professur hin ausgerichtet. Die deutsche Besonderheit, dass so gut wie alle Wissenschaftlerinnen und Wissenschaftler ohne Professur der Kategorie des „wissenschaftlichen Nachwuchses" zugewiesen werden können, hat – frei nach dem Sprichwort „Lehrjahre sind keine Herrenjahre" – fatale Konsequenzen für die Betroffenen: Die übergroße Mehrheit der Wissenschaftlerinnen und Wissenschaftler muss unter atypischen bis prekären Beschäftigungsbedingungen forschen und lehren.

Betrug die Relation zwischen unbefristet und befristet beschäftigten wissenschaftlichen Angestellten an Hochschulen 2005 noch 1:4, hat sich diese in nur einem Jahr auf 1:8 verschlechtert (eigene Berechnungen nach Statistisches Bundesamt 2011). Gleichzeitig haben wir es mit extrem kurzen Laufzeiten dieser befristeten Beschäftigungsverhältnisse zu tun. Nach den Ergebnissen der vom Bundesministerium für Bildung und Forschung (BMBF) in Auftrag gegebenen Evaluation des Wissenschaftszeitvertragsgesetzes (WissZeitVG) hat die Hälfte der mit wissenschaftlichen Mitarbeiterinnen und Mitarbeitern abgeschlossenen Arbeitsverträge an Forschungseinrichtungen eine Laufzeit von weniger als einem Jahr, an Hochschulen sogar mehr als die Hälfte (53%) (Jongmanns 2011). Nur 18% der Zeitverträge an Forschungseinrichtungen und 11% der Zeitverträge an Hochschulen haben eine Laufzeit von zwei Jahren oder länger. Daneben sind mehr und mehr junge Wissenschaftlerinnen und Wissenschaftler als Lehrbeauftragte tätig, d.h., sie werden stundenweise bezahlt, ohne Sozialversicherung, ohne Anspruch auf Lohnfortzahlung im Krankheitsfall und ohne Existenz sicherndes Einkommen.

Die strukturellen Defizite der Karrierewege im deutschen Wissenschaftssystem betreffen beide Geschlechter, werden aber von Männern und Frauen unterschiedlich für die Karriereplanung verarbeitet und schlagen sich sehr unterschiedlich in den tatsächlichen Karriereverläufen nieder: Statt auf der Karriereleiter *auf*zusteigen, steigen überproportional viele qualifizierte Wissenschaftlerinnen aus der Wissenschaft *aus*. Stellen Frauen zwar noch die Mehrheit der Hochschulabsolventinnen und Hochschulabsolventen, sinkt ihr Anteil bei den Promotionen bereits auf ca. 40%. Nur 19% der Professuren sind mit Frauen besetzt, bei den Professuren mit der Besoldungsstufe C4 sind es sogar nur 11% (Wissenschaftsrat 2012). In seinen „Empfehlungen zur Chancengleichheit von Wissenschaftlerinnen und Wissenschaftlern" vom Juli 2007 hat der Wissenschaftsrat zentrale Befunde der Ursachenforschung zusammengefasst und sieht das „Prinzip der homosozialen Kooptation", also die Neigung, bei der Nachwuchsauswahl Angehörige der eigenen sozialen Gruppe zu bevorzugen, als entscheidende Barriere für Wissenschaftlerinnen an (Wissenschaftsrat 2007).

Die Strukturdefizite der Karrierewege und die Destabilisierung der Beschäftigung in Hochschule und Forschung sind nicht nur nachteilig für die betroffenen Wissenschaftlerinnen und Wissenschaftler und erschwert es den Hochschulen zunehmend, qualifizierte Fachkräfte zu finden. Auch die Kontinuität und letztlich eben auch die Qualität von Forschung und Lehre leiden darunter. Wenn Dozentinnen und Dozenten nach dem „Hire and Fire"-Prinzip semesterweise ausgewechselt werden – wer sorgt dann für die notwendige Kontinuität in der Lehre, welche Ansprechpartner haben Studierende, wenn sie nach Vorlesungsrunde eine Beratung brauchen oder eine Prüfung absolvieren müssen? Wie soll Hochschullehre professionalisiert werden, wenn ein Großteil der Lehrenden nach kurzer Zeit ausgewechselt wird? Was bedeutet es für die Lehre, wenn diese zunehmend von Lehrkräften mit besonderen Aufgaben (LfBA) erbracht wird, die an Universitäten bis zu 18, an Fachhochschulen bis zu 24 Semesterwochenstunden lehren müssen, und dann noch als befristet angestellte Berufsanfängerinnen und Berufsanfänger, die nebenher noch ihre Doktorarbeit schreiben sollen? Wie innovationsfreudig können Forscherinnen und Forscher sein, die ständig um die Verlängerung ihres Arbeitsvertrages zittern? Werden es gerade sie wagen, sich mit dem Mainstream ihrer Disziplin anzulegen, es riskieren, zum vorgegebenen Termin keine Ergebnisse liefern zu können?

2. Auf dem Weg zum „Traumjob Wissenschaft" – Eckpunkte einer Reform

„Gute Lehre und Forschung auf der einen Seite sowie gute Arbeitsbedingungen und berufliche Perspektiven auf der anderen sind zwei Seiten einer Medaille" – das ist der Ausgangspunkt des „Templiner Manifests", mit dem die Gewerkschaft Erziehung und Wissenschaft (GEW), die Bildungsgewerkschaft im Deutschen Gewerkschaftsbund, seit ihrer vierten Wissenschaftskonferenz „Traumjob Wissenschaft? Karrierewege in Hochschule und Forschung" im September 2010 in Templin für eine Reform von Personalstruktur und Berufswegen in Hochschule und Forschung eintritt (Himpele/Keller/Ortmann 2011).[2]

---

[2] Aktuelle Informationen zum Templiner Manifest unter www.templiner-manifest.de. Dort kann das Manifest auch online unterzeichnet werden.

Herzstück der Reformvorschläge der GEW ist die Forderung nach verlässlichen Perspektiven für promovierte Wissenschaftlerinnen und Wissenschaftler (Postdocs) durch Einrichtung eines „Tenure Track". Dieses, aus angelsächsischen Ländern bekannte Modell einer zur Dauerstelle führenden Laufbahn soll Postdocs die Perspektive eines dauerhafte Verbleibs in der Wissenschaft eröffnen – unabhängig davon, ob die Karriere zur Berufung auf eine Professur führt oder eine andere Option eröffnet. Voraussetzung dafür ist zum einen, dass die Hochschulen eine vorausschauende Personalplanung betreiben. Zum anderen, dass der Anteil der unbefristeten Beschäftigungsverhältnisse wieder deutlich erhöht wird. Nur dann können die Hochschulen ihre Daueraufgaben in Forschung, Lehre und Management mit der erforderlichen Kontinuität und Qualität erledigen. Und nur dann können sie qualifizierten Wissenschaftlerinnen und Wissenschaftlern berufliche Perspektiven neben der Professur eröffnen, wie es im Ausland selbstverständlich ist.

Soweit in diesem Sinne Zeitverträge in der Wissenschaft zur Förderung der Qualifizierung von Wissenschaftlerinnen und Wissenschaftlern oder im Rahmen von Drittmittelprojekten notwendig sind, fordert die GEW die Einhaltung von Mindeststandards, insbesondere Mindestvertragslaufzeiten (vgl. Keller 2011). Dabei sollte der Grundsatz gelten, dass sich die Laufzeit von Zeitverträgen an der Dauer der Projekte, die die Befristung rechtfertigen, orientieren muss. Wird ein Drittmittelprojekt für einen Zeitraum von drei Jahren bewilligt, sind die in diesem Projekt tätigen Mitarbeiterinnen und Mitarbeiter in der Regel ebenfalls für einen Zeitraum von mindestens drei Jahren zu beschäftigen. Ist für die Anfertigung einer Doktorarbeit und die anschließende Begutachtung und Prüfung von einer Bearbeitungszeit von fünf Jahren auszugehen, so ist die Doktorandin oder der Doktorand für einen Zeitraum von mindestens fünf Jahren zu beschäftigen.

Für die Promotionsphase schlägt die GEW sowohl eine bessere Absicherung und Betreuung der Promovierenden als auch eine bessere Strukturierung vor – beides wird häufig ohne Not gegeneinander gestellt. Fächerübergreifende Graduiertenzentren sollen alle Promovierenden bei der Aufnahme, Durchführung und dem erfolgreichen Abschluss des Promotionsvorhabens unterstützen. Bei der Promotionsförderung sollte die tarifvertraglich geregelte und sozialversicherungspflichtige Stelle gegenüber dem Stipendium Vorrang haben, dabei müssen mindestens drei Viertel der Arbeitszeit für die eigenständige Qualifizierung der Doktorandinnen und Doktoranden zur Verfügung stehen. Der Zugang zur Promotion ist transparent und sozial gerecht zu gestalten – auch für Fachhochschulabsolventinnen und -absolventen. Die Doktorandinnen und Doktoranden in der GEW haben umfassende Vorschläge für die Reform der Promotion – für mehr Transparenz und soziale Gerechtigkeit beim Zugang zur Promotion, für einen einheitlichen Status und eine gleichberechtigte demokratische Teilhabe von Promovierenden und für die Einrichtung von fächerübergreifenden Graduiertenzentren – erarbeitet (Gewerkschaft Erziehung und Wissenschaft 2010). Weitere Reformvorschläge zielen auf die Umwandlung von prekären in reguläre Beschäftigungsverhältnisse (Schluss mit der Verlagerung der grundständigen Lehre auf Lehrbeauftragte), auf eine gleichberechtigte Mitbestimmung des wissenschaftlichen Nachwuchses in Hochschulen und Forschungseinrichtungen – auch in neuen Forschungsstrukturen wie Exzellenz-Clustern oder Graduiertenschulen – sowie auf die Förderung der Mobilität von Wissenschaftlerinnen und Wissenschaftlern ab, die derzeit häufig bestraft werden, wenn sie ins Ausland gehen, weil Altersversorgungs- und Sozialversicherungsansprüche verloren gehen oder Erfahrungszeiten und Qualifikationen nicht anerkannt werden.

Um den Anteil der Frauen auf allen Stufen der wissenschaftlichen Laufbahn mit dem Ziel eines ausgeglichenen Geschlechterverhältnisses zu erhöhen, schlägt die GEW ein ganzes Bündel an Maßnahmen vor: Die Qualität der Arbeit von Hochschulen und Forschungseinrichtungen muss stärker danach beurteilt werden, ob diese erfolgreich den Gleichstellungsauftrag erfüllen. Bei der Besetzung von Professuren und anderen Leitungsfunktionen in Hochschule und Forschung müssen verbindliche und mit Sanktionen verknüpfte Quotierungen greifen. Frauen- und Gleichstellungsbeauftragten müssen endlich wirksame Gestaltungsmöglichkeiten und Beteiligungsrechte erhalten. Darüber hinaus fordert die GEW eine familiengerechte Hochschule, die allen Wissenschaftlerinnen und Wissenschaftlern – Frauen und Männern, mit und ohne Kinder/n – die Möglichkeit gibt, im Gleichgewicht zu forschen, zu lehren und zu leben. Dabei geht die GEW ausdrücklich von einem breiten Familienbegriff aus, der alle Lebensgemeinschaften einschließt, in denen Menschen füreinander Verantwortung übernehmen. Wir brauchen daher nicht nur bedarfsgerechte Bildungs- und Betreuungseinrichtungen für Kinder, sondern auch die Berücksichtigung der besonderen Bedürfnisse von Beschäftigten mit betreuungs- und pflegebedürftigen Angehörigen und die Realisierung entsprechender Arbeitszeitmodelle.

Das Templiner Manifest hebt schließlich auch die Rolle der Gewerkschaften als Tarifpartner des öffentlichen Dienstes hervor: Sie sollen sich für wissenschaftsspezifische Regelungen in den Flächentarifverträgen stark machen. Das ist eine klare Absage an einen isolierten „Wissenschaftstarifvertrag", aber auch ein unmissverständlicher Hilferuf, die Interessen der Wissenschaftlerinnen und Wissenschaftler als abhängig Beschäftigte ernst zu nehmen. Auch hier ist insbesondere die Politik gefragt: Ohne die Streichung der Tarifsperre aus dem Wissenschaftszeitvertragsgesetz (§ 1 Abs. 1 Satz 2) ist es den Tarifpartnern untersagt, eine sachgerechte Regelung für die Befristung von Arbeitsverträgen in der Wissenschaft auszuhandeln.

3. Das „Templiner Manifest" wirkt – politische Resonanz in Bund und Ländern

Anderthalb Jahre nach der Templiner Wissenschaftskonferenz lässt sich feststellen: Das Templiner Manifest wirkt. Zum einen erfahren die zehn Eckpunkte für eine Reform von Personalstruktur und Berufswegen in Hochschule und Forschung eine enorme Resonanz bei den betroffenen Wissenschaftlerinnen und Wissenschaftlern: 10.000 Unterzeichnerinnen und Unterzeichner unterstützen das Manifest mit ihrer Unterschrift. Wichtiger aber noch als die Zahl der Unterschriften sind die über das Templiner Manifest vor Ort an Hochschulen und Forschungseinrichtungen geführten Diskussionen. Über 80 Informations- und Diskussionsveranstaltungen an Wissenschaftsstandorten in allen 16 Bundesländern fanden bis zum Sommer 2012 statt. Zum anderen lassen sich aber auch politische Wirkungen des Templiner Manifests feststellen. Die drei Oppositionsfraktionen im Deutschen Bundestag haben parlamentarische Initiativen gestartet, die sich teilweise explizit auf das Templiner Manifest beziehen und zahlreiche Reformvorschläge aufgreifen.[3] Allein die Bundesregierung hielt bis zuletzt an der Haltung fest: „Akuter gesetzgeberischer Handlungsbedarf besteht nicht."[4] Allerdings deuten sich inzwischen politische Maßnahmen unterhalb der Ebene einer gesetzlichen Änderung eine Mehrheit im Deutschen Bundestag an. Die Regierungsfraktionen von CDU/CSU und FDP haben im April 2012 eine eigene parlamentarische Initiative zur Verbesserung der Beschäftigungsbedingungen und Reform der Karrierewege gestartet.[5] Die Regierungsfraktionen treten unter anderem dafür ein, die Laufzeit von Zeitverträgen an die Laufzeit von Projekten bzw. den Zeitbedarf für Qualifikationsvorhaben zu koppeln. Die familienpolitischen Komponente im Wissen-

---

3 Bündnis 90/Die Grünen: „Pakt für den wissenschaftlichen Nachwuchs und zukunftsfähige Personalstrukturen an den Hochschulen" (Bundestags-Drucksache. 17/4203 vom 15.12.2010) sowie „Wissenschaftszeitvertragsgesetz wissenschaftsadäquat verändern" (Bundestags-Drucksache 17/7773 vom 22.11.2011); Die Linke: „Wissenschaft als Beruf attraktiv gestalten – Prekarisierung des akademischen Mittelbaus beenden" (Bundestags-Drucksache 17/4423 vom 18.01.2011) sowie „Befristung von Arbeitsverträgen in der Wissenschaft eindämmen – Gute Arbeit in Hochschulen und Instituten fördern" (Bundestags-Drucksache 17/6488 vom 06.07.2011); SPD: „Personaloffensive für den wissenschaftlichen Nachwuchs starten" (Bundestags-Drucksache 17/6336 vom 29.06.2011).
4 Staatssekretärin Cornelia Quennet-Thielen bei einer Veranstaltung der Arbeitsgemeinschaft für Betriebs- und Personalräte der außeruniversitären Forschungseinrichtungen (AGBR) am 25. Mai 2011 in Berlin.
5 CDU/CSU, FDP: „Exzellente Perspektiven für den wissenschaftlichen Nachwuchs" (Bundestags-Drucksache 17/9396 vom 24.04.2012).

schaftszeitvertragsgesetz, die befristet beschäftigten wissenschaftlichen Mitarbeiterinnen und Mitarbeitern, die Kinder betreuen, eine Vertragsverlängerung ermöglicht, aber eben nicht garantiert (§ 2 Abs. 1 Satz 3 WissZeitVG), soll grundsätzlich angewandt werden. Neben den klassischen Professuren soll eine neue Personalkategorie für qualifizierte promovierte Wissenschaftlerinnen und Wissenschaftler eingerichtet werden. Juniorprofessuren sollen in „Assistenzprofessuren" umgewandelt werden, die „wenn möglich" mit einem Tenure Track ausgestattet werden sollten.

Die Kernkompetenz für die Reform von Personalstruktur und Karrierewegen an den Hochschulen liegt jedoch bei den Bundesländern. Von daher ist es von enormer Bedeutung, dass das Templiner Manifest auch in den Ländern zu wirken beginnt. Deutliche Spuren hat die GEW-Initiative etwa im Koalitionsvertrag zwischen Bündnis 90/Die Grünen und SPD in Baden-Württemberg für 2011 bis 2016 hinterlassen.[6] Die beiden Regierungsparteien streben an, „innerhalb der nächsten fünf Jahre die Zahl unbefristeter Mittelbaustellen an den Hochschulen in Baden-Württemberg zu erhöhen." Weiter heißt es im Koalitionsvertrag: „Wissenschaftliche Karrieren müssen auch ohne eine angestrebte Professur möglich sein." Schließlich möchten die Regierungsparten „gemeinsam mit den Hochschulen, den Promovierenden sowie den Gewerkschaften eine landesweite Strategie ausarbeiten, um die Promotionsphase attraktiver und sozial sicherer zu gestalten und die Betreuung der Promotionen zu verbessern."

Bereits diese ersten Teilerfolge der Templiner Manifest-Kampagne für den „Traumjob Wissenschaft" machen deutlich: Es gilt „dicke Bretter zu bohren", um die Reform der Personalstruktur und Berufswege in Hochschule und Forschung Wirklichkeit werden zu lassen. Es gibt eben nicht nur einen einzigen politischen Hebel, der lediglich umzulegen ist, um Veränderungen zu initiieren. Die Herausforderung besteht vielmehr darin, auf mehreren politischen Ebenen gleichzeitig erfolgreich tätig zu werden. Auf der Bundes- und Länderebene, in der tarifpolitischen Arena, aber nicht zuletzt auch an den Hochschulen, die im Zuge der Stärkung der Hochschulautonomie durch Landeshochschulgesetzesnovellen eine immer größere Bedeutung gewinnen.

---

6 http://dokumente.wscms-basis.de/Koalitionsvertrag-web.pdf (11.07.2012).

4. Wettbewerb um die besten Arbeitsplätze – Plädoyer für einen Kodex „Gute Arbeit in der Wissenschaft"

Dass politischer Handlungsbedarf hinsichtlich der Reform von Personalstruktur und Berufswegen in Hochschule und Forschung besteht, wird heute kaum noch bestritten – auch nicht von der Allianz der deutschen Wissenschaftsorganisationen, der neben der Hochschulrektorenkonferenz (HRK) und den großen Verbünden der außerhochschulischen Forschungseinrichtungen auch Organisationen wie die Deutsche Forschungsgemeinschaft (DFG) oder der Wissenschaftsrat angehören. In ihrer Pressemitteilung vom 13.12.2011 spricht sich die Allianz zwar einerseits „entschieden für eine unveränderte Fortführung des Wissenschaftszeitvertragsgesetzes" aus, bekennt sich aber zugleich zur „Bedeutung eines verantwortungsvollen Umgangs mit den Befristungsregelungen sowie der damit verbundenen besonderen Personalfürsorge".[7] Am 24.4.2012 verabschiedete die Mitgliederversammlung der HRK „Leitlinien für befristete Beschäftigungsverhältnisse in den Hochschulen" als Empfehlung für ihre Mitgliedshochschulen. In den Leitlinien wird der Gedanke der Orientierung von Vertragslaufzeiten an der Dauer von Qualifikationsvorhaben aufgegriffen: „In jeder Phase ist das Qualifikationsziel zu der Dauer des Beschäftigungsverhältnisses in Beziehung zu setzen." [8] Weiter setzt sich die HRK für Transparenz bei der Anrechnung von Beschäftigungsverhältnissen ein. „Familienbezogene Fördermöglichkeiten sind in jedem Einzelfall zu nutzen", heißt es mit Blick auf die familienpolitische Komponente des Wissenschaftszeitvertragsgesetzes. Fakultäten bzw. Fachbereiche werden zur Aufstellung von „Dauerstellenkonzepten" aufgefordert, Hochschulen sollen Unterstützung bei Karriereplanung leisten sowie „Führungskräftetrainings" anbieten.

Die GEW nimmt die Allianz und die HRK beim Wort und schlägt den Hochschulen vor, sich in einem Kodex „Gute Arbeit in der Wissenschaft" zu berechenbaren Karrierewegen und stabilen Beschäftigungsbedingungen zu verpflichten.[9] In den vergangenen Jahren ist die Autonomie insbeson-

---

7 http://www.wissenschaftsrat.de/download/archiv/Allianz-WissZeitVGesetz.pdf (11.07.2012).
8 http://www.hrk.de/de/beschluesse/109_6842.php?datum=12.+Mitgliederversammlung+der+HRK+am+24.4.2012 (11.07.2012).
9 Pressemitteilung vom 18.01.2012, http://www.gew.de/GEW_Hochschulen_brauchen_einen_Personal-Kodex.html (11.07.2012). Vgl. auch den Vortrag von Andreas Keller zur Tagung des BMBF-geförderten Projekts KISSWIN.DE „Lust auf wissenschaftliche Karriere in Deutschland! Wege, Förderungen und Netzwerke im Überblick" am selben Tag in Berlin, ein Videomitschnitt ist über http://www.gew.de/KISSWIN.DE-Tagung_Video-Mitschnitte_online.html abrufbar (11.07.2012).

re der Hochschulen auch in Personalangelegenheiten immer weiter gestärkt worden - jetzt müssen sie unter Beweis stellen, dass sie mit der neuen, politisch ihnen zugestandenen Autonomie verantwortungsbewusst umgehen können. Auf ihrer 6. GEW-Wissenschaftkonferenz im September 2012 in Herrsching am Ammersee hat die Bildungsgewerkschaft den Herrschinger Kodex „Gute Arbeit in der Wissenschaft" erarbeitet – als Vorschlag für eine entsprechende Selbstverpflichtungserklärung von Hochschulen und Forschungseinrichtungen.[10]

- Im Rahmen eines Kodex „Gute Arbeit in der Wissenschaft" sollten sich die Hochschulen und Forschungseinrichtungen erstens zu einer aktiven Personalpolitik verpflichten. Zu einer aktiven Personalpolitik gehören neben der Personalentwicklung im Sinne von Fortbildung, Kompetenzentwicklung und Beratung, auch eine vorausschauende Personalplanung und ein effektives Personalmanagement. Auf Basis einer Personalplanung kann der mittel- und langfristiger Bedarf einer Einrichtung an Wissenschaftlerinnen und Wissenschaftlern ermittelt werden und davon abgeleitet werden, wie vielen Nachwuchskräfte heute eine wissenschaftliche Laufbahn eröffnet werden sollte. Auch ein adäquates Verhältnis zwischen befristet und unbefristet beschäftigten Wissenschaftlerinnen und Wissenschaftlern kann als Ergebnis einer Personalplanung bestimmt werden. Unter Personalmanagement sind Instrumente zu verstehen, mit denen unabhängig von kurzfristig wirksamen Finanzierungsquellen mittelfristig bis langfristig stabile Beschäftigungsverhältnisse eröffnet werden können. So könnten qualifizierten Nachwuchskräften längerfristige Zeitverträge oder unbefristete Beschäftigungsverhältnisse angeboten werden, indem die Finanzierung aus unterschiedlichen Drittmittelprojekten, Haushaltsstellen und eigens für diesen Zweck eingerichteten zentralen Überbrückungsfonds kombiniert werden.
- Zweitens gehört in einen Kodex „Gute Arbeit in der Wissenschaft" die Verankerung eines Tenure Track, der Postdocs die Perspektive eines dauerhaften Verbleib in Hochschule und Forschung eröffnet – unabhängig davon, ob eine Berufung auf eine Professur erfolgt oder nicht. Wie ein Tenure Track gestaltet werden und mit der kontinentaleuropäischen Hochschulkultur in Einklang gebracht werden könnte, zeigt ein Beispiel aus einem europäischen Nachbarland: der Kollektivvertrag (Tarifvertrag) für die Universitäten in Österreich, der 2009 zwischen der Gewerkschaft Öffentlicher Dienst (GÖD) und dem Dachverband der Universitäten abgeschlossen wurde (GÖD 2011). Gemäß § 27 des Kol-

---

10 Siehe www.herrschinger-kodex.de.

lektivvertrages kann eine Universität einer wissenschaftlichen Mitarbeiterin oder einem wissenschaftlichen Mitarbeiter den Abschluss einer Qualifizierungsvereinbarung anbieten. Werden die vereinbarten Qualifizierungsziele erreicht, was die Universität entsprechend fördern muss, kann die Wissenschaftlerin oder der Wissenschaftler mit einer Entfristung ihres oder seines Beschäftigungsverhältnisses rechnen.

- In enger Verbindung damit steht die dritte Anforderung an einen Kodex „Gute Arbeit in der Wissenschaft". Eine Hochschule oder Forschungseinrichtung sollte in einem Kodex die Voraussetzungen für die qua Gesetz sachgrundlose Befristung von Arbeitsverträgen nach § 2 Abs. 1 WissZeitVG bestimmen – auch im Sinne eines jüngsten Urteils des Bundesarbeitsgerichts von 2012, wonach das WissZVG insgesamt dem Zweck der Qualifizierung von Wissenschaftlerinnen und Wissenschaftlern dient.[11] Die GEW schlägt vor, dass die Befristung von Beschäftigungsverhältnissen an die Voraussetzung geknüpft wird, dass tatsächlich eine Qualifizierung durch Promotion, Habilitation oder eine entsprechende zeitlich und inhaltlich strukturierte Ausbildung erfolgt, dass das Qualifizierungsziel im Arbeitsvertrag benannt wird und dass mit Doktorandinnen und Doktoranden eine Betreuungsvereinbarung abgeschlossen wird. Sind diese Voraussetzungen nicht erfüllt und liegt auch keine Drittmittelfinanzierung vor, ist ein unbefristetes Beschäftigungsverhältnis angezeigt.

- Vierter Bestandteil eines Kodex „Gute Arbeit in der Wissenschaft" ist die Verpflichtung auf eine geschlechtergerechte und familienfreundliche Hochschule bzw. Forschungseinrichtung. Die Universität Konstanz verfügt sogar seit 2010 über einen eigenen „Gender Kodex", in dem sich die Universität u. a. zur Berücksichtigung von Gleichstellung und Genderaspekten bei der Forschungsförderung, zu einem geschlechtergerechtes Ressourcenmanagement, zu gendergerechten Führungskulturen, zu einer familienfreundlichen Wissenschaftskultur, zur Ermöglichung eines ausgewogenen Verhältnisses von Berufs- und Privatleben durch entsprechende Organisationsstrukturen und – explizit in diesem Kontext – zu langfristigen Beschäftigungsverhältnissen bekennt.[12] Darüber hinaus sollte eine Hochschule oder Forschungseinrichtung in einem Kodex „Gute Arbeit in der Wissenschaft " offen legen, unter welchen Voraussetzungen und in welcher Weise sie die familienpolitische Komponente des WissZeitVG anwendet, damit die Beschäftigen eine entsprechende Planungssicherheit erhalten. Der Bericht zur Evaluation des WissZeitVG

---

11 Urteil vom 1.6.2011, 7 AZR 827/09.
12 www.gleichstellung.uni-konstanz.de/gender-kodex/ (11.07.2012).

hat gezeigt, dass die familienpolitische Komponente bisher nur sehr selten und in der Regel ohne ein systematisches Konzept angewandt wird (Jongmanns 2011).
- Schließlich sollte – fünftens – ein Kodex „Gute Arbeit in der Wissenschaft" Mindeststandards für befristete Beschäftigungsverhältnisse formulieren. Zeitverträge wird es in der Wissenschaft immer geben, auch das Templiner Manifest erteilt dem Instrument Zeitvertrag keine uneingeschränkte Absage. Entscheidend ist, dass dort, wo Zeitverträge vertretbar sind, Mindestvertragslaufzeiten eingehalten werden: Die Laufzeit von Arbeitsverträgen hat sich an der Dauer der zu erfüllenden Aufgabe bzw. der Laufzeit der Drittmittelprojekte zu orientieren.

Es ist davon auszugehen, dass die meisten Hochschulen nicht von alleine auf die Idee kommen werden, sich in einem Kodex zu einer guten Personalpolitik zu verpflichten. Von daher brauchen wir zum einen vor Ort aktive Kolleginnen und Kollegen in Organen der Hochschulselbstverwaltung, Personal- und Betriebsräten, die auf die Erarbeitung von Kodizes drängen und diese durch Gremienbeschlüsse und Dienst- bzw. Betriebsvereinbarungen verbindlich ausgestalten. Auf der anderen Seite müssen aber Bund und Länder als Träger und Geldgeber der Hochschulen und Forschungseinrichtungen ihre Verantwortung für eine gute Qualität der Arbeits- und Beschäftigungsbedingungen wahrnehmen – indem sie diese sowohl durch eine aktive Vergabepolitik zu einer aktiven Personalpolitik verpflichten. Die GEW schlägt vor, die institutionelle und projektförmige Förderung von Hochschulen und Forschungseinrichtungen an die Gewährleistung berechenbarer Karrierewege und fairer Beschäftigungsbedingungen zu binden, was beispielsweise über entsprechende Ziel- und Leistungsvereinbarungen geschehen kann, deren Umsetzung zu überwachen ist. Als erste Ministerin hat die Ministerin für Innovation, Wissenschaft und Forschung des Landes Nordrhein-Westfalen, Svenja Schulze, angekündigt, die Hochschulen des Landes per Zielvereinbarungen auf einen „Kodex für ‚Gute Arbeit'" zu verpflichten.[13]

Die überfällige Debatte um Selbstverpflichtungen der Hochschulen, eine gute Personalpolitik zu betreiben, darf jedoch nicht als Manöver zur Ablenkung von der politischen Verantwortung des Bundes, der Länder und der Tarifpartner missbraucht werden. Diese haben Rahmenbedingungen im Sinne von Mindeststandards für berechenbare Berufswege und eine aufgabenadäquate Personalstruktur in der Wissenschaft zu setzen, die Hochschu-

---

13 Presseerklärung vom 19.01.2012, http://www.nrw.de/landesregierung/hochschulen-im-ruhrgebiet-und-land-unterzeichnen-zielvereinbarungen-12359/ (11.12.2012).

len und Forschungseinrichtungen müssen diesen Rahmen ausfüllen und sind zu ermuntern, über die Mindeststandards hinaus eine gute, ja bessere, ja exzellente Personalpolitik zu betreiben. Wenn am Ende ein Wettbewerb der Wissenschaftseinrichtungen um die besten Arbeitsplätze und Karrierewege für Wissenschaftlerinnen und Wissenschaftler steht, ist das ein überfälliger Beitrag zur Verbesserung der Qualität nicht nur der Beschäftigungsbedingungen und Karrierewege in der Wissenschaft, sondern eben auch von Forschung und Lehre.

Literatur

Banscherus, U./Himpele, K./Keller, A. (Hrsg.) (2012): Gut – besser – exzellent? Qualität von Forschung, Lehre und Studium entwickeln, GEW Materialien aus Hochschule und Forschung, Band 118. Bielefeld: W. Bertelsmann Verlag.
Deutscher Bundestag (2008): Unterrichtung durch die Bundesregierung: Bundesbericht zur Förderung des wissenschaftlichen Nachwuches, Bundestags-Drucksache 16/8491 vom 05.03.2008.
Gewerkschaft Erziehung und Wissenschaft (Hrsg.) (2010): Promotion im Brennpunkt. Reformvorschläge der Doktorandinnen und Doktoranden in der Bildungsgewerkschaft GEW. Frankfurt am Main.
GÖD – Gewerkschaft Öffentlicher Dienst (2011) (Hrsg.): Kollektivvertrag für die Arbeitnehmer/innen der Universitäten. Wien.
Himpele, K./Keller, A./Ortmann, A. (Hrsg.): Traumjob Wissenschaft? Karrierewege in Hochschule und Forschung, Bielefeld, GEW Materialien aus Hochschule und Forschung, Band 117.
Jongmanns, G. (2011): Evaluation des Wissenschaftszeitvertragsgesetzes. Gesetzesevaluation im Auftrag des Bundesministeriums für Bildung und Forschung. HIS-Projektbericht März 2011. Hannover. (Deutscher Bundestag, Ausschuss für Bildung, Forschung und Technikfolgenabschätzung, Ausschussdrucksache 17(18)135.
Keller, A. (2011): Stellungnahme der Gewerkschaft Erziehung und Wissenschaft (GEW) zum öffentlichen Fachgespräch „Evaluation des Wissenschaftszeitvertragsgesetzes" im Ausschuss für Bildung, Forschung und Technikfolgenabschätzung des Deutschen Bundestages am 30. November 2011 in Berlin. Deutscher Bundestag, Ausschuss für Bildung, Forschung und Technikfolgenabschätzung, Ausschuss-Drucksache 17(18)224b neu (abzurufen über http://www.gew.de/GEW_Schluss_mit_dem_ Befristungswahn.html).
Keller, A. (2012): Stellungnahme der Gewerkschaft Erziehung und Wissenschaft (GEW) zum öffentlichen Fachgespräch „Perspektiven für den wissenschaftlichen Nachwuchs" im Ausschuss für Bildung, Forschung und Technikfolgenabschätzung des Deutschen Bundestages am 28. März 2012 in Berlin. Deutscher Bundestag, Ausschuss für Bildung, Forschung und Technikfolgenabschätzung, Ausschuss-Drucksache 17(18)267a (abzurufen über
http://www.gew.de/GEW_Berechenbare_Karrierewege_fuer_die_Wissenschaft.html).
Kreckel, R. (2011): Universitäre Karrierestruktur als deutscher Sonderweg. In: K. Himpele/A. Keller/A. Ortmann (Hrsg.): Traumjob Wissenschaft? Karrierewege in Hoch-

schule und Forschung, Bielefeld, GEW Materialien aus Hochschule und Forschung, Band 117.

Statistisches Bundesamt (2011): Fachserie 11, Reihe 4.4. Bildung und Kultur. Personal an Hochschulen, Wiesbaden.

Wissenschaftsrat (2007): Empfehlungen zur Chancengleichheit von Wissenschaftlerinnen und Wissenschaftlern. Köln.

Wissenschaftsrat (2012): Fünf Jahre Offensive für Chancengleichheit von Wissenschaftlerinnen und Wissenschaftlern – Bestandsaufnahme und Empfehlungen. Köln.

Die Autorinnen und Autoren

Dr. **Isabell van Ackeren**, Professorin für Erziehungswissenschaft mit dem Schwerpunkt Bildungssystem- und Schulentwicklungsforschung an der Universität Duisburg-Essen. Arbeits- und Forschungsschwerpunkte: Educational Governance, Internationaler Vergleich von Bildungssystemen, Schulen in schwieriger sozialer Lage.
Kontakt: isabell.van-ackeren@uni-due.de

Dr. **Roland Becker-Lenz**, Professor an der Fachhochschule Nordwestschweiz, Hochschule für Soziale Arbeit. Arbeits- und Forschungsschwerpunkte: Professionsforschung, Bildungsforschung.
Kontakt: roland.becker@fhnw.ch

Dr. **Agnieszka Czejkowska**, Professorin für Schulforschung und LehrerInnenbildung an der Universität Graz, Arbeits- und Forschungsschwerpunkte: Kritische Professionstheorien und Praktiken, Ästhetische Bildungsforschung, Bildungsphilosophie und Subjektkritik, Pädagogische Forschungspraxis.
Kontakt: agnieszka.czejkowska@uni-graz.at

Dr. **Rolf Dobischat**, Professor für Wirtschaftspädagogik an der Fakultät für Bildungswissenschaften der Universität Duisburg-Essen. Arbeits- und Forschungsschwerpunkte: Regionale Berufsbildungsforschung, Berufliche und Betriebliche Weiterbildung, Europäische Weiterbildungspolitik.
Kontakt: rolf.dobischat@uni-due.de

Dr. **Peter Faulstich**, Professor für Erwachsenenbildung an der Universität Hamburg, Arbeitsbereich Lebenslanges Lernen. Arbeits- und Forschungsschwerpunkte: Berufliche und politische Erwachsenenbildung, Lernen Erwachsener, Lernorte.
Kontakt: Peter.Faulstich@uni-hamburg.de

Dr. **Kirsten Fuchs-Rechlin**, Professorin an der Fliedner Fachhochschule Düsseldorf, Lehrgebiet Bildung und Erziehung in der Kindheit. Arbeits- und Forschungsschwerpunkte: Frühkindliche Bildung, Betreuung und Erziehung, Kinder- und Jugendhilfestatistik, insbesondere Statistik der Tageseinrichtungen für Kinder, Berufsfeldforschung, Professionalisierung pädagogischer Berufe.
Kontakt: fuchs-rechlin@fliedner-fachhochschule.de

Dr. **Ernst-Ulrich Huster**, Professor für Politikwissenschaft an der Evangelischen Fachhochschule Rheinland-Westfalen-Lippe in Bochum und Privatdozent an der Justus-Liebig-Universität Gießen. Arbeits- und Forschungsschwerpunkte: Sozial- und Verteilungspolitik, politischen Soziologie und Sozialethik.
Kontakt: Ernst-Ulrich.Huster@t-online.de

Dr. **Andreas Keller**, Stellvertretender Vorsitzender der Gewerkschaft Erziehung und Wissenschaft (GEW) und Vizepräsident des Europäischen Gewerkschaftskomitees für Bildung und Wissenschaft (EGBW). Arbeits- und Forschungsschwerpunkte: Karrierewege und Arbeitsbedingungen in der Wissenschaft, Hochschul- und Studienfinanzierung, Studienreform und Qualität der Lehre, Ausbildung von LehrerInnen und PädagogInnen.
Kontakt: andreas.keller@gew.de

Dr. Fabian Kessl, Professor für Theorie und Methoden der Sozialen Arbeit an der Fakultät für Bildungswissenschaften der Universität Duisburg-Essen. Arbeits- und Forschungsschwerpunkte: Wohlfahrtsstaatliche Transformation von Bildungs-, Erziehungs- und Sorgeverhältnissen.
Kontakt: fabian.kessl@uni-due.de

Dr. Johannes König, Professor für Empirische Schulforschung mit dem Schwerpunkt quantitative Methoden an der Universität zu Köln. Arbeits- und Forschungsschwerpunkte: Schul-, Unterrichts- und Lehrerforschung.
Kontakt: johannes.koenig@uni-koeln.de

Dr. Horst Niesyto, Professor für Erziehungswissenschaft mit dem Schwerpunkt Medienpädagogik im Institut für Erziehungswissenschaft an der Pädagogischen Hochschule Ludwigsburg. Arbeits- und Forschungsschwerpunkte: Medienpädagogik, Medien und soziokulturelle Unterschiede, visuelle Forschungsmethoden.
Kontakt: niesyto@ph-ludwigsburg.de

Dr. Andreas Polutta, Professor für sozialwissenschaftliche Grundlagen Sozialer Arbeit und Studiengangsleiter an der Dualen Hochschule Baden-Württemberg, Standort Villingen-Schwenningen. Arbeits- und Forschungsschwerpunkte: Professions- und Wirkungsforschung Sozialer Arbeit, Kinder- und Jugendhilfeforschung.
Kontakt: Andreas.Polutta@dhbw-vs.de

Dr. Sabine Reh, Professorin für Historische Bildungsforschung an der HU Berlin und Direktorin der Bibliothek für Bildungsgeschichtliche Forschung (BBF) des Deutschen Instituts für Internationale Pädagogische Forschung (DIPF). Arbeits- und Forschungsschwerpunkte: Historische Bildungsforschung, insbesondere Kultur- und Sozialgeschichte pädagogischer Institutionen, Professionen und Diskurse, Ethnographie pädagogischer Praktiken und Ordnungen, Theorie und Methodologie historischer und rekonstruktiv-hermeneutischer Bildungsforschung.
Kontakt: sabine.reh@dipf.de sabine.reh@hu-berlin.de

Dr. Joachim Rock, Abteilungsleiter Arbeit, Soziales und Europa, Deutscher Paritätischer Wohlfahrtsverband – Gesamtverband. Arbeits- und Forschungsschwerpunkte: Sozial- und Europapolitik, Privatisierungs- und Ökonomisierungsprozesse in der Sozialen Arbeit, soziale Innovation.
Kontakt: sozialpolitik@paritaet.org

Dr. Anna Rosendahl, Lehrkraft für besondere Aufgaben, Universität Duisburg-Essen, Institut für Berufs- und Weiterbildung. Arbeits- und Forschungsschwerpunkte: Steuerung, Organisation und Recht in der Weiterbildung, Beschäftigung und Professionalisierung in der Weiterbildung, Finanzierung der beruflichen Bildung in Deutschland und im internationalen Vergleich. Kontakt: anna.rosendahl@uni-due.de

Dr. Bernhard Schmidt-Hertha, Professor für Erziehungswissenschaft mit Schwerpunkt berufliche und betriebliche Weiterbildung an der Eberhard Karls Universität Tübingen. Arbeits- und Forschungsschwerpunkte: Bildung und Lernen älterer Erwachsener, Qualitätssicherung in der Weiterbildung, informelles Lernen.
Kontakt: bernhard.schmidt-hertha@uni-tuebingen.de

Dr. Helga Spindler, Professorin für Sozial- und Arbeitsrecht am Institut für Soziale Arbeit und Sozialpolitik an der Universität Duisburg Essen. Arbeits- und Forschungsschwerpunkte: Existenzsicherungsrecht, aktivierender Sozialstaat, Beschäftigungsförderung, prekäre Arbeitsverhältnisse.
Kontakt: spindler@netcologne.de

Dr. Werner Thole, Professor für Erziehungswissenschaft am Fachbereich Humanwissenschaften der Universität Kassel. Arbeits- und Forschungsschwerpunkte: Jugend und Kindheit, Kinder- und Jugendhilfe, Professionalisierungs-, Kindheits- und Jugendforschung, Theorie und Praxis der Sozialpädagogik.
Kontakt: wthole@uni-kassel.de

Dr. Rudolf Tippelt, Professor für Allgemeine Pädagogik und Bildungsforschung an der LMU München. Arbeits- und Forschungsschwerpunkte: Internationale Bildungsforschung, Erwachsenen- und Weiterbildung, Lebenslanges Lernen und Professionalisierungsforschung.
Kontakt: tippelt@edu.lmu.de.

Dr. Norbert Wohlfahrt, Professor für Sozialmanagement an der Evangelischen Fachhochschule Rheinland-Westfalen-Lippe. Arbeits- und Forschungsschwerpunkte: Entwicklung sozialer Dienste, Non-Profit-Organisationen, Kommunale Sozialpolitik.
Kontakt: wohlfahrt@efh-bochum.de

Germo Zimmermann, Dipl. Soz.-Arb./Soz.-Päd. (FH), Dipl. Rel.-Päd. (FH), Landesjugendreferent CVJM-Westbund e.V. Arbeits- und Forschungsschwerpunkte: Jugendarbeit, Jugendverbände, Armut und Soziale Ausgrenzung, Soziale Inklusion und Exklusion.
Kontakt: germo.zimmermann@sowi.uni-giessen.de

Dr. Ivo Züchner, wissenschaftlicher Mitarbeiter am Deutschen Institut für Internationale Pädagogische Forschung (DIPF). Arbeits- und Forschungsschwerpunkte: Ausbildung und Arbeitsmarkt für pädagogische/soziale Berufe, außerschulische Bildung, Ganztagsschule.
Kontakt: zuechner@dipf.de